1 MONTH OF FREE READING

at

www.ForgottenBooks.com

By purchasing this book you are eligible for one month membership to ForgottenBooks.com, giving you unlimited access to our entire collection of over 1,000,000 titles via our web site and mobile apps.

To claim your free month visit:

www.forgottenbooks.com/free345389

ISBN 978-0-265-29975-3
PIBN 10345389

GESCHICHTE DER WANDALEN

VON

DR. LUDWIG SCHMIDT

BIBLIOTHEKAR AN DER KÖNIGL. ÖFFENTLICHEN BIBLIOTHEK
IN DRESDEN.

LEIPZIG

VERLAG VON B. G. TEUBNER

1901.

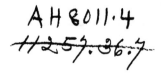
DRUCK VON B. G. TEUBNER IN DRESDEN.

Vorwort.

Nachdem seit 1837, in welchem Jahre das für seine Zeit vortreffliche Werk Papencordts herauskam, keine eingehende kritische Spezialuntersuchung über die Gesamtgeschichte der Wandalen veröffentlicht worden ist, erschien es angemessen, dieses Thema wiederum einer Bearbeitung zu unterziehen, um so mehr, als namentlich durch die modernen französischen, auf Ausgrabungen und Lokalforschungen basierten Arbeiten über das römische Afrika auch für die Geschichte des wandalischen Reiches vielfach neue, gesicherte Grundlagen geschaffen worden sind. Ich habe mich bemüht, die wichtigste Litteratur möglichst ausgiebig heranzuziehen, wenn auch manche wertvolle Untersuchung mir entgangen sein mag. Eine von mir im Jahre 1888 publizierte kleine Schrift über die Zeit vor der Eroberung Afrikas ist in das vorliegende Buch in völlig veränderter Gestalt, wesentlich erweitert und verbessert, aufgenommen worden. Von der Beigabe einer Karte mußte leider abgesehen werden; für das Topographische sei daher hier auf die Karten im Corpus inscriptionum Latinarum VIII, 2 (Berol. 1881); Tissot, Géographie comparée de la province Romaine d'Afrique, Atlas par S. Reinach, Paris 1888; Cagnat, L'armée Romaine d'Afrique et l'occupation militaire de l'Afrique sous les empereurs, Paris 1892; Atlas archéologique de la Tunisie (Description de l'Afrique du Nord), Paris 1893 ff.; Diehl, L'Afrique Byzantine. Histoire de la domination Byzantine en Afrique, Paris 1896, verwiesen. Für das Gebiet zwischen Bône und Philippeville (Massif de l'Edough) sowie das Grenzgebiet zwischen Byzacena und Tripolis, ferner für Mauret. Caes. kommen besonders die Karten im Recueil des notices et mémoires de la soc. arch. du dép. de Constantine vol. 32 (1898) p. 96. 146 und bei Cat, Essai sur la province Romaine de Maurétanie Césarienne, Paris 1891, in Betracht.

Herrn Dr. Adolf Schulten in Göttingen sei an dieser Stelle für seine freundliche Hülfe noch besonders gedankt.

Dresden, im September 1901.

Ludwig Schmidt.

Inhaltsverzeichnis.

	Seite
Vorwort	III
Erstes Buch: Die älteste Zeit	1—38
Anhang zum ersten Buch: Die Verfassung in ältester Zeit . . .	38—44
Zweites Buch: Das afrikanische Reich unter Geiserich	45—100
Drittes Buch: Die Nachfolger Geiserichs bis zum Untergange des Reiches	101—152
Viertes Buch: Innere Geschichte des afrikanischen Reiches	153—202
Stammtafel	203

Erstes Buch.

Der Name „Wandalen"[1]) umfaſste ursprünglich eine gröſsere Gruppe germanischer Völker im östlichen Deutschland und blieb später allein auf zwei derselben angehörenden Stämmen, den Asdingen und Silingen[2]), haften. Das älteste Zeugnis für die umfassendere Bedeutung dieser Bezeichnung verdanken wir der Naturgeschichte des älteren Plinius (ca. 77 n. Chr.) IV, 14, 99 (nach Müllenhoffs Ausgabe, Germania antiqua, Berol. 1873, p. 91), der Vandili, quorum pars Burgondiones, Varinne (l. Varini), Charini[3]), Gutones den westgermanischen Verbänden der Ingwäonen, Istwäonen und Herminonen gegenüberstellt. Auch Tacitus in dem allgemeinen Teil der Germania (geschrieben 98 n. Chr.) Kap. 2 erwähnt Vandilii als Name einer gröſseren Völkervereinigung: er setzt an dieser Stelle dem Mythus von der Abstammung der Westgermanen und ihrer Dreiteilung die Ansicht etlicher römischen Antiquare von einer Teilung der ganzen Nation in vier groſse Gruppen, Marsen, Gambrivier, Sueben und Wandilier entgegen.[4]) In dem speziellen Teil der Germania fehlt jedoch jener Name: in der hier gegebenen Schilderung der Völker des östlichen Deutschland nennt er (Kap. 43) von Süden nach Norden vorgehend nach den Cotini, deren Wohnsitze in den Gebirgen des nordwestlichen Ungarn östlich von den Quaden zu

---

1) Der Name, der in verschiedenen Formen als Vandili, Vandilii, Βανδίλοι, Βανδῆλοι, Vanduli, Vandali erscheint (vgl. darüber Wrede, Über die Sprache der Wandalen, Straſsburg 1886, S. 39), soll bedeuten: die „Beweglichen" oder die „Wandelbaren", ein von den benachbarten Völkern herrührendes Scheltwort, analog dem Namen der Lugier, der angeblich die „Lügnerischen" bezeichnet, vgl. Much in den Beiträgen zur Geschichte der deutschen Sprache und Litteratur XVII (1893), S. 32.

2) Die Silingen werden ausdrücklich als Wandalen zuerst von Hydatius im fünften Jahrhundert genannt (Chron. c. 49 z. J. 411: Wandali cognomine Silingi u. ö.); doch erscheinen sie in den Quellen bereits im zweiten Jahrhundert unter diesem Namen, vgl. unten.

3) Charini ist wohl Dittographie von Varini, also aus dem Text zu streichen; denn Ptolemäus (Geogr. III, 5), der diese Stelle benutzt hat (Holz, Beiträge zur deutschen Altertumskunde, Heft 1, Halle 1894, S. 69), kennt einen derartigen Volksnamen nicht, sondern nur Αὐαρινοί neben Φρουγουνδίωνες.

4) Quidam, ut in licentia vetustatis, pluris deo ortos plurisque gentis appellationes, Marsos, Gambrivios, Suebos, Vandilios affirmant, eaque vera et antiqua nomina. Vgl. Müllenhoff, Deutsche Altertumskunde II, 192; IV, 126.

1*

suchen sind[1]), jenseits des Gebirges (d. h. der Sudeten) die grofse Kultgenossenschaft der Lygier, dann die Goten innerhalb der grofsen Beugung der Weichsel[2]) und die Rugier und Lemovier unmittelbar am Meere (zwischen Oder und weichsel). Ergänzt werden diese Angaben durch Ptolemäus (bez. Marinus), der, wie neuerdings Holz nachgewiesen hat, für den Süden und Osten Germaniens eine sehr gute Quelle aus dem Anfang des zweiten nachchristlichen Jahrhunderts, also aus einer wenig späteren Zeit, als Tacitus schrieb, benutzt hat. Wird diese aus der durch Kontamination verschiedener Berichte zusammengesetzten Ptolemäischen Völkertafel herausgeschält, so ergiebt sich folgende Ansetzung für jene Periode: An der Weichselquelle sitzen die Βοῦροι als Teil der Lugier (Λούγιοι), die das Gebiet östlich der Sudeten (Ἀσκιβούργιον ὄρος) bis an die Weichsel in Anspruch nehmen; südlich und südöstlich von den Semnonen, deren Sitze in der Mark Brandenburg und der Niederlausitz lagen, die Σιλίγγαι im nördlichen Schlesien und wohl noch in der Oberlausitz. Die östlichen Nachbarn der Semnonen sind die Βουργοῦνται, an die sich nach dem Meere zu die Οὐίρουνοι (Warnen) und die Rugier (beide nach den Ortsnamen Οὐίρουνον[3]) und Ῥούγιον zwischen Oder und Weichsel anzusetzen) anschliefsen (vgl. Holz a. a. O. 33 ff. 59. 65). Die Goten haben das Gebiet östlich der mittleren und unteren Weichsel inne. Eine wandilische Völkergruppe kennt Ptolemäus nicht. Tacitus nennt fünf Völker der Lugier, jedoch mit der ausdrücklichen Bemerkung, dafs er nur die stärksten derselben aufführe: die Harii, Helvaeonae, Manimi, Helisii, Naharnavali; Ptolemäus nur drei, die Βοῦροι, Ὄμανοί, Διδούνιοι (die beiden letzteren Namen sind verderbt, vgl. Holz a. a. O. 46). Aus der geographischen Lage der Wohnsitze der Silingen ergiebt sich indessen, dafs diese ebenfalls den Lugiern zuzuzählen sind.[4]) Ob das gleiche von den Burgundionen gilt, deren Name bei Tacitus fehlt, ist sehr fraglich. Dagegen spricht namentlich, dafs es schon vor der Besiedelung Deutschlands ein Volk

---

1) Müllenhoff, D. A. II, 324 ff.

2) Vgl. Müllenhoff, D. A. II, 5. O. Bremer in Pauls Grundrifs der german. Philologie (Strafsburg 1899) III², 826 setzt die Goten zu beiden Seiten der oberen Weichsel an, was ich nicht für richtig halte. Die Zugehörigkeit derselben zum Marbodschen Völkerbund ist sehr zweifelhaft.

3) Nach Gnirs, das östl. Germanien und seine Verkehrswege 1898, Prager Studien auf dem Gebiete der Geschichte IV, 37, soll der Ort Οὐίρουνον einen Übergang über die Warthe bedeuten, eine Annahme, die wohl kaum der Widerlegung bedarf.

4) Vgl. auch O. Bremer in Pauls Grundrifs III, 823.

dieses Namens gegeben hat[1]), während die Lugier damals sicher noch einen Stamm gebildet haben. Die gemeinschaftliche Kultusstätte war ein heiliger Hain bei den Naharnavalen, wo ein göttliches Zwillings- paar, Alkîz mit Namen, verehrt wurde, deren Dienst ein Priester muliebri ornatu versah.[2]) Müllenhoff (Zeitschrift f. Deutsch. Altertum XII, 346ff.) glaubt das Brüderpaar mehrfach in der deutschen Helden- sage nachweisen zu können. Wichtig ist vor allem der Nachweis, dafs der Name des wandalischen Königsgeschlechts Asdingen oder richtiger Hasdingen (gotisch Hazdiggôs), der später auf den Stamm übertragen wurde[3]), „Männer mit Frauenhaar“ bedeutet und auf das Taciteische muliebri ornatu zu beziehen ist: wahrscheinlich ist die stirps regia der Asdingen aus dem Priestergeschlecht der Naharnavalen hervorgegangen.[4]) Es ergiebt sich hieraus, dafs das Volk (civitas) der Asdingen mit den Naharnavalen identisch ist.

Vorwiegend wird nun — hauptsächlich nach der Autorität des Plinius — die Ansicht vertreten, dafs der Wandalenname anfänglich dem ganzen Zweig der Ostgermanen zukam, zu denen nach den Ergebnissen der modernen sprach- und rechtsgeschichtlichen Forschung aufser den Lugiern besonders die Goten, Gepiden, Rugier, Burgundionen, vielleicht auch die Langobarden gehörten[5]); ich möchte mich indessen der auch von O. Bremer a. a. O. S. 820 ausgesprochenen Vermutung anschliefsen, dafs jener in ältester Zeit nur von den Lugiern geführt und von den swebischen Nachbarstämmen irrig mit auf die nördlicheren Ost- germanen ausgedehnt wurde. Von Bedeutung für diese Auffassung ist namentlich der Umstand, dafs allein zwei lugische Stämme, darunter derjenige, der das Bundesheiligtum behütete, später sich

---

1) Wie aus dem Namen Burgundarholm (Bornholm) sich ergiebt, vgl. unten.
2) Golther, Handbuch der germanischen Mythologie S. 214.
3) Jordanes, Getic. c. 22. Waitz, Verfassungsgeschichte I[3], 319.
4) Brunner, Deutsche Rechtsgeschichte I, 126.
5) Vgl. auch Prok. b. V. I, 2, der den Ost- und Westgoten, Wandalen und Gepiden denselben Körperbau, dasselbe Recht, dieselbe Religion (d. h. den Arianismus) und dieselbe Sprache zuschreibt. Grimm, Geschichte der deutschen Sprache 435ff. Wrede, Sprache d. Wand. 6. Derselbe, Über die Sprache der Ostgoten in Italien 11. Schröder, Lehrbuch der deutsch. Rechtsgeschichte[3], 11. 21. 26. 48. Loewe, Die ethnische u. sprachliche Gliederung der Germanen (Halle 1899). Ficker, Untersuchungen zur Rechtsgeschichte (Innsbruck 1891ff.) I. II. (bes. II, 17); derselbe in den Mitteilungen des Instituts f. österr. Geschichts- forschung XXII (1901), S. 1ff. Kier, Edictus Rotari. Studier vedrörende Lango- bardernes nationalitet. Aarhus 1898. Derselbe: Dansk og Langobardisk arveret. Aarhus 1901. Das Verhältnis der germanischen Rechte zu einander und ihre Bedeutung für die ethnographische Stellung der einzelnen Stämme ist noch nicht genügend gewürdigt. Die Sprache ist viel leichter Beeinflussungen unter- worfen als das Recht.

Wandalen nannten, in ähnlicher Weise wie bei den Sweben aufser
den Quaden das Kernvolk, die Semnonen, nach der Auflösung des
Kultverbandes den alten Bundesnamen als Stammesbezeichnung annahm.

In der Geschichte erscheinen die Lugier zuerst um Christi Geburt
als Zugehörige des von Marbod begründeten germanischen Völker-
bundes (Strabo VII, 1, 3: Λουγίους μέγα ἔθνος); sie hatten also damals schon ohne Zweifel die erwähnten Sitze östlich der Sudeten
inne. Das Vorhandensein einer festen Kultusstätte — denn dafs die
Lugier schon zu Strabos Zeit nicht mehr eine civitas, sondern eine
Völkergruppe waren, darf mit grofser Wahrscheinlichkeit angenommen
werden[1]) — läfst darauf schliefsen, dafs sie bereits zu einer gewissen
Sefshaftigkeit gelangt waren und dafs sie jenes Gebiet geraume Zeit
vor ihrem Bekanntwerden in Besitz genommen hatten. Der genaue
Zeitpunkt, wann dies geschehen, läfst sich ebensowenig mit Sicher-
heit angeben wie der Weg, den sie auf ihrer Wanderung von der
Urheimat eingeschlagen haben. Die ältesten Sitze der Germanen in
Mitteleuropa sind wahrscheinlich in Schonen und den nächstliegenden
Küstenstrichen von Halland, Bohuslän und Bleking, ferner in Däne-
mark, Schleswig-Holstein und Mecklenburg zu suchen. Die Ostgermanen sind von Schweden aus direkt über das Meer in Deutschland eingedrungen.[2]) Dafür sprechen namentlich die archäologischen
Funde, sowie eine Anzahl übereinstimmender Namen: Goten und
Gauten, Rugier in Pommern und im norwegischen Rogaland, Burgundionen und Burgundarholm (Bornholm) u. a. Gestützt wird diese
Annahme durch die Ursprungssagen der Goten und Langobarden, in
denen auch die Wandalen (d. h. nach dem oben Bemerkten die
späteren Lugier)[3]) eine Rolle spielen. Jordanes erzählt (Get. c. 4),
dafs die Goten nach ihrer Ankunft aus Scandza (d. h. Skandinavien)[4])
die am Meeresufer wohnenden Ulmerugen, d. h. die Inselrugier[5]), ver-

---

1) Strabos Ausdruck μέγα ἔθνος spricht nicht dagegen; denn auch die
swebische Völkergruppe wird von ihm ἔθνος genannt.

2) Vgl. Kossinna in den Indogermanischen Forschungen VII (1897), 276 ff.
Zeitschr. des Vereins für Volkskunde VI (1896) S. 12. Loewe a. a. O. O. Bremer
im Anzeiger für deutsches Altertum XVIII (1892), 413 ff. Hedinger und Hirt
in den Neuen Jahrbüchern für das klassische Altertum III (1899), 562 ff. Für
eine Besiedelung Skandinaviens von Deutschland aus treten ein die nordischen
Archäologen und O. Bremer in Pauls Grundrifs.

3) Lugier könnten auch die Wendlers in Nordjütland sein, vgl. meine
Geschichte der Langobarden 37.

4) Vgl. meine Gesch. d. Langob. S. 39 ff.

5) Es können doch nur die Inseln an der Odermündung gemeint sein. Diese
mufsten die Goten von Schweden kommend zuerst berühren.

trieben und deren Nachbarn, die Wandalen, sich unterworfen
hätten. Die Sage der Langobarden berichtet[1]), daſs diese, nachdem
sie von Skandinavien ausziehend das Land Scoringa (d. h.
Uferland), also die Ostseeküste[2]) erreicht, mit den Wandalen unter Ambri und
Assi in Krieg verwickelt worden seien. Daſs die langobardische
Wanderlegende durchaus original, nicht etwa der gotischen nach-
gebildet ist, hat Bernheim[8]) mit Recht betont. Man würde also, die
Richtigkeit jener Erzählungen vorausgesetzt, anzunehmen haben, daſs
die Rugier und Lugier zuerst die Urheimat verlassen und sich an
der Ostseeküste niedergelassen hatten, wo sie mit den später nach-
folgenden Goten und Langobarden in Konflikt gerieten.

Im Jahre 50 nahmen lugische Völkerschaften, wahrscheinlich
also auch Wandalen (Asdingen und Silingen), an der Zerstörung des
Swebenreiches des Vannius, das vermutlich das ganze Gebiet der
Markomannen und Quaden umfaſste[4]), teil. Diese Gegnerschaft zwischen
Lugiern und Sweben bestand auch später noch fort; vom Jahre 92 (?),
unter Domitian, werden Kämpfe zwischen beiden Stämmen erwähnt,
wodurch auch das römische Gebiet in Mitleidenschaft gezogen wurde.[5])
Bestimmt bezeugt ist die Teilnahme der Wandalen am Markomannenkriege, unter welchem Namen jene groſse Völkerbewegung zusammen-
gefaſst wird, die seit der Mitte des zweiten Jahrhunderts fast die
ganze germanische Welt in Aufruhr versetzte und auch sarmatische
und slawische Völkerschaften zur Teilnahme veranlaſste. Etwa im
Jahre 171 brachen, wie Dio Cassius erzählt, die Asdingen unter
Raus und Raptus[6]) in Dacien ein, in der Hoffnung, gegen Leistung
von Kriegshilfe Wohnsitze daselbst und noch Geld dazu zu empfangen,
was ihnen indessen Clemens, der Statthalter dieser Provinz (seit 170)[7]),

---

1) Origo gentis Langob. 1. Paul. Diac. Hist. Langob. I, 7.

2) Nicht das Land am Ufer der unteren Elbe, wie ich früher annahm.
Vgl. Müllenhoff, D. A. II, 97.

3) Im Neuen Archiv d. Ges. f. ä. d. Geschichtskunde XXI (1896), 393 ff.

4) Mommsen, Römische Geschichte V, 196. Vgl. meinen Aufsatz im Hermes,
XXXIV (1898), S. 158.

5) Dio 67, 5 (12, 5) und dazu Boissevain (Berol. 1901). Vgl. Mommsen im
Hermes III (1869), S. 115 ff. Schiller, Geschichte der römischen Kaiserzeit I, 2
(1883), S. 530. Gsell, Essai sur le règne de l'empereur Domitien (1894) S. 225.
An Stelle der überlieferten, durch den Excerptor verderbten Worte: ὅτι ἐν τῇ
Μυσίᾳ Λύγιοι Σουήβοις τισὶ πολεμωθέντες ist wahrscheinlich zu lesen: ὅτι οἱ
Σουῆβοι, οἱ ϑπὲρ τῆς Μυσίας, Λυγίοις τισὶ πολ. etc. Hiernach ist O. Bremer
a. a. O. S. 936 zu berichtigen, dessen Aufstellungen über die Sweben überhaupt
sehr anfechtbar sind.

6) Richtiger Hraus (= saevus) und Hraptus (= violentus), vgl. Müllenhoff,
Zeitschrift für deutsches Altertum VII, 528.

7) v. Domaszewski, Neue Heidelberger Jahrbücher V (1895), 109.

verweigerte. Infolgedessen wandten sie sich gegen das Gebiet der
den Römern feindlich gesinnten Kostoboken (an der oberen Theifs)[1])
und eroberten dasselbe, nachdem sie zuvor ihre Weiber und Kinder
dem Clemens anvertraut hatten, fuhren aber trotzdem noch fort,
das römische Gebiet mit Einfällen heimzusuchen. Die Lacringen
indessen, welche fürchteten, die Römer möchten jene in das von
ihnen, den Lacringen, bewohnte Land (wohl im nördlichen Dacien)
verweisen, griffen die Asdingen an, ehe sie sich zum Widerstand
rüsten konnten, und brachten ihnen eine schwere Niederlage bei.
Nun baten diese demütig beim Kaiser um Frieden und erlangten
auch schliefslich Subsidien und Land, indem sie als Gegenleistung
versprachen, den Römern Heeresfolge zu leisten. Der Bericht Dios
zeigt, dafs es den Asdingen hauptsächlich auf Erwerb neuer Wohnsitze
ankam (es zog das ganze Volk mit Weib und Kind aus); wahrscheinlich waren sie durch südwärts drängende gotische Stämme[2]) gezwungen worden, ihr bisheriges Gebiet zu verlassen und gegen das römische
Gebiet vorzurücken, wozu bei der Schwächung der Grenzen günstige
Gelegenheit geboten war. In anderen Beziehungen zu den damaligen
Völkerbewegungen scheint dieser Zug der Asdingen nicht gestanden zu
haben. Als Hilfsvolk des Kaisers[3]) haben sie dann in den folgenden
Jahren an den Kämpfen gegen Germanen und Sarmaten teilgenommen.[4])
Der Wandalen als Teilnehmer des Krieges gedenken auch Eutrop
(Breviar. 8, 13) und Capitolin (Vita Marci 17, 3). Ob dagegen in dem be-
kannten Verzeichnis der am Markomannenkrieg beteiligten Völker (Vita
Marci 22, 1) ihr Name ausgefallen ist, mufs dahingestellt bleiben.[5])

1) Vgl. Müllenhoff, D. A. II, 84. Domaszewski a. a. O. S. 125 setzt sie
fälschlich östlich von Dacien, nördlich von der Donaumündung an und spricht
von einem Durchzug der Asdingen durch Dacien, wovon bei Dio kein Wort steht.
2) Auf diese bezieht sich wohl die berühmte Stelle Capitol. vita Marci 14,1:
aliis etiam gentibus, quae pulsae a superioribus barbaris fugerant .... bellum
inferentibus (vor 169).
3) Vgl. v. Domaszewski, Die Marcussäule (Text) S. 113.
4) Petrus Patricius fragm. 7. Dio 71,12: καὶ οὗτοι μὲν ἔπραξάν τι ὧν
ὑπέσχοντο. Marcussäule S. 121. Neue Heidelberger Jahrbücher V (1895), 125.
5) Domaszewski, Serta Harteliana S. 8 ff., liest: ...... [Vandali, Langobar]di
Obiique cum Victualis, konstruiert also 11 Völker, die er in dem Bericht des
Petr. Patr. fr. 6 von dem Zug der Langobarden u. a. Stämme (im ganzen elf)
wiederfindet, und spricht auf Grund dieser Konjektur von einem grofsen Völker-
bunde gegen die Römer. Doch vgl. dagegen meine Ausführungen im Hermes
a. a. O. S. 155 ff. — Die Victualen (Vit. Marc. 14) identifizieren Conrad (Mark
Aurels Markomannenkrieg 9) und Müllenhoff (D. A. II, 82. 324) mit den
Asdingen. Dafs dies nicht richtig sein kann, ergiebt die Chronologie. Die
Stelle des Capitolin bezieht sich auf die Zeit vor 169, während der Einbruch der
Asdingen erst nach 170 erfolgte (vgl. oben).

Die nunmehrigen Wohnsitze der Asdingen, die jedenfalls ihre vollkommene nationale Selbständigkeit behielten, nur in einer losen Abhängigkeit vom Reiche standen, haben wir uns wahrscheinlich in den Niederungen an der oberen Theifs an der Nordgrenze Daciens im ehemaligen Lande der Kostoboken[1]) zu denken. Als im Jahre 177 der Krieg von neuem ausbrach, scheinen sie wiederum gegen die Römer gekämpft zu haben; denn es heifst bei Abschlufs des Friedens vom Jahre 180 durch Commodus, dafs aufser den Buren auch andere Völker (d. h. wohl die Jazygen und Wandalen) die Gefangenen zurückgeben und sich verpflichten mufsten, mit ihren Wohn- und Weideplätzen 40 Stadien von der Grenze Daciens fern zu bleiben (Dio 72,3). Dagegen wurde gleichzeitig den Markomannen und Quaden untersagt, die Jazygen (in den Ebenen an der unteren Theifs), Buren (an den Quellen der Oder und Weichsel) sowie die Wandalen mit Krieg zu überziehen (Dio 72,2), was auf Nachbarschaft jener (speziell der Quaden) mit den letztgenannten Völkern hindeutet. Die oben gegebene Bestimmung der Wohnsitze der Asdingen wird hierdurch bestätigt. Von einer Aufnahme derselben in das römische Gebiet wissen die Quellen nichts.

Der andere Stamm, der den Namen Wandalen beibehalten hat, die Silingen, scheint dagegen damals seine Sitze in Schlesien zunächst nicht wesentlich verändert zu haben. Auf diese bezieht es sich wohl, wenn Dio (77,20) erzählt, der Kaiser Caracalla habe sich gerühmt, die bisher befreundeten Markomannen und Wandalen gegeneinander aufgehetzt zu haben (214³). Leider ist Näheres über diese Vorgänge nicht überliefert; dieselben scheinen im Zusammenhange mit einer gröfseren Bewegung der Völker an der Donau gestanden zu haben, deren Niederwerfung durch die kluge Politik des Kaisers ermöglicht wurde. Dagegen ist es wohl nur Reminiscenz aus älterer Zeit, wenn derselbe Geschichtschreiber, der zu Anfang des dritten Jahrhunderts sein grofses Werk vollendete, die Elbe in den „wandalischen Bergen" entspringen läfst³), womit er aller Wahrscheinlichkeit nach richtig das Riesengebirge meint. Ebenfalls auf die Zeit, wo die beiden Stämme noch in Schlesien bei einander safsen, beziehen

---

1) Die Kostoboken scheinen damals teils aufgerieben, teils vertrieben worden zu sein. Ein flüchtiger Schwarm derselben drang um diese Zeit bis nach Griechenland vor (Pausanias 10, 34). Eine Versetzung des Volkes in Hörigkeit ist wegen der späteren wirtschaftlichen Verhältnisse der Wandalen nicht anzunehmen, vgl. dazu weiter unten.

2) Vgl. Schiller, Gesch. der röm. Kaiserzeit I, 745.

3) ῥεῖ ἐκ τῶν Οὐανδαλικῶν ὀρῶν.

sich auch, wie es scheint, die Angaben der späteren Chorographien
(soweit sie die Wandalen aufführen), die bekanntlich in der Hauptsache auf Redaktionen der grofsen von Agrippa bez. Augustus ver-
anlafsten Weltkarte zurückgehen. Die Karte, die Jordanes bez. Cassiodor
in seiner Gotengeschichte benutzte (wohl aus dem ·2. Jahrh.), setzte
die Wandalen östlich von den Markomannen, südlich von den Hermunduren, nördlich von der Donau und westlich von den Goten an.[1])
Die wahrscheinlich auf den Bischof Hippolytus (Anfang des 3. Jahrh.)
zurückgehende Völkertafel in dem sog. Barbarus Scaligeri führt
Wandalen (Bardunii) zwischen Markomannen und Quaden auf (vgl.
C. Frick, Chronica minora, Lips. 1892, p. 216,5; cf. 33,17), die sog.
Veroneser Völkertafel (aus dem Anfang des 4. Jahrh.; bei Riese,
Geographi latini min. 128) Taifali, Hermunduri, Vandali, Sarmatae
u. s. w. (vgl. Müllenhoff, D. A. III, 317), die Kosmographie des Julius
Honorius (Anf. des 5. Jahrh.; Riese a. a. O. 40) Marcomanni, Heruli,
Quadi, Sarmatae, Basternae, Carpi, Gothi, [Van]duli, Gippedi, vgl.
die Rekonstruktion seiner Karte bei Miller, Mappae mundi, die
ältesten Weltkarten VI, Taf. 4 und Müllenhoff a. a. O. III, 221. Auf
denselben Stand führt auch die Beatuskarte von 776 n. Chr. bei
Miller a. a. O. I. Auf der aus dem 4. Jahrh.[2]) stammenden Tabula
Peutingeriana stehen Vanduli südlich von den Markomannen, der
Name Jutugi zwischen Quadi; es ist jedoch einleuchtend, dafs die V.
über den Quaden, die Jut. über den Mark. aufzustellen sind. Auch
das letztgenannte Denkmal hat uns also wahrscheinlich noch die alte
Überlieferung aus der Zeit vor dem Markomannenkriege bewahrt (vgl.
auch Müllenhoff a. a. O. III, 217, 316). Alle die erwähnten kosmo-
graphischen Aufzeichnungen haben ungefähr denselben Wert wie das
Werk des Ptolemäus: sie können, da sie ältere und neuere Berichte
durcheinanderarbeiten, nur als sekundäre Quellen in Frage kommen.

Die Silingen treten seitdem bis zu ihrer Vereinigung mit den
Asdingen nur noch zweimal in der Geschichte hervor. Als die
Burgundionen um die Mitte des dritten Jahrhunderts ihre grofse
Wanderung nach Südwesten antraten[3]), hat wahrscheinlich der gröfste

---

1) Jord. Get. c. 22: Erat illis (Vandalis) tunc ab Oriente Gothus, ab
occidente Marcomannus, a septentrione Hermundolus, a meridie Histrum, qui
et Danubius dicitur. Vgl. Mommsens Einleitung XXX ff. An die Gotinen, wie
Mommsen will, statt der Goten, ist nicht zu denken. Die Hermunduren haben
hier noch ihre alte Stellung im Königreich Sachsen und Thüringen, die sie
zwischen 58 und 98 n. Chr. geräumt hatten.

2) Curtz im Hermes 1894, S. 586 ff.

3) Jahn, Geschichte der Burgundionen I, 36 ff.

Teil des Volkes Schlesien verlassen und sich jenen angeschlossen. Denn Zosimus, dem wir die einzige erhaltene Nachricht darüber verdanken, erzählt (I, 68), daſs der Kaiser Probus mit Burgundionen und Wandalen an einem in den Handschriften nicht deutlich bezeichneten Flusse (nach Mommsen bei Mendelsohn in dessen Ausgabe des Zos., Lips. 1887, p. 49 am Lech, also in Rätien) in feindliche Berührung gekommen sei. Diese Kämpfe nahmen durch Anwendung von List einen für die Römer günstigen Verlauf. Da nämlich die Germanen, die das gegenüberliegende Ufer besetzt hielten, an Zahl weit überlegen waren, lockten die Römer einen Teil derselben mit der Aufforderung zum Kampfe zu sich herüber und machten diese entweder nieder oder zu Gefangenen. Den Übrigen ward auf ihre Bitte Frieden bewilligt unter der Bedingung des Auslieferns der auf ihrem Zuge gewonnenen Kriegsbeute und der Gefangenen; als dieselben aber dies (angeblich) nur unvollständig erfüllten, griff sie der Kaiser nochmals auf ihrem Rückzuge an und tötete abermals eine groſse Menge von ihnen. Die Überlebenden, unter denen sich auch der Anführer Igila (Igillos)[1]) befand, wurden als Kolonen (nicht als Föderaten) nach Britannien verpflanzt, wo sie später bei einem Aufstande dem Kaiser wichtige Dienste leisteten (Zosimus a. a. O.). Man glaubt im heutigen Cambridgeshire die Gegend ihrer Ansiedelung gefunden zu haben.[2]) Der geschilderte Vorgang fällt wahrscheinlich in das Jahr 278; denn der Kaiser hatte nach seiner Ernennung (276) zunächst die schon unter seinem Vorgänger in Gallien eingefallenen Franken und Alamannen abzuwehren.[3]) Daſs die fränkische und alamannische Invasion (indirekt) den Anlaſs zu jenem Vorstoſs der Burgundionen gegeben hat, ist ohne weiteres klar; die Konzentration der römischen Truppen am Rhein forderte geradezu zu einem Einbruch an einer anderen Stelle der Grenze heraus. Dagegen kann von einer gegenseitigen Hilfeleistung der Germanen (wie v. Wietersheim, Geschichte der Völkerwanderung I², 243, annimmt) keine Rede sein; der Charakter der germanischen Völkerbewegungen widerspricht einer solchen Auffassung durchaus.[4]) Auch Lugier[5]), deren Name jetzt zum letzten

---

1) Über die Namensform s. Wrede a. a. O. S. 47.

2) Camden, Britannia, London 1607, p. 82: ... ubi vero sederint (Vandali) nisi in agro Cantabrigiensi nescio. Gervasius enim Tilburiensis meminit antiqui valli in illo agro, quod Vandelsburg vocat, Vandalorumque opus fuisse dicit.

3) Vopiscus, Probus c. 13 ff. Vgl. besonders c. 16: Post haec (nach der Pacifikation Galliens) Illyricum petiit. Priusquam veniret, Retias .. pacatas reliquid.   4) Vgl. Hermes XXXIV, 156 ff.

5) Cramer, Die Geschichte der Alamannen als Gaugeschichte (Breslau 1899) S. 18, hält diese für die „Lahngauer", also einen Teil der Alamannen.

Male in der Geschichte erwähnt wird, also engere Verwandte des
silingischen Stammes, sind damals in das römische Gebiet eingedrungen und von Probus geschlagen worden (Zos. I, 67); vermutlich hatten sich diese ebenfalls der burgundischen Wanderung
von Schlesien her angeschlossen. Die zu jener Zeit von den vereinigten Burgundionen und Wandalen innegehabten Sitze, von denen
der oben erzählte Beutezug[1]) ausging, haben wir uns wahrscheinlich
nordöstlich von den Alamannen, die die Gegenden am Mittellaufe
des Main und südlich davon den römischen Limes entlang occupiert
hatten, zu denken.[2])

Wie so häufig in der germanischen Völkerwanderung nicht der
ganze Stamm auszog, sondern einzelne Abteilungen zurückblieben,
denen das Land nunmehr reichlichere Nahrung zu bieten vermochte[3]),
so hat auch wahrscheinlich von den Silingen ein Teil die alten
Stammsitze nicht verlassen und ist dann dort von den nachrückenden
Slawen aufgesogen worden. Ein Zeugnis hierfür ist der Name
Schlesien selbst: Sleza, die slawische Bezeichnung dieses Landes,
führt auf ein ursprüngliches Silingia zurück (Müllenhoff, D. A. II, 92).[4])

Als gegen Ende des dritten Jahrhunderts die Alamannen das
Land zwischen dem unteren Main und dem Bodensee in bleibenden
Besitz nahmen, rückten die Burgundionen mit den Silingen in die
bisherigen Wohnsitze der Alamannen nach, die sie nun bis zu Anfang
des fünften Jahrhunderts besetzt hielten. Von hier aus erfolgte wohl

---

1) Ein solcher war es ohne Zweifel, nicht eine Auswanderung des ganzen
Volkes, da alle entweder getötet oder gefangen genommen worden zu sein
scheinen.

2) Vgl. Jahn, Gesch. d. Burg. I, 46. — Vopiscus, vita Probi c. 18, erzählt,
der Kaiser Probus habe Bastarnen, Gepiden, Grauthungen (Ostgoten) und Wandalen
(Vanduli) im römischen Reiche angesiedelt; die letzteren drei Völker hätten
jedoch bald ihre Sitze verlassen und das römische Gebiet durch Plünderungszüge
unsicher gemacht (279, vgl. Schiller, Kaiserzeit I, 879). Ohne Zweifel ist jedoch
an dieser Stelle Francis statt Vandulis zu schreiben, da eine Ansiedelung von
Franken am Schwarzen Meere auch durch Zosimus I, 71 bezeugt ist und die
Worte des Vopiscus: per totum paene orbem pedibus et navigando vagati sunt
auf jenen abenteuerlichen Raubzug der Franken, von dem uns Zosimus a. a. O.
erzählt, vortrefflich passen.

3) Anders, wenn eine Bedrohung durch einen mächtigeren Gegner vorlag:
dann zog wohl in der Regel das ganze Volk aus.

4) Vgl. Much in den Beiträgen z. Gesch. d. deutsch. Sprache XVII, 83: „Ein
Beweis dafür, daß die einwandernden Wenden noch starke Reste der ältesten
germanischen Bevölkerung vorfanden und slawisierten; anders ist es wohl nicht
erklärlich, wenn germanische Volksnamen bei ihnen fortbestehen.“ Auch von
den Semnonen sind starke Reste zurückgeblieben; es sind die Maurungani des
Geographus Ravennas, d. i. Maurungi in slawischer Umformung, wie Slezane
aus Silingi.

der Einfall der Wandalen in Gallien, den der Kaiser des Westreiches
Gratian nach der Erzählung des Jordanes (Get. c. 27)[1]) während der
Erkrankung des Theodosius, also im Jahre 380, zu bekämpfen hatte,
wenn nicht an dieser Stelle eine Verwechslung mit der Invasion der
Alamannen vom Jahre 378 (vgl. v. Wietersheim, Völkerw. II², 50ff.)
vorliegt. Daſs unter diesen Wandalen nur die Silingen, nicht die
damals in Ungarn ansässigen Asdingen verstanden werden können,
liegt auf der Hand.

Die letzteren scheinen in der auf die Markomannenkriege folgenden
Zeit in ihren Wohnsitzen an der oberen Theiſs (vgl. oben) sich behauptet zu haben. Hier waren sie ungefähr seit der Mitte des dritten
Jahrhunderts Nachbarn der mächtigen Goten geworden, die schon
von dieser Zeit ab das transdanuvianische Dacien zum gröſsten Teile
besetzt hielten.[2]) Als deren Bundesgenossen werden sie (Astringi
nonnulli, also wohl nur einzelne Gefolgschaften) bei dem Zuge des
Königs Ostrogotha nach Mösien erwähnt[3]) (248).[4]) Bedeutsamer war
ihr Zusammentreffen mit dem Kaiser Aurelian, worüber wir durch
den zeitgenössischen Geschichtschreiber Dexippus (Fragm. 22, vgl.
Petr. Patric. fr. 12), dessen Darstellung wahrscheinlich mit der unklaren des Zosimus (I, 48) zu vereinigen ist, näher unterrichtet sind.
Hiernach fielen die Wandalen unter der Führung zweier Könige (vermutlich im Herbst des Jahres 270)[5]) über die Donau in Pannonien
ein, das der Kaiser eben erst verlassen hatte, um gegen die Juthungen
zu Felde zu ziehen.[6]) Ihrem Vordringen that indessen der rasch mit
einem Heere herbeigeeilte Kaiser Einhalt; eine noch auf römischem
Gebiete gelieferte Schlacht scheint allerdings ohne Entscheidung geblieben zu sein, veranlaſste aber die Wandalen, die die Überlegenheit
der feindlichen Truppen erkannten, einen Vertrag mit den Römern
abzuschlieſsen, der ihnen freien Abzug nach ihren bisherigen Sitzen

1) Quod cum Gratianus imperator, qui tunc Roma in Gallis ob incursionem
Vandalorum recesserat etc. Eine Änderung in Alamannorum, die Jahn
a. a. O. I, 267 befürwortet, ist nach den Handschriften unzulässig. Vgl. im
übrigen G. Kaufmann in den Forschungen zur deutschen Geschichte XII, 430.
2) Mommsen, Römische Geschichte V, 220. 3) Jordanes, Get. 16, 91.
4) Schiller, Kaiserzeit I, 803.
5) Vgl. Holländer in der Zeitschrift für die Geschichte des Oberrheins
XXVI (1874), 304ff. Schiller, Gesch. d. röm. Kaiserzeit I, 852. Mendelssohn
zu Zosimus I, 48 (p. 33f. Note). Die Ansicht v. Wietersheims I, 558ff., der die
von Zos. erwähnten Skythen mit den Juthungen identifiziert, ist schon deshalb zu verwerfen, weil von einem Einbruche dieses Volkes (das einen Teil der
Alamannen bildete) in Pannonien keine Rede sein kann.
6) Hierin liegt auch die Veranlassung zu demselben. Von einer Diversion
zu Gunsten der Juthungen (so Wietersheim I, 385) kann keine Rede sein.

und Lebensunterhalt bis zur Donau gewährte[1]), wogegen sie 2000
Mann Reiterei (teils Freiwillige, teils Auserlesene) als Hilfstruppen
und Geiseln (die Kinder der Könige und Adligen) zu stellen hatten.[2])
Da soeben die Nachricht von einem neuen Einfall der Juthungen,
die bis nach Italien hinein streiften, eintraf, so sah sich der Kaiser
genötigt, von einer Fortsetzung des Kampfes abzusehen. Als auf
dem Rückwege ein Haufe von 500 Wandalen, die geschlossenen Verträge mifsachtend, in dem römischen Gebiete zu plündern begann,
wurde derselbe von den eigenen Stammesgenossen niedergehauen und
ihr Führer von dem einen der Könige mit eigener Hand erschossen.
Ob und inwieweit diese Vorgänge mit den Kämpfen des Kaisers
gegen die Jazygen (Sarmaten) in Verbindung gestanden haben, von
denen nur Vopiscus (Aurel. c. 18) Kunde giebt und die ungefähr in
dieselbe Zeit zu fallen scheinen, mufs dahingestellt bleiben.

Es ist nicht unwahrscheinlich, dafs die geschilderte Invasion der
Wandalen ihren eigentlichen inneren Grund in dem Mangel an Land
zur weiteren Ausbreitung gehabt hat; vermutlich aus derselben
Ursache haben diese dann, da ihnen die Eroberung römischen Gebietes mifslang, versucht, sich auch in Dacien festzusetzen. Hier
kamen sie aber in Konflikt mit den Goten, die ebenfalls dort sich
auszubreiten suchten. Hiermit im Zusammenhang standen wohl die
Kämpfe zwischen den Wandalen und den durch Taifalen unterstützten
Terwingern (d. h. Westgoten), von denen eine aus dem Ende 290
oder Anfang 291 stammende Nachricht Kunde giebt.[3])

---

1) παρέχοντος τοῦ ῾Ρωμαίων ἄρχοντος ἀγοράν (Lebensmittel) ἔστε ἐπὶ τὸν
῎Ιστρον. Papencordt, Geschichte der wandalischen Herrschaft in Afrika S. 7,
hat diese Worte des Dexippus völlig mifsverstanden, wenn er von Verstattung
freien Handels auf der Donau spricht. So auch Dahn, Urgeschichte der germanischen und romanischen Völker I, 149; Schiller a. a. O. I, 853.

2) Mit kurzen Worten gedenkt dieses Friedensschlusses auch Petrus Patricius
fragm. 12 (Dindorf I, 431). — Bei dem Triumph des Jahres 274 (Vopisc. Aurel.
c. 33) führte Aurelian daher auch gefangene Wandalen auf.

3) Genethl. Maxim. c. 17 (über die Abfassungszeit vgl. O. Seeck, Jahrbücher
f. klass. Philologie 137 [1888] S. 716) bei Baehrens, XII panegyrici Latini, Lips.
1874, p. 114: Gothi Burgundios penitus excidunt, rursumque pro victis armantur
Alamanni, itemque Tervingi, pars alia Gothorum, adiuncta manu Taifalorum
adversum Vandalos Gipedesque concurrunt. Über diese Stelle ist viel gestritten
worden, ohne eine Einigung zu erzielen. Die Ansicht Dahns (bei Wietersheim I[2],
270 Anm.) ist ganz unwahrscheinlich und läfst sich auch nicht im entferntesten
begründen. Sicher dürfte sein, dafs statt Alamanni Alani zu schreiben ist;
die von den (Ost-)Goten besiegten Burgundii sind wahrscheinlich ein Teil der
Burgundionen (welche um diese Zeit am römischen Grenzwall im heutigen
Württemberg sitzen, Jahn I, 47), der sich von diesen bereits in den alten Sitzen

Von weiteren Kämpfen, die um 335[1]) gesetzt werden müſsten, weiſs nun Jordanes bez. Cassiodor (Get. c. 22; vgl. c. 31) zu berichten: Die Wandalen, deren Sitze in die Gegend zwischen Marosch und den drei zusammenflieſsenden Körös verlegt werden (iuxta flumina Marisia, Miliare et Gilpil et Grisia), seien von dem Gotenkönig Geberich in einer furchtbaren Schlacht an den Ufern der Marosch geschlagen worden, wobei ihr König Wisimar den Tod fand; die überlebenden Reste des Volkes hätten vom Kaiser Konstantin d. Gr. Wohnsitze auf dem rechten Ufer der Donau in utraque Pannonia erbeten und erhalten, wo sie gegen 60 Jahre als Diener des Kaisers friedlich lebten. Es ist schon von anderer Seite hervorgehoben worden, wie auffällig es ist, daſs die sonstigen Quellen nichts von derartigen Vorgängen zu erzählen wissen, während man doch mit Bestimmtheit annehmen sollte, daſs die römischen Berichte ein so wichtiges Ereignis, die Besiegung eines germanischen Volkes und die Aufnahme desselben in eine römische Provinz, nicht unerwähnt gelassen hätten. Es ist daher an eine Verwechslung der Wandalen mit den von Jordanes nicht erwähnten Sarmaten (Jazygen) gedacht worden. Diese, zwischen Theiſs und Donau ansässig, waren um 331 von den Goten besiegt worden, worauf sie den Kaiser Konstantin zu Hilfe riefen, der ihre Bedränger am 20. April 332 aufs Haupt schlug. Im Jahre 334 brach eine Revolution unter ihnen aus: die sog. Limigantes, von ihren Herren bewaffnete Leibeigene, erhoben sich gegen diese (Ardaragantes genannt), die zum Teil zu den Victofalen und Quaden

---

in den Weichselgegenden getrennt hatte, um mit den Goten nach Südosten abzuziehen. Sie sind identisch mit den *Οὐϱουγοῦνδοι* des Zosimus (I, 27. 31), die in den Jahren 253 und 257 mit den Goten u. a. Völkern ins römische Reich einbrachen.

1) Köpke, Deutsche Forschungen, Berlin 1859, S. 101, setzt auf Grund der Worte des Jordanes: (Vandali) ibi (in Pannonia) per LX annos plus minus sedibus locatis imperatorum decretis ut incolae famularunt, die Schlacht zwischen 336 und 346 und versteht unter dem Constantinus princeps, der nach Jord. den Wandalen Wohnsitze in Pannonien anwies, Konstantin II. (337—340). Allein Pannonien hat zweifellos nie zu dessen Gebiet gehört (vgl. Schiller, Kaiserzeit II, 235 ff. Ranke, Weltgeschichte IV, 1, 13. Gardthausen im Hermes XVII, 260 ff.); es kann also nur an Konstantin d. Gr. († 337) gedacht werden. Andrerseits muſs Geberich nach 332 König geworden sein, da in diesem Jahre sein Vorgänger Ararich noch lebte (vgl. Jordan. c. 21: Tunc etenim sub Ariarici et Aorici regum suorum florebant imperio [sc. Gothi]. Post quorum decessum successum regni extitit Geberich. Anon. Vales. § 31 [vom Gotenkriege des Jahres 332 handelnd, vgl. Gardthausen a. a. O. S. 255 ff.]: Tunc et obsides accepit [Constantinus], inter quos et Ariarici filium [vermutlich Aorich]). Vgl. Mommsen im Index zum Jordanes s. v. Ariaricus.

flüchteten, zum Teil bei Konstantin Aufnahme fanden. Der Kaiser,
der hierbei einschritt, hat damals den Ardaragantes im römischen
Gebiet Wohnsitze angewiesen, während die Limigantes im sarma-
tischen Gebiete verblieben. Daſs Jordanes über die Wandalen kein
sehr zuverlässiger Berichterstatter ist, zeigt der Haſs, den er überall
gegen dieses Volk zur Schau trägt und der ihn auch sonst, wie wir
noch sehen werden, zu falschen Mitteilungen über dasselbe veranlaſst
hat. Gegen die Richtigkeit seiner Angabe spricht auch der Umstand,
daſs der Verfasser des Panegyrikus auf Theodosius d. Gr., Pacatus,
an der Stelle, wo er die Kriegsvorbereitungen desselben gegen
Clemens Maximus (388) bespricht und die in Pannonien zu ihm
gestoſsenen fremden Hilfstruppen erwähnt, der Wandalen nicht
gedenkt: Kap. 32 (p. 300 ed. Baehrens): ibat sub ducibus vexillisque
Romanis hostis aliquando Romanus et signa, contra quae steterat,
sequebatur urbesque Pannoniae, quas inimica dudum populatione
vacaverat, miles implebat. Gothus ille et Hunnus et Halanus
respondebat ad nomen etc. Die hier genannten Goten und Alanen[1])
waren die vor den Hunnen geflüchteten Ostgoten unter Alatheus
und Saphrax mit ihren alanischen Begleitern, welche zusammen mit
den Westgoten Fritigerns die Schlacht bei Adrianopel geschlagen
hatten und darauf vom Kaiser Gratian Sitze in Pannonien angewiesen
erhielten (380[2]). Andrerseits ist zu beachten, daſs der Name
Wisimar entschieden germanisch ist, wie denn auch sonst Gründe
gegen die Identifizierung der Sarmaten mit den Wandalen des
Jordanes sprechen.[3]) Den Schlüssel giebt dieser selbst (c. 31, 161)
durch die Bemerkung: Vandali vel (= et) Alani, quos superius
diximus permissu principum Romanorum utramque Pannoniam
resedere, seien aus Furcht vor den Goten nach Gallien aufgebrochen;
da die Alanen bestimmt in Pannonien wohnten, nahm er an, daſs
auch ihre späteren Wandergenossen, die Wandalen, dort angesiedelt
gewesen sein müſsten. Das Faktum aber mag seiner Darstellung zu
Grunde liegen, daſs Kämpfe des Gotenkönigs Geberich gegen die
letzteren um die Mitte des vierten Jahrhunderts stattgefunden haben.

Die Wandalen werden also ihre alten Wohnsitze im wesentlichen beibehalten haben. Ob sie in irgend einem Vertragsverhältnis

---

1) Über die (ungermanische) Nationalität der Alanen vgl. Müllenhoff,
D. A. III, 103.

2) Zosim. IV, 34. Jord., Get. c. 27. v. Wietersheim a. a. O. II, 44 f. Kaufmann in d. Forschungen zur deutschen Geschichte XII, 420. Pallmann, Gesch. d.
Völkerw. I, 173.

3) Vgl. Rappaport, Die Einfälle der Goten in das röm. Reich (1899) S. 117.

zum römischen Reiche gestanden haben, ist ungewifs.[1]) Die in der
Notitia dignitatum Or. XXVIII, 25[2]) aufgeführte ala octava Vandi-
lorum, welche in Ägypten stand, ist jedenfalls nicht auf ein solches
zurückzuführen; diese ist vielmehr ein Überrest der einst dem
Kaiser Aurelian gestellten Hilfstruppen, von denen nur ein Teil
festen Bestand erlangte, und wird sich in der Hauptsache aus
Werbungen, nicht aber aus regelmäfsigen Rekrutenaushebungen
ergänzt haben.[3]) Befehlshaber derselben war wahrscheinlich
unter dem Kaiser Valens, also zwischen 364 und ·378, der Vater
Stilichos.[4])

Den Hauptgrund, welcher zu Anfang des fünften Jahrhunderts
die Wandalen bewogen hat, ihre bisherigen Sitze aufzugeben, hat
uns Prokop überliefert (Bell. Vand. I, 22; vgl. I, 3), der hier eine
alte, nicht anfechtbare Tradition der Wandalen selbst wiedergiebt.
Es war hiernach Mangel an Land, der durch rasches Anwachsen der
Bevölkerung und durch die zu wenig intensiv betriebene Bearbeitung des Bodens veranlafst worden war. Das gleiche Motiv
wird auch den früheren Versuchen der Wandalen, ihr Gebiet auszudehnen, zu Grunde gelegen haben (vgl. oben).[5]) Ein kleinerer Teil
(einzelne Gaue) des Volkes blieb zurück, dem in der Folge der
Grund und Boden reichliche Ernährung zu bieten im stande war;
doch behielten die ausziehenden Wandalen, an deren Spitze König
Godigisel stand, das Eigentumsrecht an den bisher von ihnen
bewirtschafteten Ländereien sich vor, um für den Fall des Mifslingens
ihres Unternehmens gesichert zu sein, und weigerten sich auch
später noch, nach ihrer Niederlassung in Afrika, ihren früheren
Besitz aufzugeben. Es zeigt diese Erzählung, die in ihren Grund-
zügen als durchaus historisch angesehen werden mufs, weil die

---

1) Wenn in dem Briefe des Hieronymus ad Heliodorum (Migne, Patr.
lat. XXII, 600; geschr. 396) auch der Wandalen als Bedränger des Reiches
gedacht wird, so beruht dies wohl auf rhetorischer Übertreibung: Viginti et
eo amplius anni sunt, quod . . . quotidie Romanus sanguis effunditur.
Scythiam, Thraciam . . . cunctasque Pannonias Gothus, Sarmata, Quadus,
Alanus, Hunni, Wandali, Marcomanni vastant, trahunt, rapiunt. Dahn,
Urgeschichte II, 406 citiert diesen Brief als einen solchen des heil. Ambrosius (!).
2) Dieses Staatshandbuch des ost- und weströmischen Reiches ist zwischen
411 und 413 verfafst worden, vgl. Karlowa, Römische Rechtsgeschichte I, 992.
3) Vgl. dazu Mommsen im Hermes XXIV (1889), S. 273. 277. Eine ala
zählte ca. 500 Reiter.
4) Vgl. Keller, Stilicho (1884) S. 14.
5) Es war also kein blofser Raubzug, wie Kaufmann, Deutsche Geschichte I, 318 (vgl. S. 135. 137), will.

Geschichte der Völkerwanderung analoge Beispiele bietet[1]), daſs der
Auszug auf Grund eines Beschlusses des ganzen Stammes erfolgte.
Der Grund, der vielfach bei den germanischen Völkerschaften zur
Teilung geführt hat, nämlich die Unmöglichkeit des Funktionierens
der Volksversammlung infolge übermäſsigen Anwachsens der Zahl
der zur Teilnahme berufenen Krieger, scheint also hier keine Rolle
gespielt zu haben. Auch politische Motive, die damaligen Völkerbewegungen an der Donau, sind schwerlich in Frage gekommen, da
sonst jedenfalls der ganze Stamm sein Gebiet verlassen haben würde.

Der Aufbruch der Wandalen, zu denen sich auch die in Pannonien ansässigen Alanen gesellt zu haben scheinen (vgl. unten),
erfolgte um das Jahr 400 und richtete sich zunächst — auf welchem
Wege, ist unklar — gegen die Provinzen Noricum und Rätien
(Vindelicien). Hiervon sind wir nur durch den Dichter Claudian (de
bello Pollentino sive Gothico ed. Birt, Mon. Germ. Auct. antiquiss. X,
260 ff., vgl. praefat. p. XLVIII f.) unterrichtet. Dieser sagt nämlich
von der Rätischen Legion, die bei Pollentia (J. 402) gegen Alarich
focht, v. 414/15: quam Raetia nuper Vandalicis auctam spoliis
defensa probavit; ferner spricht derselbe v. 363 ff. von Völkern, die
das Födus mit den Römern gebrochen und „Vindelicos saltus et
Norica rura tenebant". Stilicho hat die eingefallenen Barbaren teils
mit Gewalt (vgl. oben), teils durch Unterhandlungen (v. 380 ff. u. ö.,
dazu Keller, Stilicho S. 46) zur Ruhe gebracht, vermutlich sich aber
genötigt gesehen, denselben das von ihnen occupierte Land unter
römischer Oberhoheit gegen die Verpflichtung, Heeresfolge zu leisten,
einzuräumen. Denn v. 402 wird die Teilnahme von fremden Auxiliar-
truppen aus Vindelicien und Noricum an dem Kriege gegen Alarich
erwähnt, und v. 581 werden Alanen, die wir später in Gemeinschaft
der Wandalen finden, direkt mit Namen ebenfalls als Hilfsvolk
Stilichos genannt. Die Chronologie ergiebt sich aus der Angabe
v. 279 (vgl. v. 380 ff.), daſs die Invasion Alarichs erfolgte, während
die römischen Truppen in Rätien beschäftigt waren; diese fällt aber
in das Jahr 400 oder 401.[2])

---

1) Platner in den Forschungen zur deutschen Geschichte XX (1880) S. 165 ff.
Seelmann im Jahrbuch des Vereins für niederdeutsche Sprachforschung XII (1886),
S. 30. Die Richtigkeit derselben wird hauptsächlich deshalb angezweifelt, weil
„mehrere Geschlechter hindurch in dem viel umstrittenen Pannonien für die
ausgewanderte groſse Zahl von den geringen Splittern der Zurückgebliebenen deren
Landteil nicht hätte behauptet werden können" (Dahn, Urgeschichte I, 205).

2) Vgl. Rosenstein in den Forschungen zur deutschen Geschichte III, 192 ff.
Keller a. a. O. 42 ff.

Wenig später finden wir jedoch die Wandalen wieder auf der Wanderung nach fruchtbareren und reiche Beute versprechenden Gebieten. Die Veranlassung dazu dürfen wir wohl darin suchen, daſs Stilicho um 401 einen groſsen Teil der an der Rheingrenze stehenden römischen Truppen von dort zurückgezogen hatte[1]), um sie gegen die Westgoten zu verwenden. Ganz ungerechtfertigt war dagegen die schon von den Zeitgenossen gegen den allezeit uneigennützigen Staatsmann erhobene Beschuldigung, dieser habe selbst die mit den Alanen und Sweben verbündeten Wandalen ins Land gerufen, um bei der dadurch im Reiche entstehenden Verwirrung seinen Sohn Eucheruis auf den weströmischen Kaiserthron zu erheben. Dies berichtet namentlich Orosius (adversum paganos ed. Zangemeister VII, 38. 40, geschrieben 417, mit der Bemerkung: sicut a plerisque traditur[2]), ferner die südgallische Chronik von 452 (früher Chronicon imperiale genannt, Mon. Germ. Auct. ant. IX, 652 zum 13. Jahre des Honorius), letztere mit der Begründung, daſs Stilicho aus Rache so gehandelt habe, weil seinem Sohne die Kaiserwürde versagt worden sei, und, etwas allgemeiner gehalten, Hieronymus (epistola ad Ageruchiam geschr. 409, bei Migne patrol. lat. XXII, 1058) sowie der Dichter Rutilius Namatianus (Itinerar. II, 41ff., geschr. 416). Die Entstehung dieser Legende, ein Seitenstück zu der bekannten unhistorischen Erzählung von der Berufung der Langobarden durch Narses[3]), ist ja begreiflich, da einerseits Stilicho wandalischer Abkunft war, andrerseits aber die zum Schutze Italiens notwendig gewordene Entblöſsung der Rheingrenze und das eigentümliche Verhältnis zwischen ihm und Alarich[4]) leicht falsch gedeutet werden konnten. Dazu kam, daſs die dem Minister feindliche Hofpartei unter Führung des Olympius, als jener nach dem Tode des Arcadius eine Reise nach Konstantinopel plante, das Gerücht aussprengte, Stilicho wolle den unmündigen Kaiser Theodosius aus dem Wege räumen und seinen Sohn an dessen

---

1) Vgl. Dahn, Deutsche Geschichte I (Gotha 1888), S. 18ff., Urgeschichte d. germ. u. rom. Völker II, 405f. Keller a. a. O. 46.

2) Orosius ist benutzt von Jordanes, Get. c. 22, von Marcellinus comes chron. a. 408, letzterer wiederum von Jord. Rom 322 (ed. Mommsen).

3) Vgl. meine Geschichte der Langobarden S. 65ff.

4) Vgl. Oros. VII, 38: Quamobrem Alaricum cunctamque Gothorum gentem, pro pace optima et quibuscunque sedibus suppliciter .... orantem, occulto foedere fovens, publice autem et belli et pacis copia negata, ad tuendam terrendamque rempublicam reservavit und dazu Rosenstein a. a. O. 206. Es unterliegt wohl keinem Zweifel, daſs St. die Westgoten nur deshalb wiederholt geschont hat, um in ihnen einen Rückhalt gegen das Ostreich zu besitzen. Vgl. Keller S. 41. 55. 58.

Stelle setzen, Machinationen, durch welche auch bald darauf sein
Sturz herbeigeführt wurde.[1]) Daß der Minister thatsächlich niemals
die Absicht gehegt hatte, den Kaiser Honorius abzusetzen, ist durch
Olympiodor bei Zosimus (V, 32) direkt bezeugt[2]); auch hinsichtlich
des Ostreiches erstreckten sich seine Pläne wahrscheinlich nicht weiter
als auf die Erlangung der Vormundschaft. Soviel wir erkennen
können, hat er niemals das Wohl des Reiches seinen eigenen Interessen
dienstbar zu machen versucht (vgl. auch Zosimus V, 34). Es ist
ferner schwer ersichtlich, weshalb er gerade die Wandalen berufen
haben sollte; zur Erreichung des von den Quellen angegebenen
Zweckes lag es doch viel näher, die föderierten Westgoten oder
Franken zu verwenden. Die von Ranke[3]) vertretene Ansicht, Stilicho
habe sich der Wandalen bedient, um der Erhebung der britischen
Legionen unter Konstantin, die sich auch auf Gallien auszudehnen
und seiner Stellung gefährlich zu werden drohte, einen Damm
entgegenzusetzen, scheint mir aus demselben Grunde wenig glücklich;
dagegen spricht aber auch die Chronologie. Ranke ist wohl zu dieser
Ansicht durch die in der Anmerkung mitgeteilte Stelle des Zosimus
(VI, 3)[4]) veranlaßt worden.[5])

Über den Weg, den die Wandalen einschlugen, sind wir nur auf
Vermutungen angewiesen; wahrscheinlich zogen sie, da ein Durch-
bruch durch das Land der Alamannen (vom unteren Main bis an den
Bodensee) sich als unmöglich herausstellte, auf der den Limes be-
gleitenden Militärstraße[6]) in nordwestlicher Richtung bis an den
Main, und dem Laufe dieses Flusses folgend, dem Rheine zu. Am

---

1) Vgl. Zosim. V, 31. 32.   Philostorgius, hist. eccl. XII, 1.

2) Ἀλλὰ Στελίχων μὲν οὐδὲν συνεπιστάμενος ἀπηχὲς ἢ κατὰ τοῦ βασιλέως
ἢ κατὰ τῶν στρατιωτῶν βεβουλευμένον.

3) Weltgeschichte IV, 1, 253 ff.

4) Καὶ πολὺν ἐργασάμενοι φόνον ἐπίφοβοι καὶ τοῖς ἐν Βρεττανίαις στρατοπέδοις
ἐγένοντο (die Wandalen, Alanen, Sweben).

5) Vgl. Rosenstein a. a. O. 213 ff.   Papencordt, a. a. O. S. 337 ff.   Stadler
v. Wolffersgrün, die Wandalen von ihrem Einbruche in Gallien bis zum Tode
Geiserichs, Bozen 1884, hält an der Berufung durch Stilicho fest.   Ebenso irrig
ist desselben Behauptung, Stilicho sei Heide gewesen; einem solchen würde
Theodosius d. Gr. wohl kaum seine Nichte vermählt haben.   Wenn Oros. (VII, 38)
anführt, daß Eucherius das Heidentum energisch begünstigt und eine Verfolgung
der Christen (soll wohl heißen: Orthodoxen) geplant habe, so beweist das an
sich nichts dafür; wahrscheinlich aber entbehrt diese Angabe jedes thatsächlichen
Grundes, da sie auf den Aussprengungen der streng kirchlich gesinnten Hofpartei beruht.   Vgl. auch Kaufmann, Deutsche Geschichte I, 303 f.

6) Vgl. dazu Mommsen in der Westdeutschen Zeitschrift XIII (1894)
S. 137 ff.

Main berührten sie die Sitze der mit den Burgundionen vereinigten Silingen, die sich ihnen in Erinnerung an die alte Verwandtschaft und frühere Nachbarschaft sofort anschlossen.[1]) Aufserdem zogen mit ihnen die schon genannten Alanen und Sweben, die letzteren ohne Zweifel identisch mit Abteilungen der bisher in Mähren und im nördlichen Ungarn[2]) ansässigen Quaden, wie sich aus der Aufzählung der Gallien verwüstenden Stämme bei Hieronymus (ep. ad Ageruchiam, vgl. oben) ergiebt, unter denen keine Sweben, wohl aber Quaden genannt werden.[3]) Beinahe wäre hier dem Zuge der vier Völker ein jähes Ende bereitet worden. Die Alanen hatten bereits den Rhein glücklich erreicht — dort trat ein Teil derselben unter Goar in römische Dienste — als die etwas zurückgebliebenen Wandalen von den Franken (d. i. wahrscheinlich den früheren Chatten[4]), die eingedenk ihres einst (ca. 401) mit Stilicho geschlossenen Vertrages die Grenze bewachen halfen[5]), plötzlich überfallen wurden. Schon war der König der Asdingen, Godigisel, mit angeblich 20000 Mann[6]) gefallen: da stürmten noch rechtzeitig die Alanen unter Respendial heran und brachten den Angreifern eine schwere Niederlage bei.[7]) Nun stand die Strafse nach Gallien offen, und ungehindert überschritten die

---

1) Das Verwandtschaftsgefühl hat sich bei einzelnen deutschen Stämmen auch nach langer Trennung noch frisch erhalten, so bei den Langobarden und Sachsen, die vereinigt nach Italien zogen, vgl. meine Geschichte der Langobarden S. 68.

2) Vgl. Zeufs, Die Deutschen S. 364.

3) Quidquid inter Alpes et Pyrenaeum est, quod Oceano et Rheno includitur, Quadus, Wandalus, Sarmata, Halani, Gipedes, Heruli, Saxones, Burgundiones, Alemanni et .... hostes Pannonii (d. h. wohl die Hunnen, vgl. Jahn a. a. O. I, 283 Note) vastarunt. Zur Kritik dieser Stelle vgl. Zeufs a. a. O. S. 450 Note und Kossinna, Westdeutsche Zeitschrift IX (1890) S. 207. Das Zeugnis Gregors von Tours (hist. Franc. II, 2), der die Sweben für Alamannen erklärt, kommt nicht in Betracht, vgl. Holder-Egger, Über die Weltchronik des sog. Severus Sulpicius S. 53. Dafs nicht alle Quaden ausgezogen sind, zeigt die Erzählung von der Unterwerfung der Suavi, die aller Wahrscheinlichkeit nach mit jenen zu identifizieren sind, durch die Langobarden unter König Wacho, vgl. meine Gesch. d. Langob. S. 55. Much in den Beiträgen z. Gesch. d. d. Sprache XX, 27. Irrig O. Bremer in Pauls Grundrifs III, 938.

4) Über deren Sitze vgl. Zeufs a. a. O. 327. Schröder, Rechtsgesch. 94 u. a. An die Salier wie Arnold, Deutsche Urzeit S. 154 will, ist nicht zu denken.

5) Vgl. Dahn, Deutsche Geschichte I, 2 S. 14. Rosenstein a. a. O. 206 ff.

6) Über die Bedeutung dieser Zahl vgl. meine Bemerkungen in der Westdeutschen Zeitschrift XX (1901) S. 2.

7) Die Hauptquelle ist Renatus Profuturus Frigiretus bei Greg. Tur. Hist. Franc. II, 9: Interea Respendial rex Alamannorum (l. Alanorum) Goare ad Romanos transgresso de Rheno agmen suorum convertit, Wandalis Francorum bello laborantibus, Godigyselo rege absumpto, aciae viginti ferme milibus ferro peremptis cunctis Wandalorum ad internitionem delendis, nisi Alamannorum vis

Völker (die Asdingen unter Führung König Gunderichs, Godigisels Sohn[1]), am 31. Dezember 406 den wahrscheinlich zugefrorenen Strom.[2])

Daß der Übergang wahrscheinlich in der Nähe von Mainz erfolgte, ergiebt sich namentlich aus folgenden Erwägungen. Bekanntlich haben die vier Völker das Land der Franken berührt, dessen Südgrenze gegen das alamannische Gebiet der Main bildete[3]); andrerseits aber berichtet Salvian[4]), daß die Wandalen auf ihrer Wanderung zuerst in die Provinz Germania I und darauf nach Belgica gekommen seien; erstere aber dehnte sich im Norden nur bis in die Gegend von Brohl, zwischen Remagen und Andernach, aus.[5]) Dazu stimmt, daß wir die Alanen unter Goar, die nach dem Zeugnis des Renatus Prof. Frig., während des Zuges zu den Römern übergingen, später (i. J. 411) in Mainz unter den Besatzungstruppen finden.[6])

Wahrscheinlich ist bei dieser Gelegenheit auch Mainz selbst angegriffen und hart mitgenommen worden, wie wir aus dem öfter citierten Briefe des Hieronymus ad Ageruchiam entnehmen dürfen.[7])

---

in tempore subvenisset. Vgl. auch Oros. VII, 40, 3: Gentes Alanorum .... Sueborum, Vandalorum multaeque cum his aliae Francos proterunt, Rhenum transeunt. Mone, Urgeschichte des badischen Landes II, 344 verlegt den fränkischen Überfall auf das linke Rheinufer, mit Unrecht, wie aus Orosius hervorgeht, der den Übergang über den Strom auf die Schlacht folgen läßt. Unklar bleibt es, wie die Alanen unbehelligt den Rhein erreichen konnten. Vermutlich haben die Römer versucht, die Völker zu trennen und einzeln mit ihnen fertig zu werden; darauf deutet auch der Übertritt der Alanen unter Goar. Jedenfalls zeigt der Bericht des Renatus, daß die Grenze keineswegs bloß von Franken bewacht war.

1) Daß Gunderich Godigisels Sohn war, ist wohl aus Prokop (bell. Vand. I, 3) zu entnehmen, dessen Bericht allerdings sonst ganz unzuverlässig ist.

2) Cont. Prosp. Havn. nach den gleichzeitigen italienischen Konsularfasten (Chronica minora ed. Mommsen I, 299, Mon. Germ. Auct. ant. IX) z. J. 406: Wandali rege Gunderico transito Reno totam Galliam crudeli persecutione vastant collocatis secum in comitatu Alanis gente moribus et ferocitate aequali [.... pridie kl. Januarii]. Prosper Tiro, epitoma chron. (ebenda p. 465): Wandali et Halani Gallias traiecto Rheno ingressi II. kl. ian. [406]. Die in der Chronologie sehr unzuverlässige südgallische Chronik von 451 setzt das Ereignis ins Jahr 407 (13. Jahr des Honorius, vgl. oben). Das Jahr 406 wird auch durch Zosimus (VI, 3, 3) bestätigt. Vgl. auch Orosius VII, 38. 40. Greg. Tur. II, 2. Jahn a. a. O. I, 275 Note 3.

3) Zeuß S. 309 ff. 317 ff.

4) de gub. dei VII, 50 ed. Halm: Ac primum a solo patrio effusa est in Germaniam primam (Pauly liest gegen die Handschriften proximam) .... post cuius primum exitium arsit regio Belgarum ....

5) Mommsen, Röm. Geschichte V, 109.   6) Vgl. Jahn I, 299.

7) Moguntiacum ..... capta atque subversa est, et in ecclesia multa hominum millia trucidata. Vgl. dazu Jahn I, 298 Note 2. Hauck, Kirchengeschichte Deutschlands I[2], 35.

Hierauf wälzte sich der Strom der Einwanderer westwärts in die
Provinz Belgica[1]); ohne Zweifel das römische Wegenetz[2]) benutzend,
zogen sie alles verwüstend über Trier nach Rheims[3]), Tournay,
Terouanne, Arras, Amiens, von da durch die Provinz Lugdunensis
nach den Provinzen Aquitania (secunda) und Novempopulana, vermutlich auf der von Amiens nach Paris, Orleans[4]), Tours, Bordeaux
und weiter nach Pamplona in Spanien führenden Strafse. Die Pyrenäen,
deren Pässe wohl bewacht waren, verhinderten einen Einfall in
Spanien: dafür überschwemmten aber die Germanen die bisher noch
verschont gebliebenen reichen Gefilde des südlichen Frankreichs (Gallia
Narbonensis). Nur wenige Städte, die sie berührten, konnten dem
Ansturm widerstehen, darunter Toulouse, das durch das thatkräftige
Verhalten des Bischofs Exuperius vor der Eroberung bewahrt blieb.
Der vor den wilden Horden einhergehende Schrecken, der Mangel an
genügenden Besatzungen und vor allem die namentlich von Salvian
in glühenden Farben geschilderte Sittenlosigkeit der Vornehmen und
die Gleichgültigkeit der verarmten niederen Bevölkerung lähmten jeden
energischen Widerstand.[5])

1) Über die Einteilung Galliens in damaliger Zeit vgl. Desjardins, Géographie de la Gaule Romaine III, 486 ff.

2) Vgl. Longnon, Atlas historique de la France pl. H.

3) Vgl. auch Hincmar, epist. ad episcopos Remorum dioeceseos (875)
(Opera ed. Sirmond H, 165): Nicasius Remorum episcopus .... tempore Wandalorum in persecutione generali suam non deseruit civitatem et intra parietes
ecclesiae martyrio meruit coronari. Analecta Bollandiana I (1882) S. 609 ff.
Flodoard, Hist. Remensis I, 6 (M. G. SS. XIII, 418 ff., auf Grund älterer Märtyrer-
akten).

4) Ob die im 5. Jahrh. an der Loire ansässigen Alanen (Zeufs 705) mit
zurückgebliebenen Abteilungen der Wandergenossen der Wandalen unter Respendial oder mit den Alanen des Goar identisch sind, läfst sich nicht
entscheiden.

5) Oros. VII, 40, 3. Salvian. a. a. O.: ..... deinde opes Aquitanorum luxuri-
antium et post haec corpus omnium Galliarum. Bes. Hieronym. ad Ageruch.:
Remorum urbs praepotens, Ambiani, Attrebatae extremique hominum Morini
(Terouanne), Tornacus translatae in Germaniam. Aquitaniae Novemque popu-
lorum, Lugdunensis et Narbonensis provinciae praeter paucas urbes populata
sunt cuncta. Quas et ipsas foris gladius, intus vastat fames. Non possum
absque lacrymis Tolosae facere mentionem, quae ut hucusque non rueret, s.
episcopi Exuperii merita praestiterunt. Hier. trägt jedenfalls zu stark auf,
doch ist kein Grund vorhanden, im allgemeinen seinen Bericht anzuzweifeln, da
er als Zeitgenosse spricht. Vgl. auch Carmen de providentia divina (bei Migne
patrol. lat. LI, 617 ff v. 15—60, bes. 34 f: Caede decenni Vandalicis gladiis ster-
nimur et Geticis (also geschr. 417). Paulini epigr. (früher dem Claudius Marius
Victor zugeschrieben, vgl. Hauck I, 77) im Wiener Corpus scriptt. eccl. Lat. XVI,
504: Et tamen heu si quid vastavit Sarmata, si quid Vandulus incendit, veloxque
abduxit Alanus etc. (v. 18f). Orientius, commonitorium (ebenda 993) II, 181 ff.

Die von den Wandalen verübten Greuel sind noch lange in der
Erinnerung der Einwohner haften geblieben; aber manche Schand-
that ist von der späteren Tradition mit Unrecht jenen beigemessen
worden, so die Ermordung der Bischöfe Desiderius von Langres und
Antidius von Besançon, da es zum mindesten sehr wahrscheinlich ist,
daſs die Wandalen niemals diese Gegenden berührt haben.[1]) Der
Wandalen und der von ihnen angeblich verübten Zerstörung einer
auf dem Berge Laçois gelegenen alten Stadt, die später nach ihrem
Wiederaufbau Rossillon genannt wurde (östlich von Lyon, nord-
westlich von Belley), wird auch in einer Aufzeichnung über die alt-
französische Sage von dem Grafen Girart von Rossillon gedacht.[2])

Um das Unglück voll zu machen, drangen zur gleichen Zeit auch
die Alamannen in Gallien ein, gedrängt wiederum von den Burgundionen, die von ihren Sitzen am mittleren Main nach dem Rhein
zu vorrückend jenen die unteren Maingegenden entrissen und auch
zum Teil auf dem linken Rheinufer festen Fuſs faſsten.[3]) Zweifellos
auf die Alamannen ist es zu beziehen, wenn Hieronymus meldet, auch
Worms, Speier, Straſsburg seien zur Zeit der wandalischen Invasion
von den Germanen erobert worden.[4])

In welchem Verhältnis diese Völker zu dem Usurpator Konstantin
gestanden haben, ist leider ziemlich unklar. Letzterer, ein gemeiner
Soldat, war im Jahre 407 von den Legionen in Britannien zum Kaiser
erhoben worden und sofort nach Gallien übergesetzt[5]), wohl zunächst
um die unruhigen Soldaten zu beschäftigen.[6]) Hier zog er, wahrscheinlich von den Einwohnern überall als Retter begrüſst, die noch

---

1) Series episcoporum Lingonensium (M. G. SS. XIII, 379): Sanctus Desiderius
episcopus. Hic passus est a Wandalis anno ... 407. Vgl. Hagiologium Franco-
galliae bei Labbé, Nova bibliotheca II, 700 (10. kal. iun.). Sigebertus Gemblac.
chron. ad. a. 411. Acta sanctorum Juni V, 41.

2) Vgl. Stimming, Über den provenzalischen Girart von Roussillon (Halle
1888) S. 25.

3) Vgl. Zeuſs S. 317 f. 468. Oros. VII, 38: gentes ... Alanorum Sueborum
Vandalorum ipsoque simul motu inpulsorum Burgundionum ... suscitavit (Stilicho). Hier. nennt die Burgundionen ausdrücklich unter den in Gallien ein-
gebrochenen Völkern (vgl. unten).

4) a. a. O. ... Vangiones longa obsidione deleti ... Nemetae, Argento-
ratus translatae in Germaniam (Zeuſs S. 318), nachdem er vorher gesagt: Quidquid inter Alpes et Pyrenaeum est quod Oceano et Rheno includitur, Quadus,
Wandalus, Sarmata, Halani, Gipedes, Heruli, Saxones, Burgundiones, Alemanni ... vastarunt.

5) Prosp. c. 1232 (a. 407). Sozomenus, hist. eccl. IX, 11. Zosim. VI, 2. 3.
Olympiodor. fragm. 12 (Sozom. u. Zosim. schöpfen aus Olympiodor). Oros VII, 40, 4.

6) Die von Zosimus VI, 3 angegebene Bedrohung der britannischen Legionen
durch die Wandalen ist schwerlich richtig.

vorhandenen römischen Truppen an sich und wandte sich nach Süden[1]),
wo es mit den dort umherschweifenden Wandalen und deren Bundesgenossen zu heftigen Kämpfen kam, ohne dafs es ihm gelang, die
Feinde völlig zu vernichten (Zos. VI, 3)[2]). Dagegen hat er wahrscheinlich mit den eingedrungenen Alamannen und Burgundionen,
jedenfalls gegen Anweisung von Land auf dem linken Rheinufer,
sowie mit den Franken Föderationsverträge zur Sicherung der Grenze
Galliens abgeschlossen, die sich freilich später als nicht dauerhaft
erwiesen.[3]) In diesem Sinne ist wohl die Angabe des Zosimus, dafs
Konstantin damals die seit Julian vernachlässigte Rheingrenze befestigt
habe[4]), zu verstehen.

Nachdem Konstantin so in Gallien festen Fufs gefafst, suchte
er auch Spanien in seine Gewalt zu bringen. Die von ihm eingesetzten höheren Beamten fanden hier willige Aufnahme; die sich
gegen den neuen Herrscher auflehnenden kaiserlichen Verwandten
Didymus, Verinianus, Theodosius und Lagodius, welche anfänglich
die Übergänge über die Pyrenäen mit Glück verteidigten[5]), wurden
nach kurzem Widerstand von seinem Sohne Konstans, den er mit
einem zum Teil aus barbarischen Föderattruppen, den sogenannten
Honorianern, bestehenden Heere nach Spanien schickte, besiegt und
teils gefangen genommen, teils zur Flucht gezwungen (Oros. VII, 40.
Zos. VI, 4. Sozomenus hist. eccl. IX, 11). Die Bewachung der Pyrenäenpässe übertrug Konstans, der nunmehr wieder zu seinem Vater zurück-

1) Dies ergiebt sich daraus, dafs die Kämpfe zwischen Sarus und den
Truppen des Usurpators (Anfang 408) bei Valence stattfanden (Zos. VI, 2).

2) Chron. Gall. a. 452 c. 63 (mit falscher Chronologie, z. J. 410): Galliarum
partem Vandali atque Alani vastavere: quod reliquum fuerat, Constantinus
tyrannus obsidebat.

3) Oros. VII, 40: (Constantinus) ibi saepe a barbaris incertis foederibus
inlusus detrimento magis reipublicae fuit. Diese Angabe wird von Jahn a. a. O.
I, 286 ff. ohne Grund verdächtigt. Vgl. namentlich Hauck, Kirchengeschichte
Deutschlands I², 96. Die Franken scheinen damals sich noch nicht auf dem linken
Rheinufer ausgebreitet zu haben; denn Sozomenus IX, 13 bemerkt, Constantin
habe seinen Feldherrn Edobech über den Rhein (πέραν τοῦ Ῥήνου) gesandt,
um von den Franken und Alamannen Hilfe zu holen.

4) Zosim. VI, 3. Die Worte des Zosim.: διὰ ταῦτα τοίνυν τούτοις τοῖς τόποις
(d. h. den Alpen, vgl. Sievers, Studien z. Gesch. d. röm. Kaiser. Berlin 1870.
S. 465) φύλακας ἐγκατέστησε Κωνσταντῖνος, ὡς ἂν μὴ τὴν εἰς Γαλατίαν ἀνειμένην
ἔχοιεν πάροδον beziehen sich auf die Vorkehrungen, die Konstantin gegen Sarus
getroffen hatte (vgl. Rosenstein, Forsch. I, 183) und scheinen Jahn (a. a. O.
S. 286. 289) veranlafst zu haben, von einer völligen Vertreibung der vier Völker
aus Gallien zu sprechen. Dafs davon keine Rede sein kann, zeigt das Schweigen
sämtlicher Quellen, die von einem zweiten Einbruch in Gallien nichts wissen.

5) Beloch, Der Verfall der antiken Kultur (Hist. Zeitschr. 84, 33) hat die
hierüber handelnde Stelle des Orosius mifsverstanden.

kehrte, den Honorianern, obgleich die einheimischen Truppen[1]) ge-
beten hatten, dieselben nicht der Obhut Fremder anzuvertrauen
(Oros. a. a. O. Zos. VI, 5. Sozom. IX, 12). Aber das Glück, das der
Usurpator bisher auf seiner Seite gehabt, begann sich rasch wieder
von ihm abzuwenden. Nachlässige Bewachung der Pässe, wie wohl
richtig Sozomenus (IX, 12) angiebt, oder (weniger wahrscheinlich)
direkter Verrat seitens der Honorianer, die für ihre Plünderungszüge
in das umliegende Land Strafe befürchteten (so der überall Verräterei
witternde Orosius VII, 40), gab den Wandalen, Alanen und Sweben Veranlassung, das Gebirge zu überschreiten und in die schon lange von
ihnen ins Auge gefaßte blühende Provinz einzubrechen. Die Meinung,
daß ihre Existenz in dem von der Natur so wohl geschützten Lande
sich sicherer gestalten würde, ferner die hier in besonders reichem
Maße zu erwartende Kriegsbeute ($εὐδαίμονα$ $καὶ$ $πλουσιωτάτην$ $τὴν$
$χώραν$ $ἀκούοντες$ sagt Sozomenus a. a. O.) mögen die wesentlichsten
treibenden Motive gewesen sein. Wenn dagegen Jordanes (Getica c. 31)
die Furcht vor den Westgoten als Grund des Einbruches in Spanien
angiebt, so beruht dies ohne Zweifel auf einer irrigen Übertragung
früherer und späterer Verhältnisse (Geberich, vgl. oben und Wallia,
s. unten), ist auch an sich ganz unmöglich.

Da der Zug der Germanen sich gegen den Westen der iberischen
Halbinsel richtete, so ist anzunehmen, daß der Übergang über das
Gebirge auf der von Bordeaux nach Pamplona und weiter über Burgos,
León, Zamora, Salamanca, Merida nach Sevilla führenden großen
römischen Heerstraße erfolgte. Als Zeitpunkt desselben giebt Hydatius
(c. 42) den 28. September oder den 13. Oktober des Jahres 409 an.[2])
Dazu kam, daß zu derselben Zeit Gerontius, den Konstans bei
seinem Abzug aus Spanien dort als Statthalter zurückgelassen hatte,
sich empörte und seinen Anhänger Maximus als Kaiser ausrief.[3]) Die

---

1) In Spanien standen damals unter den Befehlen des comes Hispaniae die
zum Teil zersplitterte legio VII. gemina (in León), ferner 5 Kohorten (Not. dign.
Occ. 42, 25 ff.), wozu nach Oros. VII, 40,8 der aus eingeborenen Bauern (Basken)
bestehende Grenzschutz für die Pyrenäen kam, sodann von dem Kaiserheer
(Mommsen im Hermes XXIV, 225 ff.) 11 auxilia palatina und 5 legiones comitatenses (Infanterie).

2) Vgl. Prosp. c. 1237. Consularia Constantinopolitana (M. G. Auct. ant. IX,
246) 409.

3) Daß die Erhebung des Gerontius erst nach dem Einbruch der Germanen
stattfand, zeigt Olympiod. fr. 16: $Γερόντιος$ $ὁ$ $στρατηγὸς$ $τὴν$ $πρὸς$ $τοὺς$ $βαρβάρους$
$ἀσμένως$ $εἰρήνην$ $Μάξιμον$ $. . .$ $βασιλέα$ $ἀναγορεύει$. Die Angabe des ganz ver-
wirrten, also nur mit Vorsicht zu benutzenden Zosimus VI, 5, daß Gerontius
bloß mit der Bewachung der Pässe beauftragt gewesen sei, wird widerlegt

Bedrohung durch ein heranrückendes Heer des Konstans zwang jenen, mit den eingedrungenen Barbaren sich zu verständigen; mit diesen vereinigt, brachte er dem Konstans eine Niederlage bei und zwang ihn zur Flucht nach Gallien.[1]) Während nun Gerontius sich nach Gallien wandte, um Konstantin zu bekriegen, breiteten die vier Völker unter furchtbaren Verwüstungen, die besonders Hydatius in grellen Farben schildert (c. 48 zum Jahre 410)[2]), sich in den Landesteilen Galicien, Lusitanien, Bätica und Karthagena aus. Der übrige Teil der Halbinsel, d. h. der gröfste Teil der Provinz Tarraconensis, blieb, wohl auf Grund eines Abkommens, von den Barbaren verschont und in römischen Händen, zunächst noch unter der Herrschaft des Gerontius, der indes, nachdem er von dem kaiserlichen Feldherrn Konstantius aus Gallien vertrieben worden war, bereits im Jahre 412 seinen Tod fand, indem die in Spanien stehenden Truppen von ihm abfielen und den von ihm zum Kaiser ausgerufenen Maximus verjagten.[3])

Zwei volle Jahre dauerten die Raubzüge der wilden Scharen, in deren Folge Hungersnot und Seuchen im Lande ausbrachen. Diese Umstände, die ihre eigene Existenz bedrohten, mehr noch aber wohl ein wahrscheinlich um diese Zeit zwischen dem Kaiser und dem Westgotenkönig Ataulf zur Bekämpfung des Gegenkaisers Jovinus in Gallien und zur Befreiung Spaniens abgeschlossenes Abkommen[4]), ferner die Stärkung der kaiserlichen Macht durch die Siege des Konstantius haben die vier Völker zu friedlicherem Verhalten veranlafst. Es ist zum Abschlufs eines Vertrages zwischen diesen und dem Kaiser gekommen, demzufolge die Barbaren gegen die Verpflichtung,

---

durch den zuverlässigen Bericht des Renatus Profuturus Frigiretus bei Greg. Tur. hist. Franc. II, 9. Ranke, Weltgesch. IV, 1, 257 konstruiert auf Grund dieser Stelle des Zosimus in Verbindung mit Orosius (VII, 40) eine Berufung der Wandalen nach Spanien durch Gerontius, von welcher die zuverlässigen Quellen keine Silbe wissen.

1) Ren. Prof. Frig. a. a. O.: Constantinus ... redire ad Hispanias filium monet. Qui, praemissis agminibus, dum cum patre resederet, ab Hispania nuntii commeant, a Gerontio Maximum ... imperio praeditum atque in se cometatu gentium barbararum accinctum parari. Vgl. Olymp. fr. 16 a. E.: Μάξιμος ... πρὸς τοὺς ὑποσπόνδους φεύγει βαρβάρους. Sozom. IX, 12. Κώνστας ... φεύγων ἐκ τῆς Ἱσπανίας (Ἀρήλατον κατέλαβε).

2) Vgl. auch Oros. VII, 40. 41. Olymp. fr. 30. Salvian. de gub. dei VII, 52 u. ö. Augustin. epist. 111 (Migne 33, 422 ff.).

3) Sozom. IX, 13. Olymp. fr. 16. Oros. VII, 42,4. 5. Prosp. chron. c. 1245.

4) Diese Thatsache liegt wahrscheinlich der sonst unrichtigen Erzählung des Jordanes von Kämpfen Ataulfs gegen die Wandalen in Spanien (Get. c. 31, 163) zu Grunde. Vgl. denselben c. 32, 164: foedus dudum cum Atauulfo initum.

Spanien gegen fremde Angriffe zu verteidigen, also als kaiserliche milites, Land zur Niederlassung erhielten. Die Verteilung der Provinzen, in denen die einzelnen Völker angesiedelt werden sollten, erfolgte durch das Los: den Asdingen und Sweben wurde Galicien zugewiesen, während die Silingen Bätica und die ihren Verbündeten an Volkszahl überlegenen Alanen Lusitanien und das Gebiet von Karthagena[1]) erhielten. Diese Thatsache wird sowohl von Hydatius[2]) wie von Orosius[3]) bezeugt; nach letzterem sollen die Barbarenkönige dem Kaiser vorgestellt haben, er möge mit ihnen Frieden schließen, von ihnen Geiseln nehmen: „wir kämpfen miteinander und erliegen auf unsere Kosten, wir siegen aber für dich, und es ist ein ewiger Gewinn für das Reich, wenn in unseren inneren Kämpfen beide streitende Parteien zu Grunde gehen“. Daß es zu einer wirklichen Gebietsabtretung in politischer Hinsicht nicht gekommen ist, zeigt namentlich deutlich der von Hydatius gebrauchte Ausdruck ad inhabitandum, der bei Ansiedelungen von Föderaten im römischen Reiche in den Quellen jener Zeit mehrfach Anwendung findet[4]); dafür spricht auch der Umstand, daß die in Spanien gefundenen Münzen der Swebenkönige das Bild des Kaisers Honorius tragen.[5]) Bestätigend tritt ferner hinzu auch das Zeugnis des allerdings für jene Zeit sehr unzuverlässigen, nur sekundär in Betracht kommenden[6]) Prokop (bell. Vand. I, 3) von einem zwischen dem Kaiser und den Wandalen in Spanien abgeschlossenen Vertrage des Inhalts, daß die letzteren das Land besetzen sollten, ohne es zu plündern; wenn dagegen daran anknüpfend derselbe Gewährsmann eine angebliche Verordnung des Honorius anführt, nach welcher die Zeit des Aufenthaltes der Wandalen in Spanien für die dortigen römischen Grundeigentümer bei der Berechnung der dreißigjährigen Verjährungsfrist nicht gelten sollte — wodurch die Niederlassung der Barbaren als eine nur vorübergehende bezeichnet worden wäre —, so liegt die Annahme nur zu nahe, daß Prokop das Gesetz Valentinians III. vom Jahre 452

---

1) D. h. der römische Gerichtsbezirk (conventus) Carthaginensis, vgl. Kiepert, Lehrbuch der alten Geographie 490.

2) Hydat. c. 49 (zum Jahre 411): Barbari ad pacem ineundam .... conversi sorte ad inhabitandum sibi provinciarum dividunt regiones.

3) VII, 40, 10. 41, 7. 43, 14. (Quamvis et ceteri Alanorum Vandalorum Sueborumque reges eodem [wie mit Wallia] nobiscum placito depecti forent).

4) Vgl. v. Halban, Das röm. Recht in den germanischen Volksstaaten I (Breslau 1899), 65 f.

5) Vgl. darüber Dahn, Könige VI², 563. Sallet, Handbücher der königl. Museen zu Berlin. Münzen u. Medaillen (1898) S. 103.

6) Vgl. meine Bemerkungen in der historischen Vierteljahrsschrift 1899 S. 452 f.

(Leg. novell. Val. XXXIV, 12), worin verfügt wurde, daſs bei Rechts-
geschäften der Bewohner der noch kaiserlich gebliebenen Gebiete
Afrikas die Zeit der wandalischen Eroberung von der Zahl der 30 Prä-
skriptionsjahre abgezogen werden solle, irrig dem Kaiser Honorius
beigelegt hat.[1]) Daſs es nicht zu einer bloſsen Einquartierung, sondern
zu einer wirklichen Landnahme gekommen ist, ergiebt sich aus der
(allerdings nur figürlich zu verstehenden) Äuſserung des Orosius, daſs
die Barbaren nach der Besitznahme des Landes zum Pfluge gegriffen
hätten. Über die Grundsätze, nach denen hierbei verfahren wurde,
ist leider Näheres nicht bekannt; man darf wohl nach den analogen
Verhältnissen, wie sie bei den Landnahmen der Burgundionen, der
Ost- und Westgoten obwalteten, vermuten, daſs die römischen Grundbesitzer einen Teil, vielleicht ein Drittel, ihres Eigentums, d. h. Grund
und Boden, Sklaven, Vieh und die an die Scholle gebundenen Kolonen
an die einzelnen Familien abtreten muſsten. Ob die Steuerpflicht
dieser Teile dem Reiche gegenüber bestehen blieb, ist ungewiſs. Das
Bestreben der Germanen war darauf gerichtet, sich eine arbeitslose
Existenz zu schaffen, die ihnen die Ausübung des Waffenhandwerkes
in voller Muſse ermöglichte. Es ist daher mit Bestimmtheit anzunehmen, daſs nur der gröſsere und Groſsgrundbesitz, auf dem sich
eine zahlreiche unfreie und hörige Bevölkerung befand, von der Teilung
betroffen wurde. An eine Überweisung der gewiſs in groſser Zahl
vorhandenen verödeten Grundstücke ist nicht zu denken; die mit-
geschleppten Sklaven, so viele ihrer auch gewesen sein mögen, werden
zu landwirtschaftlichen Arbeiten nur zum geringen Teil geeignet gewesen sein.

Die meisten noch unerobert gebliebenen Städte öffneten jetzt
ihre Thore[2]), erhielten wohl auch zum Teil barbarische Besatzungen;
die wichtigsten Festungen jedoch, insbesondere die Hafenplätze des
Mittelländischen Meeres — hierzu zählten namentlich Sevilla und
Karthagena, die erst 425 eingenommen wurden — blieben ganz in
römischen Händen.[3]) Es entsprach dies der damals befolgten Politik,
die von der richtigen Erkenntnis ausging, daſs die Beherrschung des

---

1) Vgl. auch Dahn, Könige der Germanen I, 145 Note. Der Auffassung
Halbans I, 66 f. kann ich nicht beipflichten.

2) Hydat. c. 49: Hispani per civitates et castella residui a plagis bar-
barorum per provincias dominantium se subiciunt servituti. — Ob auch eine
Teilung städtischen Grundbesitzes wie bei den Westgoten (Dahn, Könige VI[2],
56) stattgefunden hat, läſst sich nicht feststellen.

3) Vgl. auch Hydat. c. 91 (zu 430, von den Raubzügen der Sweben in
Galicien): plebe perm, quae castella tutiora retinebat.

Mittelländischen Meeres durch die Barbaren den Untergang des
Reiches bedeuten würde. Daher war man auch mit allen Kräften
bemüht, die Festsetzung der Westgoten in der Provinz Narbonne
zu verhindern. Ein wenige Jahre später (419 am 24. September) zu
Konstantinopel erlassenes Gesetz belegte mit Todesstrafe jeden, der
die Barbaren in der diesen bisher unbekannten Schiffsbaukunst unter-
richten würde[1]).

Orosius[2]) weifs von einem nunmehr eingetretenen engen freundschaftlichen Verhältnis zwischen den Fremden und den Römern zu
erzählen: es habe unter den letzteren manche gegeben, die der
drückenden Steuerlast sich durch Flucht zu jenen entzogen (sie
traten wohl als Kolonen auf den germanischen Gütern ein), und
sicher ist dies in Beziehung auf die ärmere landwirtschaftliche Bevölkerung zum grofsen Teil zutreffend. Die Aristokratie und die
orthodoxe Geistlichkeit waren mit den neuen Verhältnissen begreiflicherweise nicht einverstanden, daher denn auch Hydatius von
einer Unterwerfung unter die Knechtschaft der Barbaren spricht
(c. 49 vgl. oben).

Das Föderatverhältnis der vier Völker zum Reiche war jedoch
nicht von langer Dauer. Es ist bekannt, dafs der Westgotenkönig
Ataulf nach Alarichs Tode wahrscheinlich im Auftrage des Kaisers
(vgl. oben) sich zunächst nach Gallien wandte, von dort aber, nachdem sein Verhältnis zum Reiche gelöst war, von den kaiserlichen
Truppen unter Konstantius hart bedrängt, in Spanien einfiel. Davon, dafs er jetzt die Wandalen aus diesem Lande habe vertreiben
wollen, wie Jordanes (Get. 31, 163) erzählt, kann keine Rede sein;
sein Zug richtete sich vielmehr gegen das damals noch römische
Gebiet. Nachdem er hier die Stadt Barcelona erobert, fand er den
Tod durch Meuchelmord (415). Sein Nachfolger Wallia verharrte
anfänglich in der Feindschaft gegen das Reich; offenbar im Einverständnis mit den Alanen und Silingen, deren Gebiet er durch-
ziehen mufste — wenigstens hören wir nichts von Kämpfen mit
diesen — wandte er sich nach dem Süden der Halbinsel, um nach
Afrika überzusetzen. Als jedoch diese Absicht sich als unausführbar
erwies (Oros. VII, 43,11) und Konstantius über die Pyrenäen heranzog, liefs sich Wallia in Unterhandlungen mit letzterem ein. Es ward

---

1) Cod. Justin. IX, 47.
2) VII, 41, 7: Romanos ut socios modo et amicos fovent, ut inveniantur
iam inter eos quidam Romani, qui malint inter barbaros pauperem libertatem
quam inter Romanos tributariam sollicitudinem sustinere.

ein Vertrag des Inhaltes abgeschlossen, daſs der Westgotenkönig
gegen Empfang von 600000 Scheffel Getreide die Witwe Ataulfs,
Placidia, des Kaisers Schwester, ausliefern und Spanien dem Reiche
wiedergewinnen sollte (416).[1])

Zunächst wandte sich das westgotische Heer gegen die Silingen,
deren König Fredbal durch List gefangen und zum Kaiser nach
Ravenna geschickt ward (416)[2]), während das Volk selbst in den
folgenden Jahren durch schwere Niederlagen zum gröſsten Teile
ausgerottet wurde (418).[3]) Der Name der Asdingen verschwindet
daher jetzt als Volksname gänzlich und bleibt allein noch Bezeichnung des königlichen Geschlechts. Auch die Alanen, gegen die
Wallia nunmehr vorging, wurden empfindlich geschlagen und der-
maſsen geschwächt, daſs das Volk nach dem Tode des Königs Addac
beschloſs, kein eigenes Oberhaupt wieder zu wählen, sondern sich
den asdingischen Wandalen anzuschlieſsen, deren König als den
ihrigen anzuerkennen (418).[4]) Die nunmehr auftretende Titulatur
der wandalischen Könige als reges Vandalorum et Alanorum[5]) deutet
an, daſs die Alanen zunächst eine gewisse Sonderstellung bewahrten.
Sie wurden zwar ebenfalls nach Tausendschaften organisiert (Prok. I, 5);
doch scheinen sie neben den Wandalen als besonderer Stamm nach
ihrem nationalen Rechte weiter gelebt zu haben, während die anderen
jetzt und später hinzugetretenen Elemente wohl unter die Wandalen
verteilt wurden.

Ihre auf diese Weise gesteigerte Macht benutzten die Wandalen
nach der Abberufung Wallias aus Spanien (Ende 418), um sich
gegen ihre Nachbarn, die Sweben, mit denen vermutlich vom Reiche
ein neues foedus abgeschlossen worden war, zu wenden; in den ner-

---

1) Olympiod. fragm. 31. Hydat. c. 60. Prosp. c. 1259. Oros. VII, 43, 12 ff.
Die folgende Darstellung beweist das Irrige der Bemerkung Halbans S. 66:
„Die Wandalen bleiben nun von 411—429 auf Grund dieses Übereinkommens
in Spanien; wir hören wenig Klagen über sie."

2) Hydat. c. 67.

3) Hydat. c. 68 (wohl übertreibend): Wandali Silingi in Baetica per Walliam
regem omnes extincti. Sidon. Apollin. carm. II, 362 ff.: Simul et reminiscitur
illud, quod Tartesiacis avus huius Vallia terris Vandalicas turmas et iuncti
Martis Halanos stravit.

4) Hydat. ibid. . . . ut . . . pauci (wohl ebenfalls übertrieben), qui super-
fuerant, abolito regni nomine Gunderici regis Wandalorum . . . se patrocinio
subiugarent. Vgl. dazu Waitz, Verfassungsgeschichte I ³, 307. N. 4.

5) Nachweislich allerdings erst seit Hunerich (aus dessen Zeit stammt
wohl auch die Notiz in der Continuatio Prosperi codicis Alcobaciensis z. J. 455,
Chron. min. I, 487: rex Wandalorum et Alanorum Geisericus regnat post
mortem Valentiniani imp. annis XXI), jedenfalls aber schon seit Gunderich.

basischen Bergen (in Nerbasis montibus) (die wohl in dem Can-
tabrischen Gebirge zu suchen sind)[1]) eingeschlossen, wurden diese
nur dadurch vor dem drohenden Untergange gerettet, daſs ein wahrscheinlich von ihnen zu Hilfe gerufenes, überlegenes römisches Heer
unter dem comes Asterius[2]) heranzog und die Wandalen zum Abzug
nach Bätica, den früheren Sitzen der silingischen Stammesgenossen,
deren Überreste hier mit ihnen spurlos verschmolzen, nötigte. Auf
dem Wege dahin, der wohl auf der über Oporto, Lissabon, Faro
laufenden Straſse erfolgte, ist es bei Bracara (Braga) zu Kämpfen
gekommen, bei denen eine Anzahl Wandalen getötet wurde (419;
Hydat. c. 74).[3]) Hier wurden die Wandalen zwei oder drei Jahre
später wiederum von den Römern angegriffen und durch eine
enge Einschlieſsung in eine solche Bedrängnis gebracht, daſs sie
schon im Begriff waren sich zu ergeben, als der römische magister
militum Castinus unbesonnenerweise es zu einer offenen Schlacht
kommen lieſs. In dieser erlitt das kaiserliche Heer — sei es nun,
weil Castinus aus Eifersucht den kriegstüchtigen Bonifatius von der
Teilnahme an dem Kriegszuge ausgeschlossen hatte (so Prosper) oder
weil die (westgotischen) Hilfstruppen sich als treulos erwiesen (so
Hydatius) — eine schwere Niederlage; 20000 Mann sollen damals
auf Seite der Römer gefallen sein, was jedoch sicher nicht der
Wahrheit entspricht (vgl. oben S. 21), und nur mit Mühe konnte
sich der Anführer selbst nach Tarraco retten.[4]) Dieser Sieg steigerte
die Zuversicht und die Macht der Wandalen in hohem Grade und
trieb sie zu neuen Unternehmungen an. Zu ihrer später so gefürchteten Seemacht haben sie damals den Grund gelegt[5]), denn wir vernehmen, daſs im Jahre 425 von ihnen die Balearischen Inseln und
selbst die Küste Mauretaniens heimgesucht wurden. Zu derselben
Zeit fielen auch Carthago Spartaria (Carthagena) und Hispalis
(Sevilla), die letzten Bollwerke der Römer im feindlichen Gebiete,

---

1) Genauer sind dieselben nicht mehr mit Sicherheit geographisch zu fixieren.
Die Lage des φόρος Ναρβασῶν bei Ptolemäus H, 6, 49 (vgl. Wietersheim H, 377 f.)
paſst nicht in den Zusammenhang der von Hydat. berichteten Vorgänge.

2) et sub vicario Maurocello sagt Hydat. c. 74. Befehlshaber des Heeres
kann Maurocellus nicht gewesen sein; der Vicarius war Civilstatthalter. Einen
Subvicar (so Wieterheim H, 183) gab es nicht.

3) Aliquantis Bracara in exitu suo occisis sagt Hydat.; diese Worte sind
allerdings verschiedener Deutung fähig.

4) Hydat. c. 77 z. J. 421. Prosp. c. 1278 z. J. 422. Chron. Gall. c. 107
z. J. 431. Salvian. de gub. dei VII, 45 (vgl. Zschimmer, Salvian S. 40).

5) Es waren natürlich requirierte römische Schiffe, deren sich die Wandalen anfänglich bedienten.

ersteres vermutlich durch eine gemeinsame Operation zwischen Landheer und Flotte, und wurden zum gröfsten Teile zerstört (Hydat.
c. 86). Drei Jahre später (wahrscheinlich in den ersten Monaten des
Jahres 428) starb Gunderich in Sevilla[1]) bei der Plünderung der
Schätze der dem heiligen Vincentius geweihten Kirche[2]) eines plötz-
lichen Todes[3]) — der fromme Hydatius führt denselben natürlich
auf ein Strafgericht Gottes zurück —; ihm folgte als König sein
Halbbruder Geiserich[4]), der uneheliche Sohn Godigisels und einer
Sklavin[5]), mit Übergehung der Söhne Gunderichs, die jener später
in Afrika ermorden liefs, um die Thronfolge seinen Nachkommen
zu sichern.[6]) Da Geiserich, wenn auch in sehr hohem Alter (Prok.
I, 7) im Jahre 477 starb, so kann er nicht gut vor 390 geboren
sein; sein Bruder, den wir im Jahre 406 an der Spitze des wandalischen Heeres quellenmäfsig bezeugt finden (vgl. oben), war also
jedenfalls älter — denn bei den Kriegsnöten der Wanderung war es
geboten, bei der Königswahl auf eine Persönlichkeit in schon rei-
feren Jahren zurückzukommen —, und es ist wiederum ein Beweis
für die Unzuverlässigkeit Prokops, wenn dieser den Gunderich bei
dessen Vaters Tode als einen Knaben, Geiserich aber als einen erprobten Kriegshelden bezeichnet. Wenn daher Dahn (Urgeschichte
I, 156; vgl. Könige I, 143 f.) sagt, dafs letzterer für seinen Bruder
bis zu dessen Mündigkeit Scepter und Schwert geführt, ja auch

---

1) Hydat. c. 89 (z. J. 428): Gundericus — capta Hispali — interiit, nachdem er vorher (zu 425) gesagt: Carthagine Spartaria et Hispali eversa. Capta
ist wohl in dem Sinne der Besetzung, nicht einer zweiten Eroberung zu verstehen.

2) Den Namen der Kirche nennt allein der sonst für diese Zeit ganz un-
selbständige Isidor von Sevilla, Historia Vandalorum, c. 73, auf Grund von an
Ort und Stelle eingezogenen Erkundigungen. Vgl. Hertzberg, Die Historien
und Chroniken des Isidorus v. S. (Gött. 1874) S. 55.

3) Dies ist die richtige Version. Prokop b. V. I, 3 erwähnt eine von den
Wandalen selbst, aber erst aus seiner Zeit stammende Tradition, wonach
Gunderich in Spanien im Kampfe mit Germanen (d. h. Franken) gefangen und
von diesen ans Kreuz geschlagen worden sei. Davon kann keine Rede sein; es
liegt offenbar Verwechslung mit dem Tode Godigisels, der am Rheine gegen
die Franken fiel, vor. Ebensowenig kann die andere von Prokop angeführte
Version, dafs Gunderich von seinem Bruder Geiserich ermordet worden sei,
Anspruch auf Glaubwürdigkeit machen.

4) Nach Fr. Kauffmann, Zeitschr. f. Deutsche Philol. XXXIII (1901) S. 1ff.
wäre die authentische Namensform Gensirix, nicht Geisarix; doch schreibt der
Zeitgenosse Hydatius Gaisericus, und auch Vict. Vit., der schon zu G.'s Zeit
lebte, hat die Form Geisericus.

5) Procop. I, 3: νόϑος, bestätigt durch Sidon. Apollin. carm. II, 358 (cum
serva sit illi parens), V, 57 (famula satis olim hic praedo).

6) Victor Vitensis, Hist. persec. Afric. prov. II, 14. Daraus ist wohl die von
Prokop berichtete Version, dafs Geiserich seinen Bruder ermordet habe, entstanden.

späterhin unter ihm einen entscheidenden Einfluſs auf die Regierung
ausgeübt habe, so ist dieser Versuch, das Zeugnis Prokops mit den
zuverlässigen abendländischen Quellen, den Konsularfasten und
Hydatius, in Einklang zu bringen, als durchaus verfehlt zu bezeichnen. Es ist dagegen nicht unwahrscheinlich, wenn auch nur
Vermutung, daſs Geiserich bereits damals die wandalische Flotte
befehligt hat, die hauptsächlich später seinem Namen zu einem so
gefürchteten Rufe verhalf. Über die näheren Umstände, unter denen
seine Wahl zum Könige erfolgte, ist nichts überliefert. Von einer
stattgefundenen Usurpation der Krone ist nirgends die Rede; Geiserich
ist also wohl durch Beschluſs des Volkes an die Spitze berufen
worden, wahrscheinlich weil ihn seine Tüchtigkeit vor den (vermutlich noch in jugendlichem Alter stehenden) direkten Nachkommen
des verstorbenen Königs zu dieser Stellung besonders geeignet erscheinen lieſs.[1]) Berühmt ist das Charakterbild, das Jordanes
(Getica 33, 168) von ihm entwirft und das wenigstens den Vorzug
hat, frei von panegyrischer Übertreibung zu sein, da der Geschichtschreiber des Gotenvolkes, wie schon bemerkt, von einer groſsen
Animosität gegen die Wandalen erfüllt ist. Geiserich war hiernach
ein Mann mittlerer Gröſse, infolge eines Sturzes vom Pferde hinkend
(dies wohl erst seit späterer Zeit), wortkarg, aber tiefen Geistes,
enthaltsam, jähzornig, habgierig und äuſserst geschickt, unter den
Völkern den Samen der Zwietracht zu verbreiten. Prokop nennt
ihn einen erprobten Kriegshelden von rastloser Thatkraft, während
der Byzantiner Malchus (fragm. 13) sagt, er sei rascher in der That
als andere im Entschluſs gewesen. Die groſse, durch sein späteres
Verhalten bestätigte Begabung des Königs als Heerführer und Politiker geht deutlich aus diesen Charakteristiken hervor. Daſs er ursprünglich Katholik gewesen und nun zum arianischen Glauben
übergetreten sei, ist, wie der einzige Gewährsmann, Hydatius, selbst
vorsichtig bemerkt, nicht sicher bezeugt (c. 89: ut aliquorum relatio
habuit); auch an sich aber scheint diese vielleicht erst aus späterer
Zeit stammende, wohl nur auf böswilliger Erfindung beruhende
Version wenig glaublich.

Die hervorragenden Eigenschaften Geiserichs haben bei dessen
Wahl ohne Zweifel einen um so entscheidenderen Einfluſs ausgeübt, als die Absicht einer Reichsgründung in der Spanien
gegenüberliegenden afrikanischen Provinz wohl schon unter seinem

---

1) Vgl. auch Dahn, Könige VI², 547. Pflugk-Harttung in der Zeitschrift der Savignystiftung für Rechtsgeschichte, Germ. Abt. XI, 178.

Vorgänger Gunderich bestand. Die oben erwähnte wandalische Expedition nach Mauretanien im Jahre 425 ist wohl unter diesem Gesichtspunkt, als eine zur Orientierung unternommene Fahrt, zu beurteilen. Die bekannte „Landnot" ist in diesem Falle wahrscheinlich nicht als Grund in Frage gekommen, da das fruchtbare, ertragsfähige Südspanien, das damals wesentlich zur Verproviantierung Italiens beitrug, der ohnehin nicht sehr zahlreichen Volksmenge reichliche Nahrung zu bieten im stande war. Ein wesentliches Moment war wohl die Besorgnis vor einem erneuten Einfall der mit dem Reiche föderierten, überlegenen Westgoten, der um so mehr zu fürchten war, als die Pyrenäenpässe in den Händen der Feinde waren; dieses Motiv ist vielleicht auch der sonst unrichtigen Darstellung des Jordanis (Getica c. 33) zu entnehmen, wozu die (bis auf den gesperrt gedruckten Zusatz aus Prosper entlehnte) Stelle in der Chronik Cassiodors (chron. c. 1213: Gens Vandalorum a Gothis exclusa — ad Africam transit) zu vergleichen ist. In Afrika dagegen mochte man sich namentlich durch die Flotte, die ja auch späterhin eine wesentliche Verstärkung und Ausbildung erfahren hat, besser geschützt glauben. Dazu kam die bei den germanischen Einfällen in das römische Gebiet immer eine bedeutende Rolle spielende Aussicht auf Kriegsbeute und der Wunsch nach Befriedigung der Rauf- und Mordlust. Die zu jener Zeit in Afrika herrschenden, durch innere Zwistigkeiten hervorgerufenen verworrenen Verhältnisse, ferner die zur Verteidigung des grofsen Gebietes zu wenig genügende Truppenzahl und die damals ausgebrochenen Unruhen der Mauren, Umstände, von denen die Wandalen natürlich nicht ohne Kenntnis blieben — wir kommen später darauf zurück —, forderten aber geradezu zu einem Einbruche heraus. Dagegen ist die Version, dafs der Militärgouverneur von Afrika, Bonifatius, die Wandalen selbst dahin gerufen habe, um seine Stellung gegen die Intrigen einer ihm feindlichen Hofpartei zu stützen oder um sich wegen erlittener Kränkungen zu rächen (so selbständig Prokop, Jordanes und Paulus Diaconus) ganz unhistorisch und eine wahrscheinlich erst hundert Jahre später am byzantinischen Hofe zu dem Zwecke aufgebrachte Fabel, um den Verlust der Provinz an die Barbaren zu motivieren. Ausführlich habe ich darüber bereits an anderer Stelle gehandelt, so dafs ich mich hier begnügen kann, darauf zu verweisen.[1])

---

1) Hist. Vierteljahrsschrift 1899 S. 449 ff. Zu S. 458 möchte ich noch bemerken, dafs die Bedeutung des Wortes famosus als berühmt auch durch Victor Vit. I, 24 (nobilissimam atque famosam ... Romam) gestützt wird.

Bereits waren Anstalten zur Einschiffung der Wandalen getroffen, als die Nachricht einlief, daſs eine Schar Sweben unter Hermigar[1]) plündernd in den an die Bätica angrenzenden Teil Lusitaniens eingedrungen sei: rasch eilte Geiserich mit einer Abteilung seiner Krieger wieder zurück und schlug die Feinde bei Emerita (Merida) in die Flucht, wobei ihr Führer in den Fluten der Guadiana den Tod fand (Anfang des Jahres 429). So lautet der Bericht des zuverlässigen Hydatius (c. 90); unbrauchbar ist dagegen die Darstellung, die Gregor von Tours (Hist. Franc. II, 2) von diesen Vorgängen giebt: Die benachbarten Sweben und Wandalen geraten miteinander in Streit; auf Vorschlag des Swebenkönigs wird von den beiden Völkern beschlossen, die bevorstehende Schlacht durch einen Zweikampf zweier Knechte (pueri) entscheiden zu lassen; der Stamm, dessen Kämpfer siegt, solle das Land besitzen. Der Kampf beginnt und der Vertreter der Wandalen fällt; diese (als ihren König nennt Gregor den Thrasamund, der erst siebzig Jahre später auf den Thron gelangte) verlassen hierauf Spanien. Daſs in dieser Version echte Volkssage, und zwar swebischen Ursprungs, vorliegt, zeigen die charakteristischen Züge der Erzählung[2]); sie ist insofern auch geschichtlich verwertbar, als sie die beschränkte Macht des Königs und die entscheidende Gewalt der Volksversammlung bei den Sweben erkennen läſst.[3])

Nach diesem Zwischenfall wurde der Übergang der Wandalen ohne Störung bewerkstelligt; im Mai 429 setzte Geiserich mit seinem Volke von Julia Traducta (jetzt Tarifa[4]) aus nach Afrika über. Man wird anzunehmen haben, daſs eine Eroberung der die Straſse von Gibraltar auf dem afrikanischen Ufer deckenden festen Plätze Tingis (Tanger) und Septem (Ceuta) vorhergegangen ist. Ob der

---

1) Da später wiederholt die Neigung der Sweben, sich in zwei Gruppen unter besonderen Herrschern zu gliedern, hervortritt, so ist es denkbar, daſs Hermigar neben dem früher und später als Herrscher genannten Hermerich König war; Hydatius freilich nennt ersteren einfach nur Suevum (c. 90), vgl. Dahn, Könige VI[2], 547.

2) Vgl. auch Giesebrecht in der Übersetzung Gregors, 2. Aufl., I, 47.

3) Der gegenteiligen Ansicht Dahns, Könige VI[2], 547, Note 4, kann ich nicht beistimmen.

4) Vgl. Greg. Tur. a. a. O. Proc. b. V. I, 3. Jord. Get. 33, 167. Infolge einer Verwechselung mit der gegenüberliegenden spanischen Stadt sagt Plinius hist. nat. V, 2, die Stadt Tingis habe seit Claudius auch Traducta Julia geheiſsen. Vgl. Forbiger, Handbuch der alten Geographie II, 875. Die Ergänzung der von Tissot (vgl. Mémoires présentés par divers savants à l'acad. des inscriptions et belles lettres Sér. I. tom. 9 (1878), S. 185 ff.) gefundenen Inschrift, die zur Stütze des Plinius herangezogen wird, ist doch sehr unsicher.

Name Andalos, mit dem die Araber zur Zeit Tariks anfänglich diesen südlichsten Punkt Spaniens, später aber die ganze pyrenäische Halbinsel bezeichneten, = Vandalos zu setzen und von dem dort stattgefundenen Übergang der Wandalen herzuleiten ist, scheint mir fraglich; sicher ist die landläufige Meinung, daſs das heutige Andalusien nach den Wohnsitzen der Asdingen und Silingen in der Bätica benannt worden sei, falsch.[1]) Daſs das Jahr 429 das richtige ist, wird jetzt allgemein angenommen, da dieser Zeitpunkt durch das Zeugnis des Hydatius gestützt wird. Prosper chron. c. 1295 setzt den Übergang der Wandalen ins Jahr 427; doch faſst dieser hier nach seiner öfters zu bemerkenden Gewohnheit die Ereignisse mehrerer Jahre zusammen. Nicht in Betracht kommen dagegen die Angaben der in der Chronologie unzuverlässigen südgallischen Chronik c. 108 (zu 431) und des Chronicon paschale (zu 428). Letzteres geht allerdings auf die gleichzeitigen oströmischen Konsularfasten zurück (vgl. Holder-Egger im Neuen Archiv f. ält. d. Gesch. II, 82 ff.); doch ist es bei dem Mangel von anderen Ableitungen derselben fraglich, ob dort wirklich jenes Ereignis zum Jahre 428 angesetzt war. Es war kein Abenteuerzug, unternommen von einer Anzahl freiwillig dazu entschlossener, kriegslustiger Barbaren, sondern die Auswanderung des gesamten Volkes: dies sagt Hydatius ausdrücklich c. 90: Gaisericus — cum Vandalis omnibus eorumque familiis ... transiit. Vgl. dazu auch Victor Vit. I, 2: Transiens igitur quantitas universa ... Daſs Goten und allerlei sonstiges Volk aus Spanien freiwillig[2]) sich anschlossen[3]), ist für die Beurteilung des Grundcharakters dieses Zuges ohne Bedeutung. Die Einschiffung gab dem Könige Veranlassung, eine Zählung der gesamten Volksmenge, Weiber[4]), Kinder, Greise und Sklaven eingerechnet, vorzunehmen, angeblich um seiner Macht zu einem gefürchteten Rufe zu verhelfen; nach dem Zeugnisse Victors von Vita (I, 2) waren es 80 000 Köpfe. Diese Angabe verdient jedenfalls gröſseren Glauben, als die Prokops (bell.

---

1) Vgl. die trefflichen Ausführungen Dozy's, Recherches sur l'histoire et la littérature de l'Espagne pendant le moyen-âge. I[5], 301 ff.

2) Sickel in der Westdeutschen Zeitschrift IX (1890), S. 239, zählt die Alanen mit Unrecht zu den unter Geiserich dienenden Freiwilligen.

3) Possidius vit. August. c. 28: manus ingens ... Wandalorum et Alanorum commixtam secum habens Gothorum gentem (wohl unter Ataulf oder Wallia in Spanien zurückgebliebene Scharen) aliarumque diversarum [gentium] personas. Die bei Prosper chron. c. 1329 genannten spanischen Römer gehörten zum königlichen Gefolge.

4) Diese werden nicht ausdrücklich erwähnt, sind aber ohne Zweifel mit inbegriffen.

Vand. I, 5), dafs die Zahl der übergesetzten Barbaren nicht mehr
als 50000 betragen habe. Die Anzahl der waffenfähigen Männer
hat also wahrscheinlich 16000 nicht überstiegen. Wenn Prokop
ferner sagt, Geiserich habe sein Volk in 80 Haufen (λόχοι) geteilt,
an deren Spitze er je einen Anführer, Chiliarch genannt, stellte, um
den Anschein zu erwecken, als ob sein Heer aus 80000 Mann
bestehe, so beruht diese auch an sich wenig wahrscheinliche Nachricht
wohl auf einem Kombinationsversuch der beiden einander gegenüberstehenden Versionen über die damalige Stärke der Wandalen (50000
und 80000); die Kenntnis von der nationalen Gliederung des Volkes
in Tausendschaften mag dabei mitgespielt haben.[1]

Anhang zum ersten Buch.

Was wir über die inneren Verhältnisse des wandalischen Volkes
vor der Niederlassung in Afrika wissen, ist leider sehr unvollkommen.
Wie bei den germanischen Stämmen überhaupt, so waren auch
natürlich bei den Wandalen zur Zeit ihres Eintrittes in die Geschichte
die wirtschaftlichen Zustände sehr primitiver Art.[2] Den Zustand

---

1) Vgl. Delbrück in den Preufsischen Jahrbüchern 81 (1895), S. 475 und
meine Bemerkungen Westdeutsche Zeitschrift XX (1901), S. 1 ff. Anders Seeck
in den Jahrbüchern für Nationalökonomie und Statistik. 3. Folge, Bd. XIII (1897),
S. 173 ff. Victor von Vita wendet sich ausdrücklich gegen die von anderer Seite
vertretene Ansicht, dafs allein die Waffenfähigen 80000 Mann stark gewesen
seien, zeigt sich also als gut unterrichtet. Auch Prokop spricht von der Volksmenge, τὸ πλῆϑος. Wenn Seeck meint, Geiserich habe kein Interesse an der
Feststellung der gesamten Volkszahl, sondern nur an der der kriegstüchtigen
Männer gehabt, so kann ich dem nicht beipflichten; es handelte sich doch bei
dem Übergange nach Afrika in erster Linie um die Beschaffung des erforderlichen
Schiffsraumes und die Verteilung des Volkes auf die einzelnen Fahrzeuge. Es
mufs deshalb auch angenommen werden, dafs die Zählung vor der Einschiffung
stattgefunden hat (Vict. drückt sich unbestimmt aus: transiens igitur quantitas
universa etc.). Die Römer haben diesen Zweck völlig mifsverstanden.
2) Vgl. namentlich Brunner, Deutsche Rechtsgeschichte I, 57 ff. Schröder,
Deutsche Rechtsgeschichte[3], S. 53 ff. Rachfahl in den Jahrbüchern für
Nationalökonomie und Statistik, 3. Folge, XIX (1900), S. 161 ff. Nach Rachfahl
ist die bisherige Ansicht, dafs Tacitus die wirtschaftlichen Zustände der Germanen in einer höheren Stufe als Cäsar darstelle, falsch; jener habe nur die
Mitteilungen Cäsars zu Grunde gelegt. Vgl. jetzt auch Delbrück, Geschichte
der Kriegskunst im Rahmen der politischen Geschichte II (Berlin 1901), S. 25
(vgl. S. 26: „Um frischen ertragsreichen Boden bestellen zu können, wurde der
Platz der Ansiedelung innerhalb des Gaues öfter verlegt").

des Nomadentums hatten dieselben damals bereits überwunden; sie waren, wie wir sahen, zu einer gewissen Sefshaftigkeit gelangt. Die Hauptquelle der Ernährung bildete Jagd und Viehzucht; daneben wurde auch etwas Ackerbau getrieben, der jedoch durchaus extensiv war und sich auf die Frühjahrsbestellung beschränkte. Den letzteren zu besorgen lag den Frauen und den schwächeren Familienangehörigen ob, während die kampffähigen Männer für die Fleischnahrung zu sorgen hatten. Die einzelnen Gaue (Tausendschaften) dürfen in jener Zeit als die Eigentümer des Grund und Bodens betrachtet werden, über welchen der Gau sich erstreckte. Die Gauvorsteher wiesen alljährlich den einzelnen Geschlechtern (Sippen) Land zur Nutzung zu; jedes Jahr fand ein Wechsel der Feldmarken und damit auch der Wohnungen statt.[1]) Ob in diesen Verhältnissen später, während der langjährigen Niederlassung an der Theifs eine Änderung sich vollzogen hat, darüber fehlen die Nachrichten; doch ist es sehr wahrscheinlich, dafs es im wesentlichen bei den alten Zuständen, wie sie Cäsar schildert, geblieben ist. Aus der schon erwähnten Erzählung bei Prokop bell. Vand. I, 22 geht hervor, dafs auch damals, zu Anfang des fünften Jahrhunderts, noch ein Gesamteigentum des Gauvolkes an dem von ihm occupierten Gebiete bestand. Die Viehzucht hat jedenfalls noch immer die Hauptrolle in der Ernährungsfrage gespielt, während der Ackerbau von ganz untergeordneter Bedeutung war. Namentlich ist die Pferdezucht, und zwar zu Kriegszwecken, eifrig betrieben worden. Aus Dexippus (vgl. weiter unten) ersehen wir, dafs das Heer der Wandalen im Jahre 270 vorwiegend aus Reitern bestand. Das Land reichte aber bei der bisherigen Bewirtschaftungsmethode, nachdem die Bevölkerung erheblich angewachsen war, nicht mehr zur Ernährung aus, und man entzog sich der Mühe, die der Übergang zu einer höheren agrarischen Entwickelungsstufe erforderte, indem man sich zur teilweisen Auswanderung entschlofs.[2])

Eine völlige Umwälzung wurde durch die Wanderung herbeigeführt. Es war bedeutungsvoll, dafs die Wandalen, ohne ein Übergangsstadium durchgemacht zu haben, plötzlich sich den hoch-

---

1) Vgl. Caesar bell. Gall. IV, 1, 2, VI, 22, dem wir die ersten Nachrichten über die germanische Agrarverfassung verdanken.

2) Wie Hartmann, Geschichte Italiens im Mittelalter II (Leipzig 1900), S. 6, treffend bemerkt, braucht ein Volk im primitiven Kulturzustande entweder sehr viel Platz zur Ausbreitung seiner extensiven Wirtschaft oder unterworfene Stämme oder Hörige, die ihm die Arbeit intensiverer Wirtschaft abnehmen.

entwickelten wirtschaftlichen Verhältnissen des römischen Reiches
gegenübergestellt sahen. Das Volk nahm, als es sich in Spanien
niederließ, den Possessoren Teile ihrer Güter weg und trat für
diese ganz in die Rechte und die Stellung der bisherigen Eigentümer
ein; die römische Wirtschaftsverfassung, die die Fürsorge für die
Ernährung des Herrn fast ganz in die Hände der Sklaven und
Kolonen legte, blieb bestehen. Die frühere Bedeutung der Sippen
als Wirtschaftsgenossenschaften ging dadurch völlig verloren.[1])

Die staatliche Gliederung schloß sich völlig an die des Heeres
an: die Begriffe Volk und Heer waren identisch. Dies tritt auch
später noch hervor, vgl. Vict. Vit. I, 13: (Geisericus) exercitui ...
Zeugitanam ... divisit; vgl. ebenda III, 60. Die Wandalen waren
nach Tausendschaften gegliedert. Zeitweilig, solange das Volk feste
Wohnsitze inne hatte, zu territorialer Bedeutung (Gaue) gelangt
(vgl. die Tausendschaft im Beowulf v. 2196), ist die persönliche
Bedeutung dieser Abteilung auf der Wanderung wieder aufgelebt.
An der Spitze der Tausendschaften[2]) standen (anfänglich vom Volke
gewählte) Häuptlinge (Fürsten, principes bei Tacitus), denen die
Führung ihrer Mannschaften im Kriege und die Handhabung der
Rechtspflege oblag. Die Tausendschaften zerfielen wiederum in
Hundertschaften, unter eigenen Anführern stehende, 100 oder 120
Krieger umfassende Abteilungen, die zugleich besondere Gerichts-
gemeinden bildeten, in denen der Tausendschaftsführer unter Mitwirkung des Volkes Recht zu sprechen hatte. Die Grundlage der
Hundertschaften bildeten wiederum die Geschlechtsverbände. In den
Quellen erscheinen die Vorsteher der Tausendschaften als ἄρχοντες
zuerst in dem verfassungsgeschichtlich wichtigen Bericht des Dexippus
(fragm. 22, vgl. auch oben). Es heißt, daß sie fast ebenso hoch
wie die beiden Könige geachtet worden seien und daß sie gleich
diesen ihre Kinder als Geiseln stellten.[3]) Die Hundertschaften treten
nirgends hervor; dagegen scheint die Existenz von Abteilungen zu
500 Mann unter besonderen Befehlshabern aus der weiteren Erzählung

---

1) Vgl. auch die Bemerkungen über die Landnahme in Afrika.

2) Die nationale Bezeichnung für den Anführer der Tausendschaft war
jedenfalls auch bei den Wandalen þusundifaþs, womit Wulfila das griechische
χιλίαρχος übersetzt, vgl. Dahn VI², 29.

3) οἱ δὲ τῶν βαρβάρων βασιλεῖς καὶ ἄρχοντες ἥκοντες καθότι σφισὶ προσειρη-
μένον, ἔδοσαν ὁμήρους σφῶν αὐτῶν οὐ τὰ δεύτερα ἀξιώσεως καὶ τύχης. οἵ τε γὰρ
βασιλεῖς τοὺς παῖδας ἑκάτεροι διδόασιν ἐς τὴν ὁμηρείαν, ἐνδοιάσαντες οὐδέν, καὶ
ἕτεροι ἅμα αὐτοῖς οὐ μάλα πόρρω ἀξιώσεως. Vgl. dazu auch v. Sybel, Entstehung des deutschen Königtums ², 219 ff.

des Dexippus hervorzugehen.[1]) Aus derselben Quelle erfahren wir zugleich, daß eine Hauptwaffe des wandalischen Heeres Pfeil und Bogen gewesen ist.[2]) Direkt bezeugt ist die Tausendschaft allerdings erst durch die schon erwähnte (zum Teil irrige) Erzählung Prokops, daß Geiserich nach der Landung in Afrika die Wandalen und Alanen unter 80 Chiliarchen gestellt habe (vgl. oben). Aber sie reicht jedenfalls in die älteste Zeit zurück.[3]) Die Ansicht Mommsens (Neues Archiv f. ä. d. Gesch. XIV (1889), S. 499, N. 4), Geiserich habe wie der nach Italien ziehende Theoderich sein Heer nach römischem Muster geordnet, d. h. den damaligen numerus von 1000 Mann unter einem tribunus zu Grunde gelegt, muß auf alle Fälle verworfen werden.

Die Hauptmasse des Volkes bildeten die Gemeinfreien; sie füllten das Heer, auf ihnen ruhte in erster Linie Recht und Gesetz, indem sie die die höchste Regierungsgewalt ausübende Volksversammlung bildeten. Außerdem finden wir bei den Wandalen noch Knechte. Vgl. Vict. Vit. I, 2 von der Zählung des Volkes durch Geiserich: Qui reperti sunt senes, iuvenes, parvuli, servi vel domini, LXXX milia numerati. Die Zahl der Knechte wird namentlich auf den Zügen durch Gallien und Spanien eine starke Vermehrung erfahren haben. Der Stand der Hörigen war, wie bei allen Ostgermanen, so auch hier anfänglich unbekannt; doch haben die Wandalen, als sie in Spanien in die römischen Grundbesitzverhältnisse eintraten, den römischen Kolonat bestehen lassen, die rechtliche Stellung der Angehörigen dieses Standes respektiert.[4]) Ob es auch Freigelassene gegeben hat, ist unbekannt.

Über den Gemeinfreien stand der Adel, dessen Inbegriff die Geschlechter des Königs und der Fürsten bildeten, und wenn einerseits das Emporkommen neufürstlicher, also neuer Adelsgeschlechter durch die Berufung eines Nichtadeligen zum Fürstenamte prinzipiell nicht ausgeschlossen war, so galt es doch durchaus als Regel, wie

---

1) Vgl. meinen Aufsatz Westdeutsche Zeitschr. XX (1901), S. 1 ff.

2) καὶ τὸ ἔργον τοῦτο τὸν ἐργασάμενον παρὰ τῷ βασιλεῖ κατατοξευϑῆναι.

3) Vgl. Westd. Zeitschr. a. a. O. Nach Delbrück a. a. O. wäre zu setzen Geschlecht = Dorf = Gau = Hundertschaft. Die Größe der Hundertschaft sei auf 400—1000, bisweilen auch bis zu 2000 Seelen zu veranschlagen. Vorsteher ist der Hunno; die principes sind Angehörige edler, über den Gemeinfreien stehender Geschlechter, die vom Volke gewählt waren und durch die Gaue reisten, um Gericht zu halten, mit fremden Mächten verhandelten, die öffentlichen Angelegenheiten berieten etc. Ich kann mich mit dieser Hypothese nicht einverstanden erklären.

4) Vgl. dazu im allgemeinen Waitz, Verfassungsgesch. II, 1, 241.

den König, so auch die Fürsten nur aus den Reihen des Adels zu
nehmen.[1]) Als das höchste Adelsgeschlecht galt das königliche.

Zur Zeit des Tacitus scheinen die lugischen Völkerschaften noch
eine republikanische Verfassung gehabt zu haben: in der Germania
(cap. 43) werden die von Königen regierten Goten, Rugier und
Lemovier den übrigen Germanen gegenübergestellt.[2]) Über das
Königshaus der Silingen ist nichts überliefert; namentlich wird
bei diesen erst nach der Eroberung Spaniens ein König, Fredbal,
genannt. Die asdingischen Wandalen nahmen ihre Könige gewohn-
heitsrechtlich aus dem Geschlechte der Asdingen, das sich bis zum
Untergange des Volkes im Besitze der Krone erhalten und nach dem
dieses selbst seinen Namen bekommen hat. Letzteres ergiebt sich
aus den Worten des Jordanes (Getica c. 22,113 nach Dexippus):
Visimar . . . Asdingorum stirpe, quod inter eos eminet genusque
indicat bellicosissimum u. s. w. und wird auch durch das Beispiel
anderer Völker bestätigt.[3]) Es liegt Grund zu der Annahme vor, dafs
das Königshaus der Asdingen das zur Königswürde emporgestiegene
Priestergeschlecht bei den Naharnavalen gewesen ist.[4]) Eine feste Erb-
folgeordnung fehlte in jener Zeit; das Volk wählte unter den lebenden
Mitgliedern der stirps regia diejenigen zu Königen, die sich durch besondere, namentlich kriegerische Eigenschaften auszeichneten.[5]) So ward
der kriegstüchtige Geiserich mit Übergehung der Söhne seines Bruders,
die wahrscheinlich noch im Kindesalter sich befanden, zur Herrschaft
berufen. Anfänglich standen bei den Asdingen, einer bei den Germanen
überhaupt mehrfach nachweisbaren Gewohnheit entsprechend[6]), zwei
Könige nebeneinander an der Spitze: so Raus und Raptus im Markomannenkriege und die beiden von Dexippus erwähnten Könige im Jahre
270; erst nach dieser Zeit wird das Königtum durch eine Person
vertreten. Der Inbegriff der königlichen Gewalt bestand in der ältesten
Zeit hauptsächlich in der Heerführerschaft und dem Oberpriestertum.[7])

---

1) Schröder, Rechtsgesch. S. 42.
2) Omniumque harum gentium insigne . . . erga reges obsequium.
3) Vgl. Brunner, Rechtsgesch. I, 121 Note 15. Waitz, Verfassungsgesch. I³,
319. — Auf die spätere Zeit beziehen sich die Stellen Cassiodor, Variae IX, 1: si
inter Hasdingorum stirpem retinuissetis Hamali sanguinis purpuream dignitatem;
Joh. Lydus, de magistratibus III, 55: Γελίμερα . . . σὺν τοῖς ἐνδόξοις τοῦ
ἔθνους, οὓς ἐκάλουν Ἀστίγγους οἱ βάρβαροι; Dracontius, satisfactio v. 22: Nominis
Asdingui bella triumphigera; Florentinus in laudem Thrasamundi (Riese, Anthol.
lat. I, 1, p. 244) v. 30: Carthago Asdingis genetrix.
4) Vgl. Brunner 1, 126 und oben.
5) Dieses entscheidende Moment spricht sich auch in der citierten Stelle
des Jordanes aus.
6) Waitz a. a. O. 322.   7) Brunner I, 126. Schröder S. 25.

Aufserdem hatte der König die Gesamtheit, den Staat, nach aufsen zu vertreten; doch tritt er hier nur als Vollzieher der Beschlüsse der Volksversammlung auf, wie er denn stets, wenn es sich um Krieg oder Frieden oder Aufgabe der bisherigen Wohnsitze handelte, an den Willen des Volkes gebunden war. Dafs bei der Aufgabe der Sitze an der Theifs, die der gröfsere Teil der Asdingen unter der Führung des Königshauses verliefs, es sich um einen Beschlufs des gesamten Stammes handelte, geht aus der schon besprochenen Stelle Prokops bell. vand. I, 22 direkt hervor. Auch der Übergang nach Afrika ist ohne Zweifel mit Zustimmung des versammelten Volkes erfolgt; unser bester Gewährsmann, Hydatius, sagt ausdrücklich, es seien alle Wandalen dahin aufgebrochen, also nicht blofs einige abenteuerlustige Abteilungen derselben.

Aus der Vereinigung der Heerführerschaft und des Oberpriestertums resultierte die Strafgewalt über das Heer, die die wandalischen Könige, solange dasselbe beisammen war, besafsen[1]): in der besprochenen Erzählung des Dexippus erschiefst der eine König den Befehlshaber der Abteilung von 500 Mann, welche mit dessen Zustimmung das römische Gebiet, dem Friedensvertrag zuwider, verheert hatten. Namentlich diese letztere Befugnis hat jedenfalls bei dem fortwährenden Kriegszustande auf der Wanderung, begünstigt durch die kraftvollen Persönlichkeiten einzelner Herrscher, wie es namentlich Geiserich war, eine allmählich fortschreitende Stärkung der Machtstellung des Königtums auf Kosten der Volksgewalt bewirkt. Die Volksversammlung büfste immer mehr an Bedeutung ein, sie trat immer seltener zusammen; der Einflufs des königlichen Willens auf ihre Beschlüsse wurde immer gröfser; die Abteilungsvorsteher empfingen ihr Mandat aus der Hand des Herrschers, wurden dessen Beamte und waren ihm zur Treue und Ergebenheit verpflichtet. So bildeten sich auch hier die Anfänge zu einem Dienstadel, in dem der alte Geschlechtsadel zum gröfsten Teile aufging.

Diese Entwickelung, die wir nach der Begründung des souveränen Reiches in Afrika als völlig abgeschlossen vorfinden, vollzog sich also durchaus auf germanischer Grundlage; sie ist im grofsen und ganzen dieselbe, wie bei anderen deutschen Stämmen, z. B. den Langobarden[2]) und Franken. Von römischen Elementen wird das

---

1) Vgl. oben und Schröder S. 38.
2) Vgl. meine Gesch. der Langobarden S. 77 f. Hartmann, Gesch. Italiens II.

wandalische Königtum erst später wesentlich beeinflufst[1]); in der
hier behandelten älteren Periode kommen solche Einwirkungen —
im Gegensatz zu der besonders von Sybel und Mommsen vertretenen·
Anschauung — nur in untergeordneter Weise in Betracht. Die
Verhältnisse lagen hier doch wesentlich anders als namentlich bei
den Ostgoten und Burgundionen; den Reichsgründungen dieser
Völker nach der Völkerwanderung ging eine völlige Auflösung der
alten Zustände voraus; ihre Herrscher entstammten nicht von alters
her bestehenden Königshäusern, sondern waren Häuptlinge, die ihre
monarchische Gewalt wesentlich einem Dienstvertrag mit dem römischen
Kaiser verdankten. Bei den Wandalen ist dagegen der ganze Stamm
unter einem seit der ältesten Zeit fortdauernd an der Spitze gebliebenen königlichen Geschlecht im wesentlichen zusammengeblieben;
auch gegenüber dem zurückgelassenen dacischen Volksteile hat sich
das Gefühl der staatlichen Zusammengehörigkeit noch lange Zeit
wach erhalten. Der lange Aufenthalt in dem der römischen Kultur
entrückten Gebiete an der Theifs mufste auf die Entwickelung des
Nationalitätsbewufstseins von vorteilhaftem Einflusse sein, während
die Niederlassung in Spanien von zu kurzer Dauer war, um direkt
tiefer gehende Beeinflussung durch römisches Wesen hervorrufen zu
können.

---

1) Hervorzuheben ist, dafs Geiserich anfänglich, auch noch in den ersten
Jahren der Herrschaft in Afrika, der lateinischen Sprache nicht mächtig war
(Vict. Vit. I, 18).

Zweites Buch.

Das römische Afrika zerfällt in zwei grofse Hälften, deren Scheide die grofse Syrte bildet: östlich Ägypten und Kyrenaika, unter dem Einflufs der griechischen Civilisation stehend, westlich Tripolis, das eigentliche Afrika, Numidien und Mauretanien, dem Kreise der phönikischen Kultur angehörend, die dann von der römischen abgelöst wurde. Uns interessiert an dieser Stelle nur der westliche Teil. Durch die von Diokletian begründete, von Konstantin d. Gr. weiter ausgebaute neue Reichsorganisation wurden hier sieben Provinzen gebildet: Tripolitana mit der Hauptstadt Tacapae; Byzacena (Hadrumetum)[1]); Proconsularis oder Zeugitana, die ehemaligen Diöcesen von Hippo Diarrhytus und Carthago (Karthago); Numidia (Cirta); Mauretania Sitifensis (Sitifis); Mauretania Caesareensis (Cäsarea) und Mauretania Tingitana. Diese Einteilung lernen wir kennen aus dem Veroneser Katalog von 297, aus dem Breviarium des Rufus Festus (369), Polemius Silvius (385/86) und der Notitia dignitatum (aus dem Anfang des 5. Jahrh.)[2]). Das sog. prokonsularische Numidien, dessen Hauptort Hippo regius war und das anfänglich zur Prokonsularprovinz gehörte[3]), scheint zu Beginn des 5. Jahrhunderts zum cirtensischen Numidien geschlagen worden zu sein. Denn es ist unzweifelhaft, dafs die byzantinische Provinzialeinteilung an die vor dem Einbruch der Wandalen bestehende angeknüpft hat. In der bekannten darüber erlassenen Verordnung Justinians Cod. I, 27, 1, 12 heifst es nach dem berichtigten Text: Zeugi, quae proconsularis antea vocabatur Carthago, et Byzacium ac Tripolis rectores habeant consulares; reliquae vero, id est Numidia et Mauritaniae et Sardinia a praesidibus gubernentur.[4]) Die Descriptio orbis Romani des

---

1) Hadrumetum hiefs später nach dem wandal. König Hunirix Honoriopolis, vgl. die Konzilsakten v. J. 525 bei Mansi, Concil. coll. VIII, 648.
2) Vgl. dazu bes. Cagnat, L'armée Romaine d'Afrique (1892) p. 703 ff.
3) Pallu de Lessert, Les fastes de la Numidie p. 231. Schwarze, Untersuchungen über die äufsere Entwickelung der afrik. Kirche (1892) S. 21.
4) Vgl. Diehl, L'Afrique byzantine (1896) p. 107 ff.

Georgius Cyprius vom Ende des 6. Jahrhunderts (ed. Gelzer, Lips. 1890,
p. 33) rechnet zu Numidien unter anderem Calama und Hippo regius.
Die Grenze nach Osten zu bestimmt sich durch die Bemerkung Prokops
(b. V. I, 25), dafs Bulla regia (in der Prokons.) nicht weit von der
numidischen Grenze entfernt liege. Ebendahin führt auch das
Provinzialverzeichnis von 484, worüber weiter unten. Schwierigkeiten
macht allein die Ausdrucksweise Victors von Vita (Hist. pers. Afr.
prov.), der die Prokonsularis und Zeugitana als zwei verschiedene
Provinzen, in denen das Ansiedelungsgebiet der Wandalen lag,
aufführt; vgl. I, 13: Zeugitanam vel (= et) proconsularem; I, 29:
Zeugitanae et proconsulari provinciae; doch ist auf diese Unter-
scheidung wohl kein Gewicht zu legen, da derselbe Autor I, 39
als die Provinz, in der sich die Wandalenlose befanden, nur die
Zeugitana nennt.

Die Civilverwaltung war seit Konstantin d. Gr. von der militärischen
getrennt. Der Erledigung der Geschäfte diente eine den höheren
Kreisen entstammende, nach Rangklassen gegliederte Beamtenschaft,
der ein zahlreiches Bureaupersonal (officia, officiales) zur Seite stand.[1]
An der Spitze der Civilverwaltung stand der Vicarius Africae[2] mit
dem Sitz in Karthago, der wiederum von dem praefectus praetorio
Italiae abhing, aber direkt vom Kaiser ernannt wurde, und dem die
Civilstatthalter der Tripolitana sowie von Mauretania Caesareensis
und Sitifensis (mit dem Titel praesides) von Byzacena und Numidia
(consulares) untergeben waren. Der oberste Verwaltungsbeamte der
Prokonsularprovinz (proconsul) in Karthago stand dagegen direkt unter
dem Kaiser, während die Tingitana zur Diöcese Hispanien gehörte;
der dortige Civilbeamte (praeses) war dem vicarius Hispaniae unterstellt. Die Kompetenz der Provinzialstatthalter erstreckte sich auf die
Ausübung der Polizei, die Erhebung der Steuern und namentlich auf die
Civil- und Kriminaljurisdiktion, weshalb sie auch ordinarii iudices
heifsen. Die Steuern bestanden hauptsächlich aus der teils in Geld,
teils in Naturalabgaben (annonariae functiones) zu entrichtenden Grundsteuer (tributum), der von den Handel- und Gewerbetreibenden zu leistenden Erwerbssteuer, der auri lustralis collatio, sowie der den niederen
Klassen auferlegten Kopfsteuer.[3] Die Stelle der Steuern vertraten

---

1) Vgl. dazu auch Mommsen, Neues Archiv XIV, 461.
2) Vgl. Pallu de Lessert, Vicaires et comtes d'Afrique, Paris 1892.
3) Vgl. Karlowa, Römische Rechtsgeschichte I, 858 ff., 903 ff. Marquardt,
Römische Staatsverwaltung H², 204 ff.

bei einzelnen Korporationen bestimmte erbliche Dienstleistungen für den Staat, z. B. Transport von Getreide, Holz u. s. w.

Die Verwaltung der Staatseinkünfte unterstand als oberstem Beamten dem comes sacrarum largitionum in der Reichshauptstadt. In dessen Kasse (fiscus) flossen die Erträgnisse der Zölle, des Münzregals, der kaiserlichen Bergwerke (mit Ausnahme der Steinbrüche) und Fabriken, sowie der Steuern, soweit sie nicht für die Besoldung der Beamten und des Heeres in Anspruch genommen wurden. Als seine Untergebenen werden für Afrika genannt: der comes titulorum largitionum per Africam, der rationalis summarum Africae, der rat. summ. Numidiae, der procurator gynaecii (Weberei) Carthaginiensis, der procurator bafiorum (Färbereien) omnium per Africam und der proc. bafii Girbitani prov. Tripol.[1]) Getrennt hiervon war die Verwaltung des Kronguts (res privata) und des kaiserlichen Privatgutes (fundi patrimoniales), wozu vor allem der gesamte Domanialbesitz gehörte. Die res privata stand unter dem comes rerum privatarum als Centralbehörde; als oberster Rechnungsbeamter für Afrika erscheint der rationalis r. p. per Africam.[2]) Die fundi patrimoniales, das Schatullgut[3]), standen in Afrika unter einem praefectus fund. patr., der wiederum vom praef. praetorio per Italiam abhängig war.[4]) Eine Abzweigung der res privata waren die fundi domus divinae, die Güter der Civilliste und Apanagegüter der Kaiserin und der Prinzen, unter einem comes domorum oder rationalis rei priv. fundorum domus divinae per Africam, der wiederum dem comes r. p. unterstellt war. Die Verwaltung der einzelnen Domänen ward von procuratores saltus besorgt, über denen die Prokuratoren gröfserer Bezirke (proc. provinciae oder tractus) standen. Dem Provinzialprokurator entspricht der Administrator der zur res privata gehörenden Güter des Rebellen Gildo, der comes Gildoniaci patrimonii.[5])

Die Militärgewalt in den Provinzen Proconsularis, Byzacena, Numidia, Mauretania Sitifensis und zum Teil auch in Maur. Caesareensis übte der vom magister peditum in praesenti (am Hofe) abhängige comes (d. h. dux mit dem Range als comes der ersten Klasse) Africae mit dem Sitze in Karthago aus; die Caesareensis und Tripolitana,

---

1) Not. dign. Occ. XI.

2) Not. dign. Occ. XII.   3) Not. dign. Occ. II.

4) Hierzu gehörten auch die bedeutenden Marmorbrüche in Numidien, vgl. Marquardt, a. a. O. 262 f.

5) Vgl. im allgemeinen bes. Karlowa I, 840 ff. Schulten, Die röm. Grundherrschaften (Weimar 1896), His, Die Domänen der röm. Kaiserzeit (Leipzig 1896) passim.

Schmidt, Wandalen.

sowie die Tingitana standen unter besonderen Befehlshabern, in den
beiden ersteren Provinzen duces[1]), in der letzteren comes genannt.
Es ist zu unterscheiden zwischen den an der Grenze stationierten
Truppen und der zu deren Rückhalt bestimmten, mobilen, im Innern
untergebrachten Feldarmee. Von letzterer, den sogenannten Kaisertruppen (milites palatini und comitatenses) standen nach der Notitia
dign. unter den Befehlen des comes Africae (mittelbar unter den der
magistri peditum und equitum praesentales) 3 legiones palatinae,
8 legiones comitatenses (à 1000 Mann), 1 auxilium palatinum und
19 vexillationes comitatenses (à 500 Mann), zusammen nominal
11500 Mann Infanterie, 9500 Mann Kavallerie; in der Tingitana
2 auxilia palatina, 1 legio pseudocomitatensis, 1 legio comitatensis,
2 vexillationes comitatenses (zusammen 4000 Mann), während von
dem Vorhandensein von Kaisertruppen in Maur. Caes. und in der
Tripolitana nichts bekannt ist. Es ist jedoch sehr wahrscheinlich,
daſs die angegebene Truppenzahl zur Zeit des Wandaleneinfalles nicht
dem Effektivstande entsprochen hat, sondern viel geringer gewesen
ist; auch mögen damals einzelne der in der Notitia aufgeführten
Truppenteile nicht mehr in Afrika gewesen, sondern in andere, ge-
fährdetere Provinzen abkommandiert worden sein. Daſs Bonifatius
sich als Offizier (tribunus) wie als Statthalter mit Privatsöldnern[2])
umgeben hat, zeigen Augustinus (epist. 220, 7) und Olympiodor
(fragm. 42); eine Verstärkung scheinen dieselben noch während seines
Konfliktes mit dem kaiserlichen Hofe erfahren zu haben.[3])

Die Grenze des kultivierten Gebietes gegen die eingeborenen
Berberstämme war in einzelne Abschnitte (limites) geteilt.[4]) Den
Mittelpunkt derselben bildeten die castra, wo die Stäbe der zu jenen
gehörigen Truppenkörper lagen, während die übrigen Mannschaften
in eine Anzahl fester Plätze verteilt waren. Die in diese gelegten
Soldaten waren zum Teil Bauern; das zu den einzelnen Garnisonen
gehörige Land war ihnen zur Bewirtschaftung überwiesen. Über die
Stärke dieser Grenztruppen sind wir nicht unterrichtet. Die früher
in Afrika stehende dritte Augustische Legion (Hauptquartier Lambaesis am Nordabhang des Auresgebirges) war aufgelöst und teils den
Grenzbesatzungen, teils dem Kaiserheere zugeteilt worden. Die
Kommandanten der Grenzabschnitte hieſsen praepositi limitum; diesen

---

1) Zur Zeit der Not. dign. waren die duces zugleich Civilstatthalter.
2) Vgl. Mommsen im Hermes XXIV (1889), 233 ff.
3) Hist. Vierteljahrsschrift 1899 S. 456 f.
4) Vgl. die Karte bei Cagnat S. 752/53.

waren auch die einzelnen, in den betreffenden Bezirken wohnenden eingeborenen Stämme untergeben. Die Notitia dignitatum nennt 16 praepositi limitum, die unter den Befehlen des comes Africae, 12 (wozu noch die Kommandanten der milites Fortenses in castris Leptitanis d. h. in Leptis Magna, und der milites Munifices in castris Madensibus kommen), die unter dem dux der Tripolitana und 8, die unter dem dux von Mauretania Caes. standen; die drei wichtigsten limites dieser zuletztgenannten Provinz waren zugleich dem comes Africae unterstellt. In der Tingitana werden keine limites genannt; die Grenzhut wurde nach der Not. hier von einer ala und 7 Kohorten (4000 Mann) besorgt. Von dem Vorhandensein einer Flotte vernehmen wir nichts; die in der früheren Kaiserzeit in Caesarea (Cherchel) stationierte Abteilung von Kriegsschiffen[1]) war aufgehoben worden.[2]) Die allerdings infolge elementarer Ereignisse gescheiterten Versuche Alarichs und Wallias, von Sicilien bez. Spanien aus nach Afrika überzusetzen, haben keine Veranlassung zur Wiederherstellung derselben gegeben. Auch als die Wandalen ihre Seezüge von Spanien aus unternahmen und die Provinz zu bedrohen anfingen, hat man in unbegreiflicher Verblendung und Sorglosigkeit nichts gethan, den Fehler wieder gut zu machen. Die damals vorgenommene Befestigung Karthagos[3]) konnte dafür nur einen teilweisen Ersatz bieten. Wie sehr überhaupt das ganze Verteidigungssystem der afrikanischen Provinzen zu Anfang des fünften Jahrhunderts in Verfall geraten war, zeigt der geringe Widerstand, den die Wandalen auf ihrem Eroberungszuge fanden.

Der wertvollste Teil Afrikas war die Prokonsularprovinz und Numidien, da hier das zwischen dem nördlichen und südlichen Randgebirge liegende Steppenland nicht dieselbe Ausdehnung besitzt, wie in den übrigen Landesteilen. Die Ansiedelungen lagen deshalb in einem dichten Netz über das Gebiet verstreut und dehnten sich bis

---

1) Vgl. Cagnat, 342f.

2) Die Notitia dignitatum aus dem Anfang des 5. Jahrh. führt noch die drei weström. Flottenstationen in Misenum, Ravenna und Aquileja auf (Marquardt H², 502). Zum letzten Male wird m. W. eine weström. Flotte unter Constantius gegen die Westgoten i. J. 419 erwähnt (Oros. VII, 43, eine Stelle, die Papencordt S. 235 Note 3 völlig mißverstanden hat). Seitdem ist, wie die späteren Ereignisse lehren, von einer solchen keine Rede mehr. Vgl. dazu namentlich Prisc. fr. 30: ὅπερ (der Mangel an Schiffen) ἔτι μάλιστα ἐκάκωσε τὰ ἐν τῇ ἑσπέρᾳ Ῥωμαίων πράγματα διὰ τὸ διῃρῆσθαι τὴν βασιλείαν (z. J. 463).

3) Chron. Gall. de 452 c. 98 z. J. 425. Vgl. dazu Tissot, Géographie comparée de la province Romaine d'Afrique. I (Paris 1884) p. 661. Noch zur Zeit des Orosius (V, 1, 5) war die Stadt ohne Mauern.

an die äußerste Grenze gegen die Wüste hin aus. Namentlich das
Thal des größten Flusses Nordafrikas, des Bagradas, und ein großer
Teil Numidiens (hier besonders die Thäler des aurasischen Gebirgs-
stocks, vgl. Procop, bell. Vand. II, 13) lieferten so reichliche Halm-
früchte fast wie das Nilthal. Das hier gebaute Getreide ging hauptsächlich nach Italien, das seinen Bedarf nicht mehr selbst zu decken
vermochte, und zwar vorwiegend als Steuer. Die Getreidelieferung
hatte ein besonderer Beamter, der praefectus annonae Africae zu über-
wachen (Not. dign. Occ. II, 41). Es wurde daher Afrika auf den
Münzen und sonst als eine weibliche Figur mit Ähren in der Hand
dargestellt.[1]) Reiche Erträgnisse lieferten auch die Olivenkultur, sowie
(speziell in Numidien) die Pferde- und Viehzucht. Die Landwirtschaft
war es daher, von der die Bevölkerung, auch die der Städte, hauptsächlich lebte. Der Handel beschränkte sich fast ganz auf den Aus-
tausch der agrarischen Produkte des Landes; die Hauptemporien desselben waren Karthago und Hadrumetum, letztere Stadt vorzugsweise
für die Ausfuhr der Oliven. Die Industrie trat dagegen sehr in den
Hintergrund. Karthago hatte sich zu einer Weltstadt empor-
geschwungen und war seit dem 4. Jahrhundert, wo Rom entschieden
im Rückgang sich befand, die erste Stadt der westlichen Reichs-
hälfte. Daß sie der Sitz der höchsten Civil- und Militärbeamten
war[2]), ist schon erwähnt worden, hier war auch die Winterresidenz
der reichen Großgrundbesitzer und der Sammelpunkt der gelehrten
und studierenden Welt Nordafrikas. Illic enim omnia officiorum
publicorum instrumenta, illic artium liberalium scolae, illic philo-
sophorum officinae cuncta denique vel linguarum gymnasia vel morum
sagt Salvian, de gub. dei VII, 68. Die Hauptvertreter der bedeutsamen
afrikanischen Litteratur, die weit über die Grenzen Afrikas hinaus
ihre Wirksamkeit erstreckten: Annaeus Cornutus aus Leptis, Fronto
aus Cirta, Apuleius aus Madaura, Tertullian, Cyprian von Karthago,
Salvius Julianus aus Hadrumetum, Minutius Felix, Lactantius, Arno-
bius, Augustinus, haben alle längere oder kürzere Zeit in Karthago
gelebt. Allerdings hatte auch hier ganz besonders unter der Bevölkerung Verweichlichung und Sittenlosigkeit überhand genommen,
die von Salvian in seiner bekannten, stark aufgetragenen Manier geschildert wird; hinsichtlich der gebotenen sinnlichen Genüsse unterschied sich Karthago wenig von einer modernen Großstadt. Die

---

1) Vgl. Friedländer, die Münzen der Vandalen S. 9.
2) Wahrscheinlich lag hier auch eine bedeutende, aus Kaisertruppen bestehende Garnison (Salvian, de gub. dei VII, 68: copiae militares).

Aufsicht über die öffentlichen Festlichkeiten führte ein besonderer vom Kaiser ernannter Beamter, der tribunus voluptatum, der in der Verordnung vom Jahre 413, Cod. Theod. XV, 7, 3 erwähnt wird.

Minder wichtig als jene Bezirke war die Byzacena; im fünften Jahrhundert rechnete man prozentuell auf dieses Gebiet etwa die Hälfte weniger an kulturfähigem Lande als auf die übrigen afrikanischen Provinzen, und mit Unrecht wird von Neueren dasselbe als besonders ertragsfähig bezeichnet.[1]) Noch geringer an Bedeutung war die Tripolitana, wo das zum Anbau geeignete Land nur einen schmalen Streifen längs der Küste bildet, nicht minder auch Mauretanien (Caesareensis und Sitifensis). Die unfruchtbare Zwischensteppe erreicht hier die gröfste Ausdehnung; das kultivierte Gebiet beschränkte sich im wesentlichen auf das nördliche Gebirge und das vorliegende Land bis an die Küste. Die Dichte der Besiedelung nimmt in diesem Teile Afrikas in der Richtung von Ost nach West stetig ab. Ganz aufser Zusammenhang mit den übrigen Provinzen stand die Tingitana: das Kulturgebiet dehnte sich hier nur auf den Strich an der Küste des Atlantischen Ozeans südlich von Tanger bis gegen Sala hin aus und erstreckte sich nur wenig weit in das Innere hinein. Von dem benachbarten Cäsareensischen Mauretanien war diese Provinz durch das Gebiet der räuberischen Maziken und Baquaten getrennt; eine Verbindungsstrafse zu Lande existierte nicht; der Verkehr von Tanger bis Portus Divini (jetzt Oran?) erfolgte zu Schiff längs der Küste (Itinerarium Antonini edd. Parthey et Pinder p. 4). Wie schon bemerkt, gehörte das Gebiet politisch zu Spanien.

Wie in den übrigen Provinzen des römischen Reiches war die Verwaltung auch in Afrika grofsenteils auf die städtischen Gemeinden basiert.[2]) Die Bürgerschaft zerfiel in possessores (kleine und mittlere Grundbesitzer), unter denen die honorati, die zu einem wirklichen oder titularen Staatsamte gelangten Munizipalen, besonders unterschieden werden, und die nach Berufsarten in erbliche Zwangskorporationen verteilte, nicht ansässige Bevölkerung, die plebeji, aus der die negotiatores, die Handel- und Gewerbtreibenden, besonders hervorragen. An der Spitze des Munizipiums stand der Gemeinderat (ordo, curia, decuriones, curiales), dem neben der städtischen Verwaltung hauptsächlich die Beitreibung der Staatssteuern unter den

---

1) Vgl. Mommsen, Römische Geschichte V, S. 651.
2) Vgl. Marquardt, Röm. Staatsverwaltung I², 162 ff. 183 ff. Karlowa, Röm. Rechtsgesch. I, 894 ff. Liebenam, Städteverwaltung im röm. Kaiserreich (1900) S. 488 ff. Toutain, Les cités Romaines de la Tunisie (1896) S. 344 ff.

Gemeindegliedern oblag. Die obersten Beamten waren die duumviri,
neben diesen fungierten der curator[1]) für die Verwaltung der städtischen
Finanzen und der i. J. 365 für das ganze Reich eingeführte defensor,
die beiden letzteren vom Kaiser ernannt oder vielmehr bestätigt. Der
defensor[2]) hatte in Konkurrenz mit den duumviri Jurisdiktion in
niederen Sachen; die wichtigeren Rechtsangelegenheiten unterlagen
jedoch durchaus der Entscheidung des Statthalters. Dazu kam noch
ein Subalternpersonal. Das Decurionenverzeichnis der Stadt Thamugadi
aus der Zeit kurz vor 367 n. Chr. nennt als Mitglieder des Gemeinde-
rats: Patroni viri clarissimi, patroni viri perfectissimi, sacerdotales,
curator, duoviri, flamines perpetui, pontifices, augures, aediles, quaestor,
duoviralicii (Marquardt a. a. O. S. 192). Die Kommunen, die sich einst
einer grofsen Freiheit und Selbständigkeit erfreuten, waren seit dem
dritten Jahrhundert immer mehr in die Abhängigkeit von der Staatsgewalt geraten. Die Kurien wurden nicht mehr ergänzt durch den
Eintritt der gewesenen Beamten, sondern ausschliefslich und zwar
zwangsweise aus den im Munizipalgebiet ansässigen Possessoren. Aus
der Reihe der Decurionen, deren Würde zu einem erblichen Stande
geworden war, wurden nunmehr vom Gemeinderat die Magistrats-
personen ernannt, die jetzt völlig als Beamte des Staates betrachtet
werden. Bei der immer mehr zunehmenden Verschlechterung des
Kommunalvermögens — namentlich die Kirche wufste sich den
gröfsten Teil der Gemeindeländereien anzueignen — und dem von der
Staatsregierung befolgten Grundsatz, für die Leistung aller auf der
Stadt liegenden Lasten und der in ihr zu erhebenden Abgaben die
Decurionen persönlich haftbar zu machen, wurde der Decurionenstand
aus einer Ehre zu einer unerträglichen Last, der sich die besitzenden
Klassen auf jede Weise — durch Flucht oder Eintritt in den Klerus
oder in die Hörigkeit der Grofsgrundbesitzer — zu entziehen suchten,
während der Staat zur Erhaltung der Kurien die schärfsten Zwangs-
mafsregeln in Anwendung brachte. Eine allgemeine Verarmung jener
Volksklassen war die natürliche Folge dieser kurzsichtigen Politik.[3])
    Neben der munizipalen Organisation kam die des Grofsgrund-
besitzes für Afrika ganz besonders in Betracht.[4]) Die Latifundien
(possessiones) waren hier ausgedehnter als anderswo und hatten den

---

1) Vgl. über diesen bes. Toutain 356 ff. 365 n. 1. In vielen Städten werden
nur curatores, keine anderen Beamten erwähnt.
2) Vgl. Corpus inscriptionum Latinarum VIII n. 11825.
3) Vgl. Toutain S. 364.
4) Vgl. Schulten, Grundherrschaften passim.

kleineren Güterbesitz fast völlig aufgesogen; sie nahmen die Ge-
schlossenheit der städtischen Territorien an und sind deshalb schon
früh aus dem Gemeindeverband ausgeschieden. Den gröfsten Teil
derselben machten die kaiserlichen Domänen aus, deren Umfang
durch häufige Konfiskationen sich schnell vergröfsert hatte, namentlich am Ende des 4. Jahrhunderts, durch Beschlagnahme der um-
fänglichen Güter des aufständigen Gildo. Grofse Komplexe lagen am
oberen Bagradas in der Zeugitana (ungefähr 72 Quadratmeilen um-
fassend)[1]), im Nordwesten der Byzacena (saltus Massipianus nördlich
von Ammaedara)[2]), bei Buhira (10 km westlich von Sitifis) und in
der Ebene Medja im sitifensischen Mauretanien; der übrige Lati-
fundienbesitz war in den Händen der Aristokratie (senatores, nobiles)[3]),
während von exempten kirchlichen Grundherrschaften nichts bekannt ist. Die kaiserlichen Besitzungen hatten staatliche Hoheits-
rechte, wie die Munizipien; die Prokuratoren übten hier eine ihnen
vom Kaiser übertragene Gerichtshoheit aus.[4]) Die privaten Grundherrschaften besafsen dieselben Eigenschaften nicht; in jurisdiktioneller
Hinsicht standen sie durchaus unter den Statthaltern; doch hatten
sie die Autonomie der Verwaltung. Teilweise ist es aber den Be-
sitzern derselben gelungen, die eigene Jurisdiktion, die Patrimonial-
gerichtsbarkeit zu erwerben.

Den Mittelpunkt der Gutsherrschaft bildete die Villa, der Herren-
hof, umgeben von dem Hoflande, dem besten Teile des Gutes. Zu
diesem gehörten nicht allein Felder, sondern namentlich auch die
dem Luxus dienenden Betriebe: Park, Waldungen, die zu Jagd-
zwecken unterhalten wurden, Fischteiche etc.[5]) Das Territorium der
Villa wurde von Sklaven bewirtschaftet, die hierin durch die von
den zum Gute gehörigen Kolonen zu leistenden Hand- und Spann-
dienste unterstützt wurden. Die Kolonen safsen auf den Parzellen,
fundi, in die der übrige Teil der Gutsländereien geteilt war. Ursprünglich waren dieselben freie Pächter, die einen Teil der ein-
gebrachten Ernte oder einen Zins an den Gutsherrn abzugeben
hatten. Sie rekrutierten sich namentlich aus kleinen Grundbesitzern,
die bei der Aussichtslosigkeit, mit den grofsen, anfänglich nur durch

---

1) Schulten in den Abhandlungen der Kgl. Gesellschaft der Wissenschaften
zu. Göttingen N. F. Bd. II, 3 (1897) S. 4. Tissot, Géogr. comp. pl. 18.
2) Tissot pl. 19.
3) Über den Stand der (Reichs-) Senatoren vgl. Schulten, Grundherrsch.
S. 121 und die daselbst citierte Litteratur.
4) Jedoch nicht in Kriminalsachen, vgl. Schulten S. 78.
5) Vgl. Schulten, Grundherrschaften S. 60 ff., 93 ff.

Sklaven bewirtschafteten Gütern zu konkurrieren[1]), und bei den zur
Erhaltung der Kurien angewendeten Zwangsmaßregeln (vgl. oben)
sich veranlaßt sahen, ihr Eigentum aufzugeben. Aber nach und
nach gerieten sie in immer drückendere Abhängigkeit; sie wurden
durch die aus der gesetzlichen Durchführung des Prinzips der Erb-
pacht abgeleitete Fesselung an die Scholle zu Hörigen; die von
ihnen am Gutshof zu leistenden Frohnden erfuhren durch den Rückgang der Sklavenbevölkerung eine immer größere Steigerung.
Wesentlich verschlimmert wurde ihre Lage noch dadurch, daß fast
allgemein die Grundeigentümer ihre Güter nicht mehr direkt, sei es
in eigener Person oder durch einen Intendanten (actor), verwalteten
und bewirtschafteten, sondern dieselben an conductores, General-
pächter, gegen eine feste jährliche Rente verpachteten.[2]) Die Besitzer aber bez. die kaiserlichen Prokuratoren waren in der Regel
weit entfernt, die Gutsunterthanen gegen die mit diesem System ver-
bundenen Bedrückungen zu schützen, sondern steckten mit den Konduktoren gewöhnlich unter Einer Decke.[3]) Besonders schroff und
unhaltbar mögen die Zustände in dieser Hinsicht auf den Domänen
gewesen sein. Aus Kolonen setzten sich daher hauptsächlich jene
Elemente zusammen, die seit Beginn des 4. Jahrhunderts unter
dem Namen Circumcellionen durch revolutionäre Erhebungen das
Land unsicher machten. Wenn auch zeitweilig unterdrückt, haben
diese Bewegungen, da ihre Grundursache, die eben geschilderten
Mißstände, weiter fortbestand, bis zur Begründung der wandalischen
Herrschaft nicht aufgehört; daß die unzufriedene, geknechtete Bevölkerung hier wie anderwärts die Ankunft der Germanen freudig
begrüßte, wird von Salvian (de gub. dei VII, 71) direkt ausgesprochen.[4])

So gewähren denn die sozialen und wirtschaftlichen Verhältnisse
der römischen Bevölkerung Afrikas zu Anfang des 5. Jahrhunderts

---

1) Vgl. über die Entwickelung der Grundherrschaft Hartmann, Gesch.
Italiens I, 12 ff.

2) Ein Teil der Güter, namentlich die der domus divina, ist jedoch in
eigener Regie bewirtschaftet worden; so vor allem die Besitzungen, auf denen
sich Paläste, Luxusvillen und industrielle Unternehmungen befanden, vgl. His,
Domänen S. 11. 79.

3) Vgl. auch Schulten, Das römische Afrika (Leipzig 1900) S. 46. 107.

4) Proscriptiones dico orfanorum, viduarum afflictiones, pauperum cruces:
qui ingemescentes cotidie ad deum ac finem malorum inprecantes et, quod
gravissimum est, interdum vi nimiae amaritudinis etiam adventum hostium
postulantes, aliquando a deo impetrarunt, ut eversiones tandem ac barbaris in
commune tolerarent, quas toli a Romanis ante toleraverant.

ein Bild des tiefsten Verfalls, das sich freilich in gröfserem oder
geringerem Mafse auch in den übrigen Provinzen des Reiches zeigt.
Die vom Despotismus durchgeführte ständische Zwangsorganisation,
die jeden Einzelnen einer bestimmten erblichen Kaste oder Körper-
schaft zuwies, aus der ein Austritt unstatthaft war, lähmte jede freie
Bewegung. Wer nicht den privilegierten Ständen angehörte, denen
die Beamtenstellen in der Staatsverwaltung und im Heere vorbehalten
waren, und die Steuerlasten auf die Schultern anderer abwälzen
konnte, wie es auf den Grundherrschaften mit den Kolonen geschah,
befand sich in äufserst drückender und völlig hoffnungsloser Lage.
Was ihm an Einkommen und Zeit nach Abzug der dem Staate und
der Gemeinde zu leistenden Abgaben und sonstiger persönlichen
Dienste noch übrig blieb, war ganz unbedeutend. Die Mehrzahl
der Bevölkerung lebte daher in den ärmlichsten Verhältnissen, die
zu dem luxuriösen Leben, das die Aristokratie führte, in schroffem
Gegensatze standen.

Ebenfalls aufserhalb der städtischen Ordnung standen in ihrer
überwiegenden Mehrheit die eingeborenen Völkerschaften, die
Berbern, oder wie sie von den Römern bez. Byzantinern genannt
wurden, die Mauren (Maurusier)[1]), die vorzugsweise die Steppen und
Gebirge innehatten. Nur zum geringen Teil war es gelungen, die
Berbern für die Civilisation zu gewinnen und zu einem sefshaften
Leben zu bringen; die Hauptmasse beharrte in ihrem alten kultur-
feindlichen Nomaden- und Räuberleben.[2]) Ihre Lebensweise war im
Gegensatze zu der der üppigen römischen Bevölkerung eine äufserst
einfache. Sie wohnten in erbärmlichen Hütten und schliefen auf
blofser Erde; Brot und Wein waren ihnen unbekannte Genüsse; ihre
Hauptnahrung bildeten (aufser Fleisch und Milch) Kuchen aus Hafer
oder Gerste, die in der heifsen Asche gebacken wurden.[3]) Im Kriege
befolgten sie die Methode, dafs sie den Feind zu überraschen und
durch die Wucht des ersten Angriffs niederzuwerfen suchten; mifslang derselbe, so verzichteten sie auf weiteres Vorgehen und ver-

---

1) Libyer heifsen die römischen Bewohner Afrikas, vgl. z. B. Prok. b.
V. I, 7.

2) Über das Detail, insbes. die Namen und Sitze der einzelnen Stämme,
vgl. namentlich Partsch, Prooemium zu seiner Ausgabe des Corippus (M. G.
Auct. ant. III, 2) und Satura Viadrina. Festschrift zum 25 jährigen Bestehen des
Philologischen Vereins zu Breslau (1896) S. 20 ff. Jung, Die romanischen Landschaften des römischen Reichs (1881) S. 95 ff. Mommsen, Röm. Gesch. V,
637 ff. 649 f. Beckurts, Die Kriege der Römer in Afrika (Progr. Wolfenbüttel
1888) S. 8 ff.

3) Proc. b. V. II, 6. 7.

schwanden ebenso rasch, wie sie gekommen waren, in ihre Schlupfwinkel in den Bergen, wohin ihnen niemand zu folgen vermochte.
Ihre Bewaffnung bestand aus Wurfspiefsen, Schwertern und kleinen
leichten Schilden; ihre Beweglichkeit verdankten sie ihren trefflichen
Pferden, durch die namentlich Numidien von jeher ausgezeichnet
war. Auch Kamele haben sie geführt; doch scheinen sie sich dieser
nur als Lasttiere bedient zu haben.[1]) Nur mit grofsen militärischen
Mitteln und unter kluger Benutzung der Rivalität zwischen den einzelnen Häuptlingen konnten diese Stämme von den Römern in Schach
gehalten werden. Sie standen zwar gröfstenteils unter römischer
Oberhoheit und leisteten dem Reiche als Föderaten Kriegsdienste;
ihre Fürsten liefsen sich vom Kaiser die Herrschaftsinsignien verleihen[2]): doch war die Abhängigkeit nur eine mehr nominelle. Dies
gilt namentlich von den zahlreichen in Mauretanien und Tripolis wohnenden Völkerschaften. Seit dem 3. Jahrhundert, als die Macht des
Reiches zu sinken begann, traten sie immer mehr als dessen Feinde
auf und richteten durch ihre häufigen Raubzüge schweren Schaden
in den civilisierten Gebieten an. Bedeutende Dimensionen nahm besonders die Erhebung des Häuptlings Firmus i. J. 372 an[3]), der als
Führer einer Koalition maurischer Stämme mit Unterstützung der
Donatisten die Losreifsung Afrikas vom Imperium anstrebte und,
nachdem ganz Mauretanien in seine Hände gefallen war, nur mit
äufserster Anstrengung besiegt werden konnte. Ebenfalls einen
national-maurischen Charakter trug die Erhebung des Bruders des
Firmus, Gildo, der gegen jenen zu den Römern gehalten hatte und
als Belohnung dafür zur Würde eines comes et magister utriusque
militiae von Afrika befördert worden war. Seine Hauptstütze waren
die eingeborenen Stämme der Nasamonen, Garamanten und Nazaken
(in Tripolis), zu denen die geringeren römischen Truppen und die
oppositionellen Elemente der afrikanischen Bevölkerung kamen.
Dieser Aufstand, der namentlich durch das Abschneiden der Getreidezufuhr für Rom gefährlich zu werden drohte, fand nur dadurch ein
rasches Ende, dafs des Usurpators Bruder Mascezel sich gegen ihn
erklärte und die maurischen Häuptlinge von ihm abspenstig zu
machen wufste. Die nun wiederhergestellte Ruhe war jedoch auch
jetzt wieder nur vorübergehend; wir hören, dafs Bonifatius sowohl,

---

1) Vgl. Haury, Zur Beurteilung des Geschichtschreibers Procopius von
Cäsarea (München 1896) S. 8.
2) Prok. I, 25.
3) Vgl. dazu und zum Folgenden bes. Cagnat a. a. O. S. 69 ff.

bevor er comes Africae war, als nach dem Antritte dieses Amtes
(ca. 420) die Mauren bekämpft und zur Ruhe verwiesen hat.[1]) Im
Jahre 428, kurz vor dem Einbruche der Wandalen, nahmen diese
Einfälle jedoch wieder eine besonders gefahrdrohende Gestalt an;
ihrer wird sowohl in den italienischen Konsularfasten (Chronica
minora I, 300 c. 548) als in dem 220. Briefe Augustins gedacht, ohne
dafs wir etwas Näheres darüber erfahren. Begünstigt wurde der
Verlauf dieser Unruhen jedenfalls durch die Vorgänge, die mit dem
damals ausgebrochenen Konflikt zwischen Bonifatius und dem kaiserlichen Hofe zusammenhingen.

Die Geschichte der christlichen Kirche in Afrika war seit ihrer
offiziellen Anerkennung durch den Staat ganz besonders durch un-
erfreuliche Verhältnisse ausgezeichnet. Das Land zerfiel in sechs
Kirchenprovinzen, deren Abgrenzung sich zu Anfang des 5. Jahrhunderts mit der politischen deckte; nur war die Tingitana zum
cäsareensischen Mauretanien geschlagen.[2]) Die Provinzen waren
wiederum in eine grofse Zahl von Bischofs- oder Presbyterialsprengeln
geteilt; solche bildeten sowohl die städtischen Gebiete als die exempten Latifundien.[3]) Bei einigen solcher Territorien war sogar
eine Zersplitterung in mehrere Bistümer eingetreten, so namentlich
bei den Grundherrschaften, wo die einzelnen darin gelegenen castella,
die Mittelpunkte der Unterabteilungen der Gutsbezirke (fundi), vielfach Sitze von Bischöfen waren.[4]) Jede Provinz hatte ihren Metropoliten (Primas).[5]) Als solcher galt je der älteste Bischof derselben;
nur in Karthago haftete diese Würde an dem Orte. Was die
Stellung der afrikanischen Kirche zum römischen Bischof anbelangt,
so war die wiederholt von Augustinus ausgesprochene Anschauung
in Geltung, dafs der apostolische Stuhl in Rom zwar eine hohe
Autorität besitze, aber nicht über, sondern neben den andern bischöflichen Stühlen stehe[6]); erst gegen Ende des 5. Jahrhunderts,

---

1) Augustin. epist. 220, 7. Olympiod. fragm. 42.
2) Die Behauptung Schwarzes (S. 23), in der Notitia von 484 seien unter
Maur. Caes. auch die Bischöfe der Tingitana mit aufgeführt, ist nicht richtig.
3) Ein Bischof Faustus Buronitanus bei Vict. Vit. I, 38. Vgl. C. I. L. VIII,
suppl. 1 p. 1171.
4) Vgl. Kuhn, Die städtische und bürgerliche Verfassung des römischen
Reiches II, 437. Schulten, Grundherrsch. S. 105. 116. — Die Einsetzung von
Bischöfen in kleineren Ortschaften war sonst durch Konzilsbeschlufs untersagt.
Dieses Verbot wurde i. J. 446 vom Papst Leo I. für Afrika erneuert. Vgl. Morcelli,
Africa Christiana III, 155.
5) Vgl. dazu auch Hinschius, Kirchenrecht II (1878) S. 2.
6) Vgl. Langen, Geschichte der römischen Kirche I (1881) S. 850 ff.

namentlich unter dem Einflusse der wandalischen Verfolgung, hat
man ausdrücklich anerkannt, daſs die ecclesia Romana das Haupt
aller Kirchen sei.[1])

In keinem Gebiete des römischen Reiches war das Sektenwesen
so verbreitet wie in Afrika; besonders bedeutsam aber war das Auf-
kommen des Donatismus, da derselbe zu den damaligen politischen
Bewegungen und der agrarischen Revolution in enge Beziehungen
trat und die weitesten Kreise der Bevölkerung in Aufregung versetzte.
So haben die Anhänger dieser Häresie an den Erhebungen des
Firmus und Gildo teilgenommen, wie auch die Aufstände der Circumcellionen geschürt und unterstützt. Der Hauptsitz des Donatismus
war Numidien; man kann ihn als die eigentliche numidische Landes-
kirche betrachten; doch hatte er auch in den anderen Landesteilen
Wurzel gefaſst. Durch das Auftreten Augustins und durch energische
Strafbestimmungen der Kaiser wurde seit der Synode von Hippo 411,
an der 286 katholische und nicht weniger als 279 donatistische
Bischöfe teilnahmen, die Rückkehr vieler Häretiker zur katholischen
Kirche herbeigeführt, so daſs (um 420) wenigstens äuſserlich der
Friede wiederhergestellt schien.[2]) Daſs der Brand jedoch noch weiter
fortglimmte, zeigen namentlich die kaiserlichen Erlasse der Jahre
425 (an den Prokonsul von Afrika) und 428 im Codex Theodosianus
XVI, 5, 63. 65; sogar bis ins sechste Jahrhundert hinein finden wir
Spuren davon, daſs die donatistische Bewegung noch nicht erloschen
war.[3]) Jedenfalls hat dieser Zwiespalt wesentlich zur Schwächung
der inneren Kraft des Landes beigetragen.

Zu allen den geschilderten unglücklichen Verhältnissen, unter
denen Afrika zu Anfang des 5. Jahrhunderts zu leiden hatte, kam
noch der Konflikt zwischen dem seit etwa 420 im Amte befindlichen
Militärstatthalter Bonifatius und dem magister militum praesentalis
Felix. Über diese ziemlich dunklen Vorgänge habe ich bereits an
anderer Stelle gehandelt und kann mich daher auf einige kurze Bemerkungen beschränken. Wie es scheint, hat Felix zunächst einen
Aufstand unter den in Afrika stehenden Reichstruppen gegen Boni-

---

1) Vict. Vit. H, 43.
2) Possid. vit. Aug. c. 19: Manichaeos, Donatistas, Pelagianistas et Paganos
. . . ecclesiae Dei sociatos esse congaudens (Augustinus). Vgl. Rauschen,
Augustinus (1898) S. 631.
3) Walch, Historie der Ketzereien IV, 230 f. — Donatistische Gräber aus
der Zeit von 434 bis 446 sind bei der Basilika von Ala Miliaria in Mauretanien
(jetzt Bénian) gefunden worden, vgl. Jahrbuch des Kaiserl. Deutschen Archäolog.
Instituts 1900 S. 79.

fatius angezettelt (a. 427 nach Prosper); als dieser Versuch, den Statthalter zu verderben, mifslang, gab der hierauf folgende grofse Aufstand der Mauren, den jener mit seinen Streitkräften nicht zu unterdrücken vermochte, den Anlafs zu seiner Abberufung. Als er derselben nicht Folge leistete, wurde der comes Segisvult mit einem Truppenkommando gegen ihn, der sich hauptsächlich auf gotische Privatsöldner stützte, geschickt.[1]) Der Ausbruch eines Kampfes wurde noch in letzter Stunde durch Intervention eines kaiserlichen Gesandten, Darius, verhindert und (wahrscheinlich zu Anfang des Jahres 429) ein Ausgleich zu stande gebracht. Dafs indessen noch nicht alle Differenzpunkte beseitigt waren, wird in dem Briefe des Darius an Augustin (Aug. ep. 230, 3: si non exstinximus bella, certe distulimus) direkt gesagt. Jedenfalls wurde Bonifatius in sein Amt wieder eingesetzt, während Segisvult das Land verlassen zu haben scheint. Vermutlich sind die erwähnten Zwistigkeiten der Anlafs gewesen, dafs man den drohenden Bewegungen der Wandalen nicht die gebührende Beachtung geschenkt hat; dazu kam der Aufstand der Mauren, der jedenfalls das gröfste Interesse in Anspruch nahm.

Über den Verlauf des wandalischen Eroberungszuges sind wir nur unvollkommen unterrichtet.[2]) Nach dem oben Bemerkten ist anzunehmen, dafs die Wandalen zunächst zu Schiff an der mauretanischen Küste entlang bis zum heutigen Oran fuhren; wahrscheinlich wurde von hier ab zunächst die am Meere entlang ostwärts führende römische Strafse benutzt, während der Trofs auch dann noch zu Wasser weiterbefördert worden sein mag. Wie in Gallien und Spanien, so war auch hier der Zug der Barbaren von furchtbaren Greueln begleitet; in Flammen aufgehende Ortschaften und Landhäuser bezeichneten deren Weg; zahlreiche Einwohner, d. h. hauptsächlich wohl die wohlhabenden, die nicht ihr Heil in der Flucht suchten, wurden entweder getötet oder zu Sklaven gemacht. Dafs besonders die Geistlichen, Kirchen und Klöster[3]) hart betroffen wurden, ist sicher nicht aus dem religiösen Gegensatz, wie ultramontane Geschichtschreiber wollen, sondern vielmehr daraus zu erklären, dafs bei jenen die meisten Schätze zu finden waren. Dazu

---

1) Segisvult mufs nach Possidius c. 17 und der collatio Augustini cum Maximino c. 1 (Migne 42, 709) die beiden Städte Hippo regius und Karthago im Jahre 428 in seiner Gewalt gehabt haben.

2) Vgl. besonders Possidius, vita August. c. 28 (gleichzeitiger Bericht), Vict. Vit. I, 1—3 (ca. 486 geschr.).

3) Dafs die Schändung von Nonnen vorgekommen ist, zeigt der Brief Papst Leos I. (ep. 12) von ca. 445 an die Bischöfe von Mauretania Caesareensis.

kam, dafs nach einer Entscheidung des heil. Augustinus (Brief 228
an Bischof Honoratus von Thiabena [zwischen Hippo und Thagaste],
geschrieben unter dem Eindruck der wandalischen Invasion) die geistlichen Vorsteher der Gemeinden erst dann flüchten durften, nachdem
die sämtlichen Gemeindeglieder sich in Sicherheit gebracht hatten.

Die Mehrzahl der befestigten Ortschaften fiel im ersten Anlaufe
infolge Mangels an genügenden Verteidigungsmitteln; andere, die
zunächst einer Belagerung erfolgreich trotzten, waren zur Kapitulation
gezwungen, da unter den in ihren Mauern zusammengedrängten,
hauptsächlich aus Flüchtigen der Umgegend bestehenden Menschen-
massen ansteckende Krankheiten ausbrachen und die verwesenden
Toten, die nicht beerdigt werden konnten, die Luft verpesteten.[1])
Für die Seestädte mag die Mitwirkung der wandalischen Flotte besonders verhängnisvoll gewesen sein. Dafs die Wandalen überall bei
den unzufriedenen Elementen der römischen Einwohnerschaft, namentlich der ländlichen Bevölkerung, starke Unterstützung fanden, ist
sehr wahrscheinlich; dafür spricht auch das oben citierte Zeugnis
Salvians (VII, 71).

Ein Jahr lang dauerten die Plünderungszüge der Barbaren, die
sich nirgends festsetzten, in Mauretanien und Numidien; im Juni 430
erschienen sie vor der Stadt Hippo regius (unweit des heutigen Bone),
nachdem sie zuvor, wenn die Angabe Prokops (bell. Vand. I, 3) richtig
ist, den Statthalter Bonifatius in offener Feldschlacht aufs Haupt
geschlagen hatten. Auch das kann vielleicht als Faktum der Erzählung Prokops entnommen werden, dafs Bonifatius zu jener Zeit
Verhandlungen mit dem Feinde angeknüpft hat, um denselben zu
friedlichem Verhalten zu bewegen. In jene durch gotische Söldner
des Bonifatius verteidigte Stadt, in der der heilige Augustinus residierte, hatten sich zahlreiche Bischöfe aus der Umgebung, darunter
Possidius von Calama (an der Grenze der Prokonsularprovinz gegen
Numidien), der Biograph jenes berühmten Kirchenvaters, geflüchtet;
die Anwesenheit Augustins, der indessen schon im dritten Monat
der Einschliefsung, am 28. August 430[2]), am Fieber starb, mag nicht
wenig dazu beigetragen haben, dafs der Platz von vornherein besonders energisch verteidigt wurde. Während hier ein Teil der
Wandalen lagerte, streiften einzelne Tausendschaften derselben sengend
und brennend durch die Prokonsularprovinz und die Byzacena; Possi-

---

1) So ist die Stelle Victors I, 9 mit Papencordt S. 67 zu erklären. Vgl.
auch Auler, Historische Untersuchungen, A. Schäfer gewidmet (1882), S. 264.
2) Prosper c. 1304.

dius, dessen Angaben als eines Zeitgenossen und Augenzeugen besondere Beachtung verdienen, bemerkt, dafs noch bei Lebzeiten Augustins nur drei Bischofssitze, Hippo regius, Cirta und Karthago, unerobert waren.[1]) Dafs damals die Wandalen bis in die Byzacena vorgedrungen sind, ist direkt durch Vict. Vit. I, 10 bezeugt, wo es heifst, es sei vor der Eroberung Karthagos (also vor 439) der Bischof Panpinianus nostrae civitatis, d. h. von Victors Heimat Vita[2]), die zur genannten Provinz gehörte, mit glühendem Eisenblech zu Tode gemartert, sowie der Bischof Mansuetus von Urusita dem Scheiterhaufen überliefert worden.[3])

Die zu jener Zeit herrschenden Zustände schildert anschaulich ein Schreiben des Bischofs Capreolus von Karthago, das auf der Synode zu Ephesus am 22. Juni 431 zum Vortrag gelangte[4]) und worin das Nichterscheinen der afrikanischen Bischöfe entschuldigt wurde: Omnis hac tempestate viae aditus praeclusus est. Etenim effusa hostium multitudo et ingens ubique provinciarum vastatio, quae incolis partim exstinctis, partim in fugam actis absolutum desolationis specimen, quoquoversum longe lateque porrigitur, oculis offert, promtam illam coeundi facultatem ademit.[5]) Dafs trotz der drohenden Gefahr die Bevölkerung in den noch in römischer Gewalt befindlichen Orten, namentlich in Karthago, eifrig ihrer Genufssucht fröhnte, wird von den zeitgenössischen Schriftstellern lebhaft beklagt.[6])

Der erfolgreiche Widerstand der drei genannten Festungen erwies sich in der Folge für die Erhaltung der römischen Macht in Afrika

---

1) Das für die Zeitbestimmung der wandalischen Invasion öfter citierte Gesetz im Codex Theodosianus XII, 6, 33 vom 15. Februar 430 über die Verwaltung der Getreidemagazine in der Prokonsularprovinz kann überhaupt nicht als Beweis angeführt werden, da die kaiserliche Regierung damals Afrika trotz der feindlichen Erfolge keineswegs als aufgegeben betrachtete.

2) Wahrscheinlich der Bischof Papianus aus der Byzacena, der nach den Konzilsakten i. J. 418 auf dem Konzil zu Thelepte anwesend war.

3) Mansuetus Uricitanus in porta incensus est Fornitana, d. h. nicht in Karthago, wie Auler a. a. O. S. 265 will, sondern in Urusita selbst. Eine Stadt dieses Namens in der Byzacena ist inschriftlich bezeugt, vgl. C. J. L. VIII suppl. 1 p. 1239, und nicht zu verwechseln mit der ähnlich lautenden in der Prokonsularis (Notitia prov. procons. no. 20: Quintianus Urcitanus [sic!]). Der Bischofsstuhl von Urusita war wohl seitdem unbesetzt, kommt also in der Notitia nicht vor.

4) Hefele, Conciliengeschichte H², 187f. Vgl. auch Liberatus breviarium cap. 4.

5) Migne, patrol. lat. 53, 845.

6) Vgl. Salvian VI, 69: ecclesia (d. h. die Gemeinde) Carthaginiensis insaniebat in circis, luxuriabat in theatris. Pseudo-Augustinus, Sermo de tempore barbarico (Migne 40, 699 ff.): Inter tantas angustias et in ipso fine rerum posita est universa provincia et quotidie frequentantur spectacula; sanguis hominum quotidie funditur in mundo et insanientium voces crepitant in circo.

als aufserordentlich günstig. So büfsten die Wandalen während der
vierzehn Monate dauernden Belagerung Hippos, das sie trotz der Ab-
schneidung der See nicht zu nehmen vermochten[1]), durch Ent-
behrungen einen grofsen Teil ihrer Streiter ein. Zwar wurde diese
Stadt bald nach dem Abzuge des feindlichen Heeres von den Einwohnern verlassen und den Wandalen preisgegeben, die sie, teilweise
wenigstens, durch Feuer zerstörten; Karthago aber vor allem blieb
in den Händen der Römer, was für diese um so wichtiger war, als
hierdurch die Verbindung mit den übrigen Teilen des Reiches offen
erhalten blieb. So war es möglich, die Verstärkungen, die (wahrscheinlich 432, vgl. unten) unter Flavius Ardabur Aspar[2]) von Byzanz
eintrafen, ohne Schwierigkeiten zu landen; nach Prokop wäre es nun
zu einer gewaltigen Schlacht zwischen Römern und Wandalen gekommen, in der die ersteren unterlagen. In Aspars Heere befand sich
der nachmalige oströmische Kaiser Marcian (450—457) als Domesticus
(d. h. als oberster Subalternbeamter des Befehlshabers, vgl. Mommsen
im Neuen Archiv XIV, 508), der, wie eine (offenbar nach dem späteren
schwächlichen Verhalten dieses Kaisers den Wandalen gegenüber kon-
struierte) Anekdote bei Prokop berichtet, von den Wandalen gefangen, aber wegen eines auf seine spätere Stellung hindeutenden
Vorzeichens gegen das eidliche Versprechen, nichts gegen sie zu
unternehmen, freigelassen wurde. In Wahrheit können diese Hilfstruppen (die Prokop als πολὺς στρατὸς bezeichnet) jedoch nicht von
bedeutender Stärke gewesen sein, auch wird der angebliche grofse
Kampf zwischen den beiden Parteien auf ein blofses Scharmützel vor
den Mauern Karthagos reduziert werden müssen[3]); denn es ist auffällig, dafs unsere übrigen Quellen über diese Vorgänge gänzlich
schweigen. Sicher ist jedoch, dafs Aspar im Jahre 434 in Karthago
als weströmischer Konsul sich aufhielt[4]); wahrscheinlich war ihm
die Verteidigung dieser Stadt an Stelle des 432 nach Italien zur Bekämpfung des Aëtius berufenen Bonifatius übertragen worden.

---

1) Hippo lag nicht an der Küste, sondern zwei Kilometer landeinwärts.
Vgl. Tissot a. a. O. H, 17. Possid. a. a. O.: Quam urbem ferme XIV mensibus
conclusam obsederunt, nam et littus illi marinum interclusione abstulerunt.
Proc. b. V. I, 3.
2) Vgl. über diesen Seeck in Paulys Realencyklopädie II, 607.
3) Pallu de Lessert, Vicaires et comtes d'Afrique a. a. O. S. 153, verlegt
aus unbekannten Gründen die Lokalität dieses Kampfes nach Calama.
4) Nach dem Zeugnis des gleichzeitigen Liber de promissionibus (Migne
51, 841): Nostris quoque temporibus Aspero VI cos. Carthagini constituto. Vgl.
auch Priscus fragm. 11.

Das Unvermögen der Wandalen, diesen wichtigen Stützpunkt der römischen Macht zu nehmen, und der Verlust zahlreicher Krieger veranlaßten Geiserich, mit dem Reiche in Friedensunterhandlungen zu treten. Der Abschluß des Friedens fand am 11. Februar 435 in Hippo regius statt; als kaiserlicher Bevollmächtigter fungierte ein gewisser Trigetius, wahrscheinlich derselbe, der im Jahre 452 als Gesandter zu Attila geschickt wurde (Prosp. c. 1367).[1]) Die Wandalen begaben sich als Föderaten in die Dienste des Reiches, wofür ihnen Land zur Bestreitung ihres Unterhaltes — nach welchen Grundsätzen, ist unbekannt, wahrscheinlich wohl nach denselben wie früher in Spanien — zugewiesen wurde. Geiserich trat also in die Stelle eines kaiserlichen Militärbeamten ein. Diese Thatsache ergiebt sich deutlich aus den Worten Prospers c. 1312, der sich hierbei einer für derartige Landanweisungen feststehenden technischen Formel bedient: Pax facta cum Vandalis data eis ad habitandum Africae portione.[2]) Das Föderatverhältnis der Wandalen ergiebt sich auch aus einer anderen Stelle Prospers (c. 1330), wo offenbar in Beziehung auf die Wandalen gesagt ist, daß vertragsbrüchige Föderaten Seeräuberei getrieben hätten.[3]) Von einer völkerrechtlichen Gebietsabtretung ist keine Rede, das Land blieb nach wie vor Bestandteil des römischen Reiches. Datum, Ort und Vermittler des Friedensschlusses sind zwar nur durch später in Afrika interpolierte Handschriften der Chronik des Prosper überliefert, doch liegt kein Grund vor, die Richtigkeit dieser Angaben anzuzweifeln. Die abendländischen Geschichtschreiber stützen sich, soweit sie von dem Friedensschlusse berichten, auf Prosper, haben jedoch den Text desselben mehrfach willkürlich und ohne Verständnis verändert. Isidor von Sevilla, Hist. Vand. c. 74, sagt, Kaiser Valentinian habe, außer stande, Geiserich Widerstand zu leisten, diesem den von den Wandalen besetzten Teil Afrikas tamquam pacifico überlassen, gegen eidlichen Verzicht auf weitere Eroberungen. Diese Auffassung entspricht jedoch keineswegs der wirklichen Sachlage. Ähnlichen Charakters ist der Zusatz des Paulus Diaconus (Hist. Rom. XIII, 11) zu Prosper, der mit den Wandalen abgeschlossene Frieden sei ein (für das Reich) mehr notwendiger als nützlicher gewesen. Dagegen bemerkt Prokop (Bell.

---

1) Vielleicht ist er auch identisch mit dem gleichnamigen comes rei privatae, an den der Erlaß Cod. Theodos. XI, 20,4 (v. J. 423) gerichtet ist.

2) Vgl. v. Sybel, Entstehung des deutschen Königtums², 265, 269. Halban a. a. O. 65 f., 162 und oben.

3) Holder-Egger im Neuen Archiv I, 38.

Schmidt, Wandalen.

Vand. I, 4), Geiserich habe sich trotz seiner Erfolge, die er in Afrika errungen, in weiser Mäfsigung zu dem Vertrage mit dem Kaiser veranlafst gesehen, die Zahlung eines jährlichen Tributs (wie die Stelle gewöhnlich verstanden wird: ἐς ἕκαστον ἔτος δασμοῦς) versprochen und seinen Sohn Hunerich als Geisel gestellt; letzterer aber sei bald darauf wegen der grofsen Freundschaft, die zwischen Valentinian und dem Wandalenkönig bestanden, zurückgeschickt worden. Die Vergeiselung des Königssohnes ist an sich durchaus glaublich, da Geiselstellung seitens der Föderatvölker etwas ganz Übliches war, weniger dagegen das angebliche freundschaftliche Verhältnis zwischen den beiden Fürsten[1]), das durch die Thatsachen selbst nicht bestätigt wird, ebenso auch die bei Föderaten ungewöhnliche Tributentrichtung.[2]) Man versteht unter der letzteren in der Regel[3]) die Lieferung der für Italien unentbehrlichen landwirtschaftlichen Produkte, namentlich von Getreide und Öl, was aber kaum anzunehmen ist. Wahrscheinlicher ist es, dafs die Inhaber der einzelnen ihnen zugewiesenen Hufen zur Entrichtung der römischen Grundsteuer, wie die Ostgoten in Italien, verpflichtet waren, und dafs diese Bedeutung der Prokopschen Stelle zu Grunde liegt.

Die Wandalen waren wohl im prokonsularischen Numidien angesiedelt: zum Jahre 437 meldet Prosper (c. 1327), dafs Geiserich den Bischof Possidius (von Calama) intra habitationis suae limites vertrieben habe. Dafs jene auch die Meeresküste inne hatten, zeigen die Notizen desselben Autors über Raubzüge des Volkes zur See (c. 1330, 1332 zu den Jahren 437 und 438). Die Residenz Geiserichs war wohl in Hippo regius, wie wir aus dem zwar erst im sechsten Jahrhundert verfafsten, aber auf guten älteren Quellen beruhenden Laterculus regum Wandalorum et Alanorum (Chron. min. III, 458) zum Jahre 439 entnehmen dürfen: Geisericus tribus annis Hippone regio exemptis Carthaginem occupat etc. Die wenigen noch in Afrika stehenden römischen Truppen werden jetzt zum gröfsten Teile zurückgezogen worden sein, da sie in Gallien zur Niederhaltung der Goten, Burgundionen und Franken notwendig gebraucht wurden.

Man mufs annehmen, dafs Geiserich jenen Zustand nur als Provisorium betrachtete, um seine Kräfte wieder zu konsolidieren, und dafs die Absicht des Königs von vornherein auf die Gründung einer souveränen Herrschaft gerichtet war. Zunächst ist der Friede nicht gestört

---

1) Wohl eine Übertragung aus späterer Zeit, vgl. weiter unten.
2) Vgl. Mommsen im Hermes XXIV, 220.
3) Papencordt S. 72. Sybel S. 269. Ranke, Weltgeschichte IV, 282.

worden; aber bereits zwei Jahre nach dem Abschlusse des Vertrages
hören wir, daſs es zu Konflikten kam. Wahrscheinlich hatten einige
orthodoxe Geistliche in dem den Wandalen angewiesenen Gebiete
der Abhaltung des arianischen Gottesdienstes Schwierigkeiten bereitet
und die Einräumung von Kirchen verweigert. Geiserich verfügte
daher ihre Absetzung und bestrafte diejenigen, welche dabei Widerstand leisteten, darunter Posidius (wohl von Calama, der inzwischen
in sein Bistum zurückgekehrte Biograph des heiligen Augustinus),
Novatus[1]) und Severianus mit Verbannung.[2]) Von einer systema-
tischen Katholikenverfolgung kann bei diesem Schritte jedoch ebensowenig die Rede sein wie bei dem Vorgehen des Königs gegen die
fünf zu seinem Hofstaat gehörenden, aus Spanien stammenden katholischen Römer Arcadius, Probus, Paschasius, Eutycianus und Paulillus,
an die derselbe jetzt, wohl weil sie Anlaſs zu Miſstrauen gegeben
hatten, die Aufforderung richtete, daſs sie zum Zeichen ihrer Treue
und Ergebenheit sich zum Arianismus bekennen sollten. Da alle
fest an ihrem Glauben hielten, wurden sie ihres Vermögens beraubt,
verbannt und wahrscheinlich, da sie wieder zurückzukehren versuchten, aufgereizt durch den in Cirta, also auſserhalb des wandalischen Machtbereichs residierenden Bischof Honoratus, mit Ausnahme des Paulillus, der nur zur Geiſselung und Verknechtung verurteilt wurde, unter Martern hingerichtet.[3]) Aus derselben Zeit
wird von Raubzügen der Wandalen zur See berichtet, die im
Jahre 438 bis nach Sizilien ausgedehnt wurden.[4]) Vielleicht war
der Seeräuber Contradis (Guntharix?, griechisch Γόνϑαρις?), der, wie
Marcellinus Comes chron. a. 438 meldet, mit seinen Begleitern gefangen und getötet wurde, ein Wandale. Diesem feindlichen Verfahren, dem durch die Abwesenheit des Aëtius in Gallien wesentlich
Vorschub geleistet wurde, setzte Geiserich die Krone auf, indem er

---

1) Dieser ist natürlich nicht identisch mit dem gleichnamigen Bischof
von Sitifis († 440), dessen Grabschrift noch erhalten ist. C. I. L. VIII, 8634.

2) Prosper c. 1327 (zu 437), der stark übertreibend von einem Versuche, die
katholische Kirche auszurotten, spricht. Daſs jenen Priestern das Ansinnen
gestellt worden sei, zum Arianismus überzutreten, wie Görres (Deutsche Zeitschr.
f. Geschichtswissenschaft X, [1893] S. 30) behauptet, ist nicht gesagt.

3) Vgl. den Brief des Honoratus an Arcadius bei Ruinart, Hist. pers. Vand.
(1732) p. 209. Pseudo-Gennadius de viris inl. c. 96 (ed. Richardson, Leipzig 1896).

4) Prosp. c. 1330: Eodem anno piraticam barbari foederatorum desertores
exercuerunt (437). c. 1332: Hoc quoque anno (438) iidem piratae multas insulas,
sed praecipue Siciliam vastavere. Woher weiſs Görres a. a. O., S. 34, daſs diese
Züge von einzelnen wandalischen Scharen aus eigener Machtvollkommenheit
unternommen wurden?

am 19. Oktober 439[1]) plötzlich die Stadt Karthago überfiel und in
seine Gewalt brachte. Der König konnte diesen Schritt, den er zur
Behauptung seiner Herrschaft unbedingt thun mußte, um so eher
wagen, als die Bewohner sich in völliger Sorglosigkeit dem früheren
Genußleben hingegeben hatten und auf einen Angriff der Wandalen
nicht im mindesten gefaßt waren.[2]) Eine allgemeine Plünderung
folgte der Besetzung, wobei es naturgemäß nicht ohne Roheit und
Grausamkeit gegen die Bevölkerung abging. Doch werden die
Berichte darüber, die von dem Haß der Katholiken gegen die
arianischen Ketzer beeinflußt sind, sicher übertrieben sein.[3]) Besonders hart wurden die Vornehmen (Senatoren) und die Geistlichen
betroffen, teils weil bei ihnen die meisten Reichtümer zu finden
waren, teils weil sie mit Recht als feste Stützen der kaiserlichen
Herrschaft gelten mußten. Das gesamte bewegliche und unbewegliche
Vermögen der Angehörigen beider Stände wurde konfisziert; den
karthagischen Klerus brachte man mit seinem Oberhaupt, dem Bischof
Quodvultdeus, auf schadhafte Schiffe, die dem Spiele der Wellen
preisgegeben wurden. Doch gelang es den Ausgesetzten, ohne Unfall
die Küste Italiens zu erreichen. Das Los der Adligen aber war
teils Knechtschaft, teils Verbannung. Unter den vertriebenen Senatoren
befand sich der Großvater des „heiligen" Fulgentius, Gordianus, dessen
Söhne später nach Afrika zurückkehrten und wenigstens die Güter
des Geschlechts in der Byzacena vom König zurückerhielten[4]), ferner
Celestiacus, dessen Schicksal der Bischof Theodoret von Kyros
in Syrien in mehreren Briefen lebhaft beklagt.[5]) Es ist begreiflich,
daß der König in dem wichtigsten Stützpunkte seiner Macht einfluß-
reiche Römer nicht dulden wollte. Daß bei dieser Gelegenheit auch
die Kirchen geplündert worden sind, ist durchaus glaubhaft[6]), mit
Unrecht wird dies von Papencordt und Auler angezweifelt; denn

---

1) So Prosper c. 1339 (späterer Zusatz, aber wohl aus den Konsularfasten;
vgl. auch Additiones ad cyclos Dionysianos, Chron. min. I, 755) und Hydat. c. 115.
Die Chronik des Marcellinus Comes a. 439 giebt den 23. Oktober an, das Chronicon
paschale I, 583 (Bonn) nur den Monat (Oktober). Die Chron. Gallica a. 452
setzen die Eroberung Afrikas ins Jahr 444 (c. 129).
    2) Gisiricus, de cuius amicitia nihil metuebatur (Prosp.).
    3) Die Hauptquellen sind Prosper und Victor von Vita I, 12 ff. Ferner
Hydat. c. 118.
    4) Vit. Fulg. Kap. 1.
    5) Theodoret. epist. 29—36. (Migne, Patr. graec. 83, 1207 ff.)
    6) Hieraus stammten vielleicht das mit Edelsteinen besetzte goldene Kreuz
und die zwei silbernen vergoldeten Leuchter, die Belisar später aus der wandalischen Beute der Peterskirche in Rom schenkte.

wenn später, im Jahre 455, der Bischof Deogratias Kirchengeräte genug besafs, um Gefangene damit loszukaufen, so konnte inzwischen Ersatz beschafft worden sein. Sämtliche innerhalb, sowie einige aufserhalb der Stadt gelegenen Gotteshäuser wurden für den katholischen Gottesdienst gesperrt und eine Anzahl derselben, darunter die bischöfliche Kathedrale (die basilica Restituta), sowie die basilica Maiorum[1]) und die beiden dem heil. Cyprian geweihten Kirchen[2]), wie Victor und Hydatius erzählen, mit dem Kirchenvermögen der arianischen Geistlichkeit überwiesen.

Die Erzählung Prospers, dafs die heiligen Gebäude den Wandalen nicht einmal zur eigenen gottesdienstlichen Verwendung, sondern zu Wohnungen überwiesen worden seien, ist daher ganz unglaubhaft. Eine derartige Entweihung hat, wenn überhaupt, sicher nur vorübergehend bei der ersten Besetzung der Stadt stattgefunden.[3]) Von einer damals erfolgten mutwilligen Zerstörung einzelner Gebäude, wie von Papencordt S. 74 angenommen wird, kann keine Rede sein; die von Victor I, 8 berichtete Niederreifsung der Theater und der Via Caelestis hängt jedenfalls mit den Mafsnahmen Geiserichs gegen die Üppigkeit und Unzucht zusammen und fällt in eine spätere Zeit. Ebenso ist die von demselben Autor erwähnte Demolierung von Kirchen (vgl. I, 9: basilicas quas non destruxerunt) ganz unglaubhaft. Victors Ausdrucksweise ist ganz unbestimmt; wäre er genau unterrichtet gewesen, so würde er nicht verfehlt haben, Einzelheiten mitzuteilen. Dazu kommt, dafs Kaiser Justinian in seiner bekannten Verordnung vom Jahre 534 (Cod. I, 27, 1, 3) zwar von der Entweihung von Kirchen zu Ställen spricht, aber von Zerstörung derselben keine Silbe berichtet. — In richtiger Erkenntnis der Bedeutung des Besitzes der Stadt ist denn auch bald nachher die Rechnung nach Königsjahren, vom 19. Oktober 439 ab als Neujahr gerechnet, eingeführt worden (vgl. weiter unten).

Geiserich mufste erwarten, dafs nach diesem Vorgehen der Hof zu Ravenna alle Mittel in Bewegung setzen würde, um den kühnen Räuber der wertvollsten Provinz zu bestrafen und ihn aus derselben zu vertreiben. Um durch fortwährende Beunruhigung, namentlich

---

1) So ist mit den Hdschrr. zu lesen, nicht bas. maior. Die Restituta ist mit dieser Kirche nicht identisch, vgl. Gsell, Mélanges d'archéologie et d'histoire XX (1900), S. 120.
2) Die eine derselben war noch unter Gelimer im Besitz der Arianer, vgl. Prok. I, 8.
3) Vgl. Schwarze a. a. O. S. 155.

aber durch Wegnahme der jetzt für die Kornversorgung Italiens
hauptsächlich in Betracht kommenden Inseln Sardinien und Sizilien[1])
das Westreich in den Zustand dauernder Hilflosigkeit zu versetzen,
rüstete er wahrscheinlich im Frühjahr des folgenden Jahres im Hafen
Karthagos eine grofse Flotte aus.[2]) Die Kunde von dem Auslaufen
derselben erfüllte die Römer mit Schrecken, um so mehr als man
über das Ziel der geplanten Expedition gänzlich im unklaren war;
eine am 24. Juni 440 erlassene kaiserliche Verordnung rief alle Einwohner des Reiches zur Verteidigung auf, wobei auf die von Ostrom
erbetene Hilfe, das Herannahen eines Heeres unter Aëtius und die
von dem magister militum Sigisvult getroffenen Schutzmafsregeln
hingewiesen wurde.[3]) Jedenfalls in Hinblick auf die durch die Wegnahme Karthagos entstandene Gefahr war noch i. J. 439 die Befestigung Konstantinopels auf der Seeseite[4]) sowie die Wiederherstellung der schadhaft gewordenen Mauern und Türme Roms im
März 440[5]) durch die Kaiser angeordnet worden.   Ohne indes
wesentlichen Widerstand zu finden, landeten die Wandalen, wahrscheinlich bei Lilybaeum, auf Sizilien, zogen plündernd auf der Insel
umher und belagerten zuletzt Palermo; wir hören auch von Verfolgungen der Katholiken, die Geiserich hier auf Betrieb des arianischen
Bischofs Maximinus vorgenommen haben soll.[6]) Der traurigen Lage,
in die der Bischof von Lilybaeum Pascasinus durch die wandalische
Occupation geraten war, gedachte der Papst Leo in einem (verlorenen)
Schreiben (geschrieben 442); der Inhalt desselben ist uns aus der
Antwort des Bischofs (aus der ersten Hälfte des Jahres 443) bekannt.[7])
Das entschlossene Auftreten eines Vorfahren des berühmten Cassiodorus

---

1) Salvian. de gub. dei VI, 68: eversis Sardinia ac Sicilia, id est fiscalibus
horreis, atque abscisis velut vitalibus venis. Der Besitz von Sizilien, namentlich
des Hafens von Lilybaeum, war auch strategisch wichtig, da der letztere das
Ausfallsthor für die Angriffe gegen Karthago bildete.

2) Das Chron. pasch. I, 583 gibt irrig das Jahr 439 an. — Von einer Plan-
losigkeit dieses und der folgenden Raubzüge, wie man nach Prokop I, 5 annehmen könnte, kann keine Rede sein. Die hier mitgeteilte Anekdote mag
richtig sein, hat aber jedenfalls ihren Grund darin, dafs Geiserich das Ziel
seiner Expeditionen sorgfältig geheim hielt.

3) Novell. Valent. IX (quia sub aestiva navigandi opportunitate satis incertum
est, ad quam oram terrae possint naves hostium pervenire).

4) Chron. pasch. a. 439.

5) Nov. V: Cuius (praefecti urbis) ordinatio etiam in muris, turribus et
portis, quae sunt labefactata, restituat.

6) Hydat. c. 120. Prosp. c. 1342. Theophanes, chronogr. a. 5941, ed. de
Boor I, 101.

7) Krusch, Studien zur christlich-mittelalterlichen Chronologie (1880)
S. 100. 247 ff. Vgl. auch Beda chron. c. 481.

Senator soll damals dem Vordringen der Wandalen, deren Streifzüge sich bis nach Bruttium ausdehnten, Einhalt gethan haben.[1]) Weniger jedenfalls dieser Umstand als die Nachricht, dafs Sebastianus, der Schwiegersohn des ehemaligen Militärstatthalters Bonifatius, nach Karthago sich geflüchtet habe, und das Herannahen der von Valentinian herbeigerufenen oströmischen Flotte veranlafste Geiserich, noch in demselben Jahre Sizilien aufzugeben und nach Afrika zurückzukehren.[2]) Sebastianus war nach dem Tode des Bonifatius (432) in dessen Stelle als magister militum praesentalis eingerückt, bald darauf aber von Aëtius zur Flucht nach Konstantinopel gezwungen worden. Von hier ging er, nachdem er eine Zeitlang Seeräuberei getrieben[3]), zu dem Westgotenkönig Theoderich und sodann nach Spanien, wo er sich eine selbständige Stellung zu schaffen suchte. Er wurde indessen auch von dort vertrieben und landete nun in Karthago, um in die Dienste Geiserichs einzutreten. Dem mifstrauischen Könige mufste jedoch mit Recht die Anwesenheit des angesehenen, kriegstüchtigen Mannes als eine grofse Gefahr für den Bestand seiner Herrschaft erscheinen; er verlangte von ihm auf Anraten der arianischen Bischöfe, dafs er als Beweis seiner Treue zum Arianismus übertreten solle, und als er dieser Zumutung auswich, liefs er ihn später unter einem Vorwande hinrichten.[4])   .

Die avisierte oströmische Flotte landete zwar im folgenden Jahre (441), angeblich in einer Stärke von 1100 Transportschiffen mit einer bedeutenden Truppenzahl auf Sizilien; die Anführer, Areobindus, Ansila, Inobindus, Arintheus und Germanus, verbrachten jedoch die Zeit ihrer Anwesenheit mit nutzlosem Zaudern und bewirkten dadurch, dafs die zum Schutz erbetene Hilfe zu einer förmlichen Plage für die unglücklichen Bewohner der Insel wurde. Als nun zur gleichen Zeit die Perser und namentlich die Hunnen unter Attila und Bleda in die östlichen Grenz-

---

1) Cassiod. var. I, 4, 14. Avus enim Cassiodorus — a Wandalorum incursione Bruttios Siciliamque armorum defensione liberavit (vor der Eroberung Roms 455); jedenfalls übertrieben.

2) Prosper c. 1342. Theoph. a a. O.   3) Suidas s. v. Θεοδόσιος.

4) Vict. Vit. I, 9 ff. Die von diesem gebrachte Erzählung von dem Gleichnis vom Brote und der Taufe ist jedenfalls unhistorisch, vgl. Auler a. a. O. S. 268 f. Dafs Sebastianus übrigens als Märtyrer seines Glaubens gestorben sei, sagt Vict. selbst nicht. Vgl. ferner Hydat. c. 129. 132. 144. Marcellin. Com. a. 435; beide mit falscher Chronologie. Hyd. erzählt die Flucht zu den Wandalen zweimal (zu den Jahren 445 und 450), wahrscheinlich nach zwei verschiedenen Quellen, Prosper a. a. O. setzt sie in das Jahr 440 und verdient jedenfalls den Vorzug. Sebastians Tod fällt wohl noch in dasselbe Jahr (Hyd. c. 144: parvo post tempore quam venerat — iubetur occidi). Vgl. auch Morcelli a. a. O. III, 158.

lande, die durch die wandalische Expedition zum Teil ihrer Besatzungen
beraubt waren, einfielen, wurde die Flotte, ohne nur das Geringste
ausgerichtet zu haben, wieder zurückberufen[1]) (442). Daſs damals
Friedensverhandlungen zwischen Geiserich und Theodosius stattgefunden
hätten, wird von Theophanes, jedoch wenig glaublich, berichtet,
wenigstens wird dessen Angabe durch keine andere Quelle bestätigt.

Unter diesen Umständen sah sich der Kaiser Valentinian genötigt, mit Geiserich Frieden zu schlieſsen, dessen Herrschaft als eine
selbständige offiziell anzuerkennen: dies ergiebt sich aus den Worten
Prospers c. 1347 (zum Jahre 442), es sei Afrika zwischen den beiden
Herrschern certis spatiis geteilt worden. Wie wir aus den kaiserlichen Verordnungen Nov. Val. XVIII. XXXIII und Victor von Vita
(I, 13 ff.)[2]) erfahren, verblieben das Cäsareensische und Sitifensische
Mauretanien, Numidien mit Cirta sowie Tripolis bei dem Reiche,
während die Provinzen Abaritana (d. h. wahrscheinlich das tingitanische
Mauretanien[3]), dessen Besitz wegen der Beherrschung der Meerenge
für die Wandalen unumgänglich nötig war), Prokonsularis, Byzacena,
das prokonsularische Numidien (wichtig wegen der Stadt Hippo
regius)[4]) und Gätulien (wohl identisch mit dem südlichen Teile der
Byzacena), also die wichtigsten Provinzen Afrikas, an die Wandalen
zu souveränem Besitze abgetreten wurden. Daſs der Kaiser jedoch
zunächst die Hoffnung auf Wiedergewinnung der verlorenen Gebietsteile nicht aufgab, zeigen die Worte der aus dem folgenden Jahre
stammenden Verordnung Novell. XII, § 2: Quod observari volumus
. . . . usque ad illud tempus, quo qualibet ratione atque eventu patriae
vel propriorum recuperatio optata contigerit.[5])

---

1) Prosp. c. 1844. 1346. Theoph. a. a. O. Güldenpenning, Gesch. d. oström.
Reiches, S. 338 ff. Eine Koalition zwischen Geiserich und Attila, wie letzterer will,
ist schwerlich anzunehmen. Ebenso auch Wietersheim, Gesch. d. Völkerw.[2], II, 223.

2) (Geisericus) . . . sibi Bizacenam, Abaritanam atque Getuliam et partem Numidiae reservavit, exercitui vero Zeugitanam . . . . divisit, Valentiniano adhuc imperatore
reliquas licet iam exterminatas (d. h. voneinander getrennt) provincias defendente.

3) Der sonst unbekannte Name findet sich nur noch beim Anonymus
Ravennas, Cosmographia I, 3; III 11 (edd. Pinder et Parthey p. 8. 162. 164) als
einheimische Bezeichnung für die Provinz Gaditana: quae Gaditana barbaro
modo Abrida dicitur. An die Gegend von Abara (Aboritanus in der Notitia
prov. von 484, vgl. auch das Bistumsverzeichnis aus dem 7. Jahrh. bei Gelzer,
Byzantinische Zeitschrift II [1893] S. 31), wie Papencordt will, ist natürlich
nicht zu denken. Auch über den Begriff Gätulien giebt der Anon. Rav. III, 9
(p. 159) näheren Aufschluſs. Vgl. Miller, Mappae mundi VI (1898) S. 32.

4) Jedenfalls identisch mit Victors pars Numidiae.

5) Die nach den älteren Texten denselben Gedanken ausdrückenden Worte
der Konstitution von 451 Novell. XXXIII § 4 lauten in Wahrheit: Donec meliore
auspicio ubertas rerum Africae (d. h. reichlichere Steuereinkünfte) contingat.

Besiedelt wurde von den Eroberern in diesem Gebiete jedoch nur die Prokonsularprovinz[1]); militärische Gründe, die ein Zusammenbleiben des Volkes und zwar in der Nähe Karthagos wünschenswert erscheinen ließen, sowie der Umstand, daß dort das fruchtbarste Ackerland sich befand, sind hierfür jedenfalls in erster Linie maßgebend gewesen.[2]) In den übrigen vom Reiche abgetretenen Provinzen befanden sich von wenigen Ausnahmen abgesehen keine wandalischen Niederlassungen. Jeder Tausendschaft wurde nach vorheriger Vermessung mit dem Seile (funiculus)[3]) ein bestimmtes Gebiet zugewiesen und dieses sodann durch die Obrigkeiten an die einzelnen Haushaltungen als steuerfreies, erbliches Eigentum (sortes Vandalorum) verteilt. Die Tausendschaft erlangte somit wieder territoriale Bedeutung; ob und inwieweit bei der Abgrenzung derselben eine Anlehnung an die bestehende Einteilung der Prokonsularis in Verwaltungsbezirke stattgefunden hat, ist unbekannt. Von der Teilung ward der weltliche und kirchliche Grundbesitz ohne Unterschied, jedoch nur der ländliche und auch dieser wohl nicht im ganzen Umfange betroffen; eine Konfiskation der städtischen Grundstücke fand im allgemeinen nicht statt; bloß in Karthago wurde hiervon in Bezug auf das Eigentum des höchsten Adels und des Klerus eine Ausnahme gemacht (vgl. oben). Den bisherigen Grundbesitzern[4]) wurde — soweit diese nicht schon bei der Eroberung getötet oder vertrieben worden waren — die Wahl gelassen, ob sie nach Verlust ihres Eigentums als Freie ihren Aufenthalt anderswo nehmen[5]) oder als Knechte[6]), d. h. wahrscheinlich als Kolonen, auf ihren früheren Besitzungen zurückbleiben wollten. Die auf diesen expropriierten Gütern ansässigen Sklaven und Kolonen wurden dagegen in der

1) Vict. I, 13: exercitui vero Zeugitanam vel (= et) proconsularem ..... divisit. Vgl. I, 29 und I, 17: memoratarum provinciarum, quas diviserat Wandalis und dazu oben.

2) Die Erhaltung der wandalischen Nationalität haben diese Maßnahmen in bewußter Weise nicht bezweckt; wer eine derartige Ansicht (so Stadler S. 27) vertritt, verkennt die damaligen Verhältnisse völlig.

3) Vgl. dazu Gaupp, die german. Ansiedelungen und Landteilungen S. 205.

4) Vgl. dazu und zum Folgenden Vict. Vit. I, 13 ff. Procop. b. V. I, 5 (stark übertrieben). Vita Fulgentii cap. 1. Apoll. Sid. Carm. V, 58 ff: Hic praedo et dominis extinctis barbara dudum sceptra tenet tellure mea penitusque fugata nobilitate furens.

5) Den Vertriebenen wurde durch Gesetz Valentinians vom Jahre 451 (Nov. XXXIII) in den kaiserlich gebliebenen Provinzen Land angewiesen (honoratis proconsularis ac Byzacenae collocari, quos a barbaris sublatis patrimoniis etiam de sedibus propriis constat expulsos).

6) Vict. I, 14: servi perpetui.

Hauptsache in ihrer bisherigen Stellung belassen, erfuhren also nur
einen Herrenwechsel.[1]) Da das kaiserliche Krongut in der Prokonsularis
eine grofse Rolle spielte — dasselbe umfafste weit über die Hälfte
der ganzen Provinz —, so ist anzunehmen, dafs auch von diesem
ein grofser Komplex an das Volk zur Verteilung gelangte. Dafs
jedoch auch dem Königshause hier gröfsere Besitzungen, offenbar
ehemalige kaiserliche Domänengüter, zugefallen sind, zeigen die Erzählungen Victors I, 17 (ad Maxulitanum litus) und I, 44 von den
in der Nähe Karthagos gelegenen Gütern Theoderichs, des Sohnes
Geiserichs.[2]) Ob das bei der Eroberung des Wandalenreiches erwähnte Schlofs zu Grasse, das an der Strafse von Hadrumetum nach
Karthago unweit des Meeres bei Aphrodisium noch innerhalb der
Prokonsularis gelegen war[3]), schon unter Geiserich königliches
Hausgut gewesen ist, wissen wir nicht, doch ist es sehr wahrscheinlich.

Das gleiche Schicksal wie die Possessoren traf die katholischen
Kleriker, soweit sie in den wandalischen Bezirken residierten[4]), ein Vorgehen, das sich einerseits zur Fundierung und Dotierung der arianischen
Kirche notwendig machte, anderseits aber auch der zu befürchtenden
politischen Propaganda vorbeugen sollte. Dafs trotzdem von der
orthodoxen Geistlichkeit Versuche gemacht wurden, in den ihnen
gesperrten Distrikten zu amtieren, zeigt die Erzählung Victors I,
16 ff. deutlich.[5]) Wenn gegen die Widersetzlichen mit strengen
Strafen vorgegangen wurde, so war dies nur in der Ordnung; von
welchem (berechtigten) Grimm der König erfüllt war, zeigt dessen
Bemerkung auf die an ihn von jenen gestellte Zumutung, die freie
Ausübung des katholischen Gottesdienstes innerhalb der Wandalenlose zu gestatten (Vict. I, 18). Zu den damals Vertriebenen gehörte
wahrscheinlich auch der von Theodoret (epist. 52. 53) erwähnte, aus
Afrika geflohene Bischof Cyprianus. Auf die Kleriker in den Städten
(aufser Karthago) und in den etwa noch in römischem Besitz verbliebenen ländlichen Distrikten erstreckte sich jedoch ebenfalls diese
Mafsregel nicht; wir finden daher später zahlreiche katholische Priester
in der Prokonsularis erwähnt, obwohl es an Versuchen der Wandalenkönige nicht fehlte, die Zahl derselben zu beschränken. In den aufserhalb der Prokonsularis gelegenen Provinzen trat der König als Rechts-

---

1) Sie sind wohl hauptsächlich unter dem populus dei Vict. I, 17 zu verstehen.
2) Vgl. Papencordt S. 181 f.   3) Tissot a. a. O. II, 116, pl. VIII.
4) Vict. I, 14. 17. H, 13. 39. III, 3. 4.
5) Vgl. namentlich § 18: . . . coeperunt qualiter poterant et ubi poterant
ablatis ecclesiis divina mysteria celebrare.

nachfolger des Kaisers in den Besitz sämtlicher Fiskalgüter ein, von denen er einen Teil seinen Söhnen verlieh. Aus Vict. Vit. I, 44 erfahren wir, daſs Theoderich Eigentümer von Ländereien in der Byzacena war. Vgl. auch Proc. B. V. I, 5 (p. 333, Bonn). Die Besitzverhältnisse der römischen Privatpersonen und der Kirche blieben hier mit wenigen Ausnahmen unangetastet[1]); anfänglich konfiszierte Güter wurden sogar später ihren Inhabern wieder zurückgegeben (vgl. vita Fulg. c. 1 von den Söhnen des Gordianus). Die Grundsteuerpflicht, wenn auch etwas verändert, blieb bestehen, und insofern derjenige, der zur Entrichtung von Abgaben verpflichtet war, nach germanischer Anschauung einem Hörigen gleich geachtet wurde, konnten jene Gebiete als Eigentum des Staates, d. h. des Königs gelten.[2]) In diesem Sinne ist wohl dis Bemerkung Victors I, 13, Geiserich habe sich auſser der Abaritana die Provinzen Byzacena, Gätulien und einen Teil Numidiens vorbehalten, zu verstehen. Freilich kann hier ebensogut die römische Auffassung zu Grunde liegen, daſs das gesamte Grundeigentum einer eroberten Provinz an den erobernden Staat übergeht, das Privateigentum aber, soweit es fortbesteht, nur als geduldeter Besitz gilt.[3])

Die Gründung des souveränen Staates in Afrika, die doch das eigentliche Werk Geiserichs war, muſste naturgemäſs dessen Ansehen und Macht in erheblicher Weise steigern. So konnte der König nun den Schritt wagen, die letzten noch vorhandenen Reste der Volksfreiheit zu beseitigen. Wir erfahren hiervon nur aus einer leider sehr dürftigen Notiz Prospers z. J. 442 (c. 1348): gegen Geiserich, der, durch seine Erfolge (d. h. die Begründung des souveränen Staates) übermütig gemacht, gegen die Seinen hochfahrend aufgetreten sei[4]), hätten einige Vornehme eine Verschwörung angezettelt, die alsbald blutig unterdrückt worden sei. Und als andere kurz darauf wiederum eine Erhebung vorbereitet, habe der argwöhnische König so viele aus seinem Volke hinrichten lassen, als ihn ein unglücklicher Krieg gekostet haben würde.

Wahrscheinlich in dieselbe Zeit fällt das von Geiserich für die katholischen Kleriker in den römischen Gebietsteilen erlassene Kanzel-

---

1) Vgl. dazu auch vita Fulg. c. 14. 19. Papencordt S. 193. Die Novelle Valentinians XXXIII von 451 spricht allerdings von Vertriebenen aus der Prokonsularis und der Byzacena; allein darauf ist nicht viel Gewicht zu legen.

2) Vgl. Dahn, Könige I, 205. Waitz, Verfassungsgeschichte II², 255. 276.

3) Mommsen, Röm. Staatsrecht II², 2, 963.

4) In Gisiricum de successu rerum etiam apud suos superbientem (vgl. dazu Tac. ann. XII, 17. 29) quidam optimates ipsius conspiraverunt u. s. w.

gesetz, wodurch diesen untersagt wurde, in ihren Predigten biblischer
Verfolger, wie Pharao, Nebukadnezar[1]), Holofernes, zu gedenken,
weil er fürchtete, daſs derartige Namen nur vorgeschoben würden,
um gegen seine Person auszufallen. Diejenigen, die sich an dieses
Gebot nicht hielten, wurden mit Verbannung bestraft.[2]) Einen Rückhalt fanden diese aufsässigen Geistlichen namentlich in ihren Amts-
brüdern in den dem Reiche verbliebenen Provinzen. Schon oben ist
der aufreizenden Thätigkeit des Bischofs Honoratus von Cirta gedacht worden; eben dahin gehören wahrscheinlich die von Gennadius
de vir. inl. cap. 74. 78. 79 als Verfasser von Streitschriften gegen den
Arianismus aufgeführten afrikanischen Bischöfe Asclepius, Victor
Cartennensis und Voconius von Castellum (vgl. unten). Daſs auch die
hier ansässigen Angehörigen des Adelsstandes streng überwacht
wurden, ist selbstverständlich; doch hören wir, wie schon gesagt,
von Ausweisungen derselben nichts.[3]) Um den zu fürchtenden inneren
und äuſseren Feinden jeden Stützpunkt zu nehmen, lieſs der König
die Mauern der meisten Ortschaften schleifen[4]); die einzigen, die ihre
Befestigungen behielten, waren, wie es scheint, das Kastell Septem,
sowie die Städte Hippo regius und Karthago; die letztere wurde als
das Hauptbollwerk der wandalischen Macht in Afrika angesehen.
Wahrscheinlich ist damals auch die Datierung nach Königsjahren
vom 19. Oktober 439, der Einnahme Karthagos, ab als Neujahr ge-

---

1) Sonst wurde dieser von der afrikanischen Kirche gewissermaſsen als ein
Heiliger verehrt, da er, durch das Wunder von den drei Männern im feurigen
Ofen veranlaſst, ein Edikt gegen die Gotteslästerer erlassen habe. Vgl. Augustin.
epist. 105, 7. Eine kürzlich in Karthago aufgefundene Thonlampe zeigt den
König mit einem Heiligenschein über dem Kopfe.

2) Vict. I, 22. 23. Doch fallen mehrere der hier erwähnten Ausweisungen
von Bischöfen sicher in eine spätere Zeit, da die genannten Provinzen zum Teil
erst nach Valentinians Tode dem wandalischen Reiche angegliedert wurden. Zu
den damals Exilierten gehörte vielleicht auch der Bischof Aurelius von Hadrumetum, der 451 auf der Synode von Chalcedon anwesend war (Harduin, coll.
concil. II, 483) und bald danach gestorben zu sein scheint. Vgl. auch weiter unten.
Auler S. 271 bezweifelt ohne Grund, daſs der Ort Teudalis, dessen Bischof Habet-
deum jetzt oder später ausgewiesen wurde, in der Prokonsularis gelegen habe;
denn auch in dieser lagen Distrikte, die direkt der königlichen Gewalt unter-
standen.

3) Vict. III, 25 erzählt von einem generosus et nobilis vir Servius aus Tu-
burbi in der Prokonsularis, der unter Geiserich Miſshandlungen erlitt, weil er amici
cuiusdam secreta nicht verraten wollte. Offenbar handelt es sich um eine Kon-
spiration; man sieht hieraus, wie begründet das Miſstrauen des Königs gegen
den römischen Adelsstand war.

4) Proc. B. V. I, 5. de aedif. VI, 5.

rechnet, durch Geiserich gesetzlich angeordnet worden. Diese Rechnung, die den souveränen Charakter des Staates deutlich zum Ausdruck bringt, ist von nun an allein im Gebrauch gewesen; von Datierung nach Konsulatsjahren oder Indiktionen, wie sie bei den Westgoten und Burgundionen vielfach nebenbei erscheint, ist hier keine Spur nachzuweisen.[1])

Wie mächtig damals das Reich Geiserichs dastand, zeigt die Thatsache, dafs der Westgotenkönig Theoderich I. seine Bundesgenossenschaft suchte, zu deren Besiegelung eine Tochter des letzteren mit dem Königssohn Hunerich, dem präsumtiven Thronfolger, vermählt wurde. Langen Bestand hat jedoch dieses Verhältnis nicht gehabt; auf den blofsen Verdacht hin, dafs seine Schwiegertochter ihn habe vergiften wollen, schickte Geiserich dieselbe, verstümmelt an Nase und Ohren, an ihren Vater zurück. Es ist jedoch fraglich, ob diese Erzählung des Jordanes (Get. 36, 184) in allen Punkten richtig ist; wahrscheinlicher ist es, dafs der König die Trennung der Ehe seines Sohnes im Hinblick auf eine in Aussicht stehende Verbindung desselben mit einer Tochter des Kaisers Valentinian, worüber damals Verhandlungen gepflogen worden zu sein scheinen, verfügt hat. Der angebliche Vergiftungsversuch mag dabei als Vorwand gedient haben. Wir erfahren hiervon aus dem Panegyrikus des Merobaudes auf das dritte Konsulat des Aëtius (446) v. 24—29; es heifst hier, der in Libyen eingedrungene Gewalthaber, der es gewagt hatte, die eliseischen, d. h. karthagischen Gebiete vom Reiche loszureifsen, sei durch Aëtius bewogen worden, in enge Beziehungen zu Rom zu treten sociamque intexere prolem. Der Eintritt in verwandtschaftliche Beziehungen zu der kaiserlichen Familie war das Ziel des Ehrgeizes der meisten Barbarenfürsten — sei es, um ihrem Hause einen gröfseren Glanz zu verleihen, sei es, um einen Rechtsgrund für Ansprüche auf römische Gebietsteile zu haben oder um ihr Herrschertum gegenüber der römischen Bevölkerung in den von ihnen besetzten Ländern zu stärken und zu sichern. Zum Abschlufs einer Ehe ist es allerdings nicht gekommen: dafs jedoch damals ein freundschaftliches Verhältnis zwischen beiden Staaten eingetreten ist, geht auch sowohl aus Priskus (fragm. 24), nach dessen Zeugnis der Kaiser Avitus im Jahre 456 den Wandalenkönig an ein früher von diesem mit dem abendländischen Reiche abgeschlossenes Bündnis erinnerte, als aus Johannes Antiochenus (fragm. 201 Müller, ebenfalls

---

1) Vgl. die Nachweisungen Mommsens Neues Archiv XVI (1891) S. 62 ff.

aus Priskus)[1]) hervor, wonach Geiserich durch den Tod des Aëtius
und Valentinians III. die bisher bestehenden Friedensverträge als gelöst betrachtete.[2])

Thatsächlich vernehmen wir nach 445, in welchem Jahre eine
Flotte der Wandalen die Küsten Spaniens heimsuchte, bis zum Tode
Valentinians von Raubzügen derselben im Mittelmeer nichts mehr[3]);
ja es ließ sich Geiserich sogar auf Bitten des Kaisers herbei, die
Wiederbesetzung des seit 439 (vgl. oben) verwaisten Bischofsstuhles
von Karthago zu gestatten.[4]) Am 25. oder 26. Oktober 454[5]) wurde
Deogratias in der Kirche des heil. Faustus[6]) daselbst zum Bischof
geweiht. Wahrscheinlich ist damals der Mehrzahl der ausgewiesenen
Bischöfe (d. h. mit Ausnahme der in dem wandalischen Ansiedelungsgebiet ansässig gewesenen) die Rückkehr in ihre früheren Sprengel
gestattet worden[7]), eine Milde, die diese freilich, wie die späteren
Vorgänge lehren, schlecht gelohnt zu haben scheinen. Wir haben
hier ohne Zweifel einen politischen Schachzug des Aëtius zu erkennen,
der mit scharfem Blicke einsah, daß eine Koalition zwischen Westgoten und Wandalen für den Bestand des occidentalischen Reiches
die größte Gefahr bedeutete. Eine Folge der nunmehr eingetretenen
Isolierung der Westgoten war, daß diese Anlehnung an das damals
mächtig aufstrebende Swebenreich unter König Rekiar suchten[8]) (nach
446). Erst die von dem gemeinsamen Feind, den Hunnen, drohende
Gefahr hat wieder einen Zusammenschluß der Römer und Westgoten
herbeigeführt, wozu sich letztere freilich anfänglich nur widerstrebend
bereit fanden[9]) (451). Die Erzählung des Jordanes (Getica c. 36),

---

1) Vgl. Holder-Egger im Neuen Archiv f. ält. d. Gesch. I, 271 Note 5. Dieses
Fragment gehört nicht zu der Chronik des Joh. Antiochenus, wie Patzig, Joh.
Antioch. u. Malalas, Lpz. 1892, und Byzantinische Zeitschrift II (1893) S. 591 ff.
gezeigt hat.

2) ὡς τῆς μὲν εἰρήνης θανάτῳ τῶν σπεισαμένων λυθείσης.

3) Hydat. c. 131 von der Plünderung Galiciens.

4) Vict. Vit. I, 24.

5) Continuatio Prosperi Reichenav. (M. G. Auct. ant. IX, 490) c. 25: Carthagine ordinatur episcopus Deogratias in basilica Fausti die dominico VIII. kal.
novemb. Vgl. dazu Holder-Egger im Neuen Archiv der Gesellsch. f. ält. d. Geschichtskunde I, 279.

6) Die Kathedrale (ecclesia Restituta) blieb nach wie vor im Besitz der
arian. Geistlichkeit.

7) Die Neubesetzung des bischöfl. Stuhles von Hadrumetum, auf den Felix
nach des Aurelius Tode erhoben wurde (Vict. I, 23), fällt wahrscheinlich in diese
Zeit, vgl. oben.

8) Dahn, Könige V, 76.

9) Vgl. dazu besonders G. Kaufmann, Forschungen zur deutschen Geschichte VIII, 144.

Attila sei damals durch reiche Geschenke Geiserichs zu seiner Expedition nach Gallien veranlaßt worden, um die Rache des beleidigten Königs Theoderich abzuhalten, scheint mir sehr zweifelhaft, wenn sie auch durch Priskus fragm. 15[1]) gestützt wird. Wahrscheinlich beruht sie lediglich auf einem künstlichen Erklärungsversuch der Thatsache, daß der Zug der Hunnen sich nicht zunächst gegen Italien, sondern gegen Gallien richtete.

Wesentlich anders wurde das Verhältnis zwischen den beiden Staaten, als der Kaiser Valentinian, der Mörder des hochverdienten Aëtius, von dessen Gefolge getötet worden war (16. März 455). Wie schon bemerkt, betrachtete Geiserich das bestehende Vertragsverhältnis als gelöst; er erklärte, daß er den neuen Kaiser Maximus (seit 17. März), der bei der Ermordung des Aëtius und Valentinians seine Hand im Spiele gehabt[2]) und die Kaiserin-Witwe Eudoxia zur Ehe gezwungen hatte, nicht als würdigen Nachfolger auf dem Kaiserthrone anerkennen könne.[3]) Unter diesem Vorwande ging er sofort mit einer großen Flotte, die schon seit längerer Zeit in Erwartung kommender Ereignisse ausgerüstet gewesen zu sein scheint, nach Italien unter Segel.

Von dem Zuge Geiserichs nach Rom und den begleitenden Nebenumständen berichten von den abendländischen Geschichtsquellen selbständig hauptsächlich die italienischen Konsularfasten (M. G. Auct. ant. IX, 304), Prosper c. 1375, Hydatius c. 162. 167, die südgallische Chronik von 511 c. 623 (sämtlich gleichzeitig), Victor Tonnenensis a. 455, Victor Vitensis I, 24; ferner Cassiodor chron. c. 1262 f. nach Prosper, Jordanes Rom. 334, Get. c. 45 § 235 nach Marcellinus Comes, letztere Stelle mit einem selbständigen Zusatz über den Mörder des Maximus; Isidor von Sevilla, Hist. Vand. c. 77, nach Victor Tonn. und Hydatius; Paulus Diaconus Hist. Rom. XIV, 16 nach Jordanes und den ital. Konsularfasten, Landolfus Sagax XV p. 363 Droysen aus Paulus und Anastasius, dem Übersetzer des Theophanes. Von den oströmischen Quellen besonders Priskus (bei Joh. Ant. fr. 201; der ausführlichste Bericht), Marcellinus Comes a. 455, zum größten Teil aus den oströmischen u. weströmischen Konsularfasten, aber mit selbständigem Zusatz über die Berufung Geiserichs, vgl. Neues Archiv I, 270, das Chronicon paschale (nach den oströmischen Fasten), Euagrius hist. eccl. II, 7 (nach Eusthatius, Anfang 6. Jahrh.), Malalas chron. XIV, p. 365 f. Bonn. (schrieb zwischen 528 und 533/40, vgl. Patzig, Progr. der Leipz. Thomasschule 1892 S. 30), Prokop bell. Vand. I, 5. II, 9. Die Auszüge aus einer zwischen 600 u. 800 verfaßten Kirchengeschichte, in der namentlich Theodorus Lector (Anf. 6. Jahrh.) benutzt ist, bei Cramer, Anecdota Paris. II, 101, vgl. Krumbacher, Gesch. der byzant. Litteratur[2], 247. Die übrigen Byzantiner (namentlich Johannes Antiochenus fragm. 200, Theophanes, Kedren, Const. Manasses, Zonaras, Nikephoros) haben direkt oder indirekt aus Prokop

---

1) πρὸς δὲ Γότθους χάριν Γιζερίχῳ κατατιθέμενον.

2) Daß dies der Fall gewesen, scheint mir unzweifelhaft, wenn auch Prosper nichts davon erwähnt. Vgl. Ranke, Weltgeschichte IV, 1, 333 Note.

3) Priskus (Joh. Antioch. fr. 201).

und Malalas bez. Euagrius geschöpft (vgl. Patzig S. 6 ff.). Die Zeitbestimmung
des Einzugs Geiserichs bei Theophanes (p. 109 ed. de Boor: τῇ τρίτῃ ἡμέρᾳ τῆς
σφαγῆς Μαξίμου) stammt übrigens aus einer unbekannten Quelle und findet sich
in dieser Form nur noch bei Victor Tonn.

Wenn es heißt, Eudoxia habe, um sich von der verhaßten Verbindung zu befreien und Rache an dem Mörder ihres Gemahls zu
nehmen, den Wandalenkönig herbeigerufen, so ist dies eine Fabel.
Muß schon die Ähnlichkeit dieser Erzählung mit anderen derartigen
unhistorischen Anekdoten aus der spätrömischen Geschichte Bedenken
erregen, so kommt hinzu, daß die gleichzeitigen Quellen von
einem solchen Motive entweder gar nichts wissen oder dasselbe, wie
Hydatius und Priskus (ut mala fama dispergit und οἱ δέ φασι), als
bloßes Gerücht bezeichnen.

Ohne Widerstand zu finden, landete Geiserich in dem Hafen
Roms Portus und zog mit seinen zum Teil aus Mauren (die jetzt
zum ersten Male in engerer Verbindung mit den Wandalen erscheinen)
bestehenden Scharen auf der via Portuensis auf die ewige Stadt
zu.[1]) Auf die Kunde von seiner Annäherung war hier die größte
Verwirrung ausgebrochen. Zahlreiche Einwohner, besonders Angehörige des Adelsstandes, verließen Rom, um wenigstens das Leben
zu retten; als auch Maximus sich anschickte, das Gleiche zu thun,
statt in Erfüllung seiner Regentenpflicht die Verteidigung der Stadt
in die Hand zu nehmen, wurde er von einem burgundischen Soldaten
Ursus aus der kaiserlichen Leibwache, die über die Feigheit ihres
Herrn empört war, durch einen Steinwurf getötet; sein Leichnam
ward von der erbitterten Menge durch die Stadt geschleift und
schließlich stückweise in den Tiber geworfen (31. Mai).[2]) Drei Tage
darauf (also am 2. Juni)[3]) rückte Geiserich in Rom ein. An der
porta Portuensis empfing ihn der Papst Leo I., der durch sein Bitten
den Wandalenkönig bewogen haben soll, wenigstens von Mord und
Brand abzustehen und sich mit bloßer Plünderung zu begnügen.

---

1) Portus wird in den Quellen nicht genannt, doch kommt nur dieser
Hafen in Frage, da damals Ostia infolge Versandung von größeren Schiffen
nicht mehr angelaufen wurde. Priskus erwähnt einen Ort Azestos nahe bei Rom,
den Geiserich berührt habe; ein solcher ist nicht nachzuweisen.

2) So werden die vielfach differierenden Berichte zu vereinigen sein. Der
Soldat Ursus, der nach Jordanes den Kaiser tötete, ist wohl identisch mit dem
Burgundio, der nach Apollinaris Sidonius carm. VII, 442 infido ductu tibi (Romae)
extorquet trepidas mactandi principis iras. Daß die Wandalen durch Verrat
eines burgundischen Söldners Rom eingenommen hätten, wie angenommen
worden ist, läßt sich aus dieser Stelle nicht entnehmen.

3) Die Datierung ergiebt sich mit Genauigkeit aus den Ableitungen der
Konsularfasten, vgl. Neues Archiv I, 285 Note 3.

Haben wir auch keinen Grund, die von Prosper glaubwürdig bezeugte Gesandtschaft des Papstes zu leugnen, so spricht doch manches dagegen, daſs dessen Einfluſs es beizumessen gewesen, daſs Rom vor gröſseren Greueln verschont blieb. In der Predigt wenigstens, die Leo am 6. Juli nach der öffentlichen, anläſslich des Abzuges der Wandalen abgehaltenen Dankfeier gehalten hat[1]), ist nichts davon gesagt; die Rettung der Stadt wird hier lediglich der Gnade Gottes zugeschrieben. Die Wandalen trachteten, wie die Goten Alarichs, in der Hauptsache nur nach Kriegsbeute; die Zerstörung von Häusern und Denkmälern wäre daher meist zwecklos gewesen; dazu kam als wichtiges Moment die Ehrfurcht vor der Gröſse und Heiligkeit Roms, die allen Germanenfürsten eigen war.

Vierzehn Tage lang weilten die Wandalen und Mauren in Rom, Zeit genug, um alle von den Goten noch übrig gelassenen oder seither wieder ersetzten Kostbarkeiten zu rauben. Über die Einzelheiten der Plünderung berichtet namentlich Prokop in glaubwürdiger Weise, da er selbst die von Belisar eroberten wandalischen Beutestücke gesehen hat, während die gleichzeitigen Quellen nur in allgemeinen Ausdrücken darüber berichten. In erster Linie wurde der Kaiserpalast betroffen; alles, was sich darin befand, ward auf die Schiffe gebracht, um die Residenz in Karthago damit zu schmücken, darunter auch die Insignien der kaiserlichen Würde.[2]) Das gleiche Schicksal traf den Tempel des Jupiter Capitolinus, dessen vergoldetes Dach sogar zur Hälfte mitgenommen wurde. Vom Kapitol stammten wohl auch die Statuen, von denen eine Schiffsladung bei der Überfahrt zu Grunde ging (nach Prokop). Unter den geraubten Schätzen spielten die einst von Titus nach Rom gebrachten salomonischen Tempelgefäſse eine besondere Rolle.[3]) Von Plünderung der Kirchen ist in den älteren Berichten keine Rede; man sollte doch annehmen, daſs, wenn eine solche stattgefunden, namentlich der Augenzeuge und Zeitgenosse Prosper, der die Schändung der dem Gottesdienst geweihten Gebäude in Karthago durch die Wandalen in grellen Farben schildert, nicht unterlassen haben würde, darauf hinzuweisen. Auch Prokop weiſs nichts von geraubten Gerätschaften aus römischen Kirchen; erst

---

1) Sermo 84 (Migne 54, 433). Vgl. dazu Langen, Geschichte der römischen Kirche von Leo I. bis Nikolaus I. (1885) S. 87 f.

2) Vgl. Malalas a. a. O. p. 366: πραιδεύσας πάντα τὰ τοῦ παλατίου ἕως τῶν χαλκουργημάτων (kupferne Geräte). Cod. Just. I. 27, 1 (7): ipsa imperialia ornamenta (vgl. dazu Mommsen N. A. XIV, 537 N. 2), quae capta Roma fuerant ablata.

3) Vgl. dazu Gregorovius, Geschichte der Stadt Rom,⁴ I, 205.

Theophanes und Kedren erwähnen solche ($\dot{\epsilon}\varkappa\varkappa\lambda\eta\sigma\iota\alpha\sigma\tau\iota\varkappa\dot{\alpha}$) unter den
Beutestücken, was jedoch nur auf willkürlicher Erweiterung des
Prokopschen Berichts beruht. Die Cramerschen Excerpte wissen
dagegen von einer Beraubung der Peterskirche zu erzählen, aus der
zahlreiche Gegenstände den Arianern nach Konstantinopel gesandt
worden seien. Die erst im siebenten Jahrhundert verfaſste Biographie
Leos I. (M. G. Gesta pontificum I, 104)[1]) berichtet wiederum, der
Papst habe sechs groſse Vasen, je zwei aus den Basiliken Constantins,
der Apostel Petrus und Paulus, einschmelzen lassen, um den Verlust
der anderen Kirchen an Gerätschaften zu ersetzen. Wie dem auch
sei, jedenfalls scheinen die Kirchen im allgemeinen am glimpflichsten
weggekommen zu sein.[2]) Daſs die Einwohner am Leben geschont
wurden, auch Brandstiftungen nicht vorkamen, ist durch die zuverlässigen Quellen auf das Bestimmteste bezeugt (vgl. namentlich die
südgallische Chronik von 511: sine ferro et igne Roma praedata
est).[3]) Euagrius, der von einer Verbrennung der ganzen Stadt spricht,
steht hierin völlig allein. Ebensowenig ist von mutwilliger Demolierung einzelner Gebäude und Kunstwerke die Rede, und mit
Unrecht ist durch das Wort „Wandalismus", das hauptsächlich von
der Plünderung der ewigen Stadt hergeleitet wird, dem Volke
Geiserichs ein Brandmal aufgedrückt worden. Sicher ist, daſs andere
Kriegsvölker früher und später weit schlimmer gehaust haben; man
braucht nur an die Zeiten des 30jährigen Krieges zu denken.[4])

Zu der gewaltigen Beute, die Geiserich mit fortschleppte, gehörten auch mehrere tausend Gefangene, namentlich solche, die sich
durch Jugend und Kunstfertigkeit[5]) auszeichneten, und viele Senatoren, soweit sie nicht vorher die Stadt verlassen (diese ohne Zweifel
des zu erpressenden hohen Lösegeldes wegen)[6]), besonders aber die
Kaiserinwitwe Eudoxia mit ihren beiden Töchtern Eudoxia[7]) und
Placidia, die Verlobte (oder Gattin?) des Senators Olybrius, sowie

---

1) Vgl. die Einleitung S. XVIII.
2) Vgl. auch Gregorovius a. a. O. S. 210 Note 2.
3) Nur die Cramerschen Excerpte berichten von zahlreichen Mordthaten
($\pi o\lambda\lambda\dot{\alpha}$ $\mu\dot{\epsilon}\nu$ $\pi\lambda\acute{\eta}\vartheta\eta$ $^{\prime}P\omega\mu\alpha\acute{\iota}\omega\nu$ $\varkappa\alpha\tau\dot{\epsilon}\sigma\varphi\alpha\xi\epsilon\nu$).
4) Vgl. Kleinschmidt, Über den sogenannten Wandalismus, Programm
Torgau 1875. Ganz verkehrt Gregorovius S. 210, der sich übrigens selbst
widerspricht.
5) Wahrscheinlich namentlich in der Waffenschmiedekunst, vgl. Vict. Vit. I, 30.
6) Malalas a. a. O.
7) Die Paschalchronik nennt diese irrig Honoria; der Fehler ist dadurch
entstanden, daſs sie mit Hunerich ($^{\prime}O\nu\acute{\alpha}\varrho\iota\chi o\varsigma$) vermählt wurde.

der Sohn des Aëtius, Gaudentius.[1]) Die Legende berichtet, die Wandalen hätten auf dem Rückwege Campanien verwüstet, Capua und Nola zerstört und von dort zahlreiche Gefangene fortgeschleppt; der Bischof Paulinus von Nola habe sein ganzes Vermögen zum Loskaufe der letzteren geopfert und schließlich, um die Befreiung eines Sohnes einer armen Witwe zu erwirken, sich an dessen Stelle nach Afrika in die Sklaverei begeben, sei aber kurz vor Geiserichs Tode von den Barbaren, die seine Selbstlosigkeit bewunderten, freigelassen worden.[2]) Daß diese Erzählung nicht richtig sein kann, ergiebt sich schon daraus, daß Paulinus bereits i. J. 431 tot war; dagegen liegt ihr ohne Zweifel das historische Faktum zu Grunde, daß i. J. 410 die Westgoten Alarichs Campanien geplündert, Nola eingenommen und den Bischof längere Zeit in Gefangenschaft gehalten hatten.[3]) Es geht hieraus hervor, daß Geiserich direkt ohne weitere Feindseligkeiten nach Afrika zurückgekehrt ist. Die zahlreichen Gefangenen teilten die Wandalen und Mauren unter sich; doch wurden viele von dem Bischof von Karthago, Deogratias, durch Veräußerung von Kirchengeräten losgekauft. Den Befreiten wurden zwei der Hauptkirchen zum vorläufigen Aufenthaltsort angewiesen.[4])

Geiserich mußte erwarten, daß die unerhörte That, die Plünderung der ewigen Stadt, die West- und Oströmer aufrütteln und zu einer energischen Aktion gegen ihn veranlassen würde. Die Gefangenhaltung der Kaiserin Eudoxia und ihrer Töchter war daher ein wertvolles Pfand in seinen Händen, um sein Reich vor feindlichen Angriffen zu bewahren. Er beherrschte jetzt die Situation vollständig; seine Person steht seit jener Zeit im Mittelpunkt der abendländischen Geschichte. Den Gedanken, das Imperium für sich in Anspruch zu nehmen oder wenigstens einen entscheidenden Einfluß auf die Besetzung des Kaiserthrones zu erringen, hat er jedoch anfänglich nicht gehabt; sein Ziel war zunächst, wie schon früher (vgl. oben S. 70), die Suprematie im Mittelmeer zu erhalten und das Westreich durch fortwährende Verwüstungen und das Abschneiden der Getreidezufuhr dauernd wehrlos zu machen. Wie gut ihm dies gelang, zeigt die bald nachher in Italien ausgebrochene Hungersnot, welche später zum Sturz des neuen Kaisers Avitus führte. Dieser war am 9. Juli 455 in Gallien, wo er als magister utriusque militiae fungierte, unter Mit-

---

1) Hydat. c. 167.
2) Paul. Diac. Hist. Rom. XIV, 17. 18. Gregor. Magn. dial. III, 1.
3) Dahn, Könige V, 54. Migne, Patrol. Lat. 61, 116f.
4) Vict. Vit. I, 25.

wirkung der Westgoten und der einheimischen Aristokratie zum
Augustus ausgerufen worden und am 21. September d. J. in Italien
eingezogen.   Am 1. Januar 456 hielt ihm der Dichter Sidonius
Apollinaris in Rom einen Panegyrikus, worin er ihm die Wieder-
eroberung Afrikas weissagte.[1]) Eine seiner ersten Regierungshandlungen
war die Abschickung einer Gesandtschaft nach Konstantinopel, um
den Kaiser Marcian zu einem gemeinsamen Vorgehen gegen Geiserich
zu veranlassen; denn wenn Avitus auch die Westgoten zu Bundesgenossen hatte, so konnte er doch zu einem Angriff auf Afrika bei
dem Mangel an Schiffen und seekundigen Leuten die oströmische
Hilfe nicht entbehren.[2]) Marcian verharrte indessen in Unthätigkeit;
er begnügte sich damit, Geiserich aufzufordern, von weiteren Einfällen in Italien abzustehen und die kaiserlichen Gefangenen zurückzugeben. Da dies, wie natürlich, resultatlos blieb, schickte er, seiner
Würde vergessend, einen arianischen Bischof Namens Bleda nach
Karthago, weil er glaubte, daſs derselbe als Glaubensgenosse auf den
König einen gröſseren Einfluſs auszuüben im stande wäre; doch ebenfalls vergebens.   Wir werden nicht fehlgehen, wenn wir diese
schwächliche Haltung des oströmischen Kaisers auf den damals zur
Macht emporgestiegenen Patricius Aspar zurückführen, da dieser,
wenigstens später, nachweislich, wie auch sein Rechtsnachfolger
Theoderich Strabo, jede kriegerische Aktion gegen die Wandalen
hintertrieb.[3])   Das gleiche Schicksal hatte eine dasselbe bezweckende
Botschaft des Kaisers Avitus.[4])
   Infolge der Thatenlosigkeit der beiden Reiche waren die Wandalen in den Stand gesetzt, die ohnehin von Verteidigungsmitteln
entblöſsten noch römisch gebliebenen Provinzen Afrikas zu besetzen;
auch die hier wohnhaften maurischen Stämme scheinen ohne Widerstand die wandalische Oberhoheit anerkannt zu haben, wozu der gefürchtete Name Geiserichs nicht wenig beigetragen haben mag. Daſs
dies in jener Zeit, vor dem Jahre 458, geschehen ist, zeigen die
Verse des Apollinaris Sidonius in dem Ende 458 verfaſsten Panegyrikus
auf Majorian (V, 335 ff.), welche eine Anzahl maurischer Stämme aus
jenen Gegenden als Teilnehmer der wandalischen Kriegszüge auf-

---

1) Carm. VII, 588: Hic tibi restituet Libyen per vincula quarta.
2) Hydat. c. 166: Per Avitum .... legati ad Marcianum pro unanimitate
mittuntur imperii.
3) Theodor. Lect. I, 7 sagt, daſs Marcian gegen die Wandalen gerüstet
habe; doch sei der Ausbruch des Krieges durch seinen Tod verhindert worden.
4) Prisc. fr. 24.

führen[1]); vgl. dazu die Bemerkung Victors von Vita (I, 13), wo es
heißt, der König habe nach Valentinians Tode Afrika in seinem
ganzen Umfange in Besitz genommen.

Wie es scheint, ist Geiserich damals zu den Sweben in Spanien
in Beziehungen getreten; denn diese fielen jetzt in die noch zum
römischen Reiche gehörende tarraconensische Provinz ein, wurden
aber von den Westgoten, die, begleitet von Burgundionen, im Auftrage des Avitus über die Pyrenäen zogen, am 5. Oktober 456 am
Flusse Urbicus geschlagen. Gleichzeitig verheerte eine wandalische
Flotte Sizilien und die angrenzenden Küstengebiete Unteritaliens.[2])
Diese Gewaltthat spornte Avitus endlich zu energischer Thätigkeit
an; er ließ ein Truppenkommando unter dem Sweben Ricimer, einem
Enkel König Wallias, nach den bedrohten Gegenden abgehen, dem
es auch gelang, den Feinden auf dem Lande bei Agrigent eine
Niederlage beizubringen.[3]) Ebenso wurde von demselben eine Ab-
teilung Wandalen, die auf 60 Schiffen ausgelaufen war und einen
Angriff auf die italienische oder gallische Küste beabsichtigte, auf
Korsika vernichtet. Die Nachricht von dem letzteren Ereignis wurde
dem Westgotenkönig Theoderich durch einen besonderen Boten über-
mittelt.[4])

Die unterdessen in Rom ausgebrochene Hungersnot wurde jedoch
durch diese Siege nicht beseitigt, ein Beweis, daß die Wandalen
trotzdem die See beherrschten. Von dem infolgedessen aufgeregten
Volk gezwungen mußte Avitus seine gotischen Söldner entlassen,
wodurch er ganz in die Gewalt Ricimers geriet, der unter kluger
Benutzung der Umstände den Kaiser zur Rückkehr nach Gallien
nötigte († Ende 456.[5]) Auf den weströmischen Kaiserthron wurde

---

1) propriis mil confecit armis: Gaetulis, Nomadis, Garamantibus Autolo-
lisque, Arzuge, Marmarida, Psyllo, Nasamone timetur. Die Marmaridae, Nasamones, Psylli saßen östlich von der Tripolitana zu der Großen Syrte und in
Kyrenaïka, die Garamanten an der Südgrenze der Tripolitana, die Arzuges an
der Grenze zwischen der Byzacena und Tripolitana, westlich bis zu die
Aurasischen Berge reichend, die Autololae in Mauretania Tingitana. Über die
Marmarides, Nasamones und Psylli hat sich die Herrschaft Geiserichs schwerlich
erstreckt; diese Namen sind wohl bloße Zuthaten des Dichters.

2) Prisc. a. a. O.

3) Apoll. Sid. carm. II, 367 ff. Der Dichter vergleicht diesen Sieg mit der
Eroberung von Syrakus durch Marcellus. In diese Zeit wird die von Prisc.
fr. 29 erzählte Vertreibung des in Sizilien den Oberbefehl führenden Marcellinus
durch Ricimer fallen.

4) Hydat. c. 176. 177 (zu 456?). Es ist auffallend, daß Sidonius diese zweite
Niederlage nicht erwähnt.

5) Joh. Antioch. fr. 202.

nun von Ricimer mit Zustimmung des neuen von Aspar eingesetzten
Kaisers des Ostreiches, Leo I. (seit Januar oder Februar 457),
Majorianus (am 1. April 457) erhoben. Bald nach dessen Regierungsantritt soll es den Römern (vielleicht unter Ricimer) gelungen sein, eine aus Wandalen und Mauren bestehende Schar, die
unter Geiserichs Schwager wiederum die Ebenen Campaniens verwüsteten, in die Flucht zu schlagen, wobei der feindliche Anführer
den Tod fand.[1])

Inzwischen aber hatten sich die mit Avitus föderiert gewesenen
Westgoten und Burgundionen von dem Bündnis mit dem Reiche
losgesagt; der Thronwechsel galt ihnen als willkommener Vorwand, ihre Macht auf Kosten des Imperiums weiter auszudehnen.
Die Augen des westgotischen Königs Theoderich waren namentlich
auf das wichtige Arles gerichtet, dessen Belagerung er sofort
begann. Die veränderte politische Konstellation auszunutzen, ist
Geiserich damals in Beziehungen zu den Westgoten getreten; Hydatius
berichtet, es seien gotische und wandalische Gesandte gemeinsam
bei den Sweben in Spanien gewesen, offenbar um eine Aktion der
drei Völker gegen Rom in die Wege zu leiten.[2]) Diese kam jedoch
nicht zu stande, da Majorian (Ende 458) mit einem stattlichen
Heere[3]) über die Alpen in Gallien einrückte, die Burgundionen auf
seine Seite zog und die Westgoten zwang, die Belagerung von Arles
aufzugeben und sich wieder an Rom anzuschließen[4]) (Frühjahr 459).
Gleichzeitig wurden die Rüstungen gegen die Wandalen energisch
betrieben. Es gelang, gegen 300 Schiffe zusammenzubringen,[5]) die
sich in dem Hafen von Karthagena in Spanien vereinigen sollten,
um das kaiserliche Heer nach Afrika überzusetzen; denn die bisher
gewählte Operationsbasis, Sizilien, hatte sich als ungeeignet erwiesen.
In pomphafter Weise schildert Sidonius[6]) das Detail dieser Rüstungen.

---

1) Apoll. Sid. carm. V, 385 ff. (nuper) stark übertreibend; irgend welche
Bedeutung hatte diese Niederlage der Wandalen jedenfalls nicht. Die Lage
des Schlachtfeldes bestimmt Sidonius v. 393 ff.: planis, quae pelagus collemque
secant portumque reducto efficiunt flexu fluvii. Der genannte Fluß ist der
Liris oder Volturnus; die feindliche Flotte lag in der Flußmündung.

2) Hydat. c. 192 (zu 458?): Legati Gothorum et Vandalorum pariter ad
Suevos veniunt et revertuntur.

3) Die Völker, aus denen dasselbe zusammengesetzt war, führt Sid. Apoll.
c. V, 474 ff. auf. Sie gehörten vorzugsweise dem Osten an.

4) Hydat. 197. Prisc. fr. 27. Joh. Ant. fr. 203.

5) Prisc. a. a. O. (Joh. Ant. fr. 203).

6) Carm. V, 441 ff.: Interea duplici texis dum litore classem inferno superoque
mari etc. Vgl. auch Cassiod. chron. 1270 (zum Jahr 458): Maiorianus in Africam
movit procinctum.

Er vergleicht die geplante Unternehmung mit den Expeditionen Agamemnons, des Xerxes, des Antonius. In den Häfen des Tuscischen (mare infernum) wie des Adriatischen Meeres, in Italien und Gallien, habe man Schiffe gesammelt; die Wälder des Apennin seien niedergeschlagen worden, um als Bauholz für neue Fahrzeuge zu dienen. Von einer Hilfeleistung des oströmischen Kaisers, der damals noch ganz unter Aspars Einfluß stand, vernehmen wir nichts. Wenn jedoch Prokop (b. V. I, 7) erzählt, Majorian habe sich verkleidet nach Karthago begeben, um die Macht der Wandalen und die Stimmung der Mauren sowie der römischen Bevölkerung gegen diese zu erkunden, und sei unerkannt von Geiserich selbst in den Arsenalen herumgeführt worden, so ist dies natürlich gänzlich zu verwerfen. Der Kaiser hielt sich noch Ende März 460 in Gallien auf; im Mai erschien er mit seinem Heere in Spanien und wandte sich über Zaragoza[1]) nach Karthagena.[2]) Die aufgebotene Macht war so imponierend, daß der Wandalenkönig sich derselben nicht gewachsen glaubte und durch Gesandte um Frieden bat.[3]) Als dies versagt wurde, ließ er Mauretanien verwüsten und die Brunnen vergiften, um ein schnelles Vorrücken der Feinde in dem verödeten Lande zu verhindern. Da es ihm ferner glückte, einen großen Teil der römischen Flotte, der außerhalb des Kriegshafens bei dem heutigen Elche (zwischen Karthagena und Alicante) lag, durch Verräterei wegzunehmen, so sah sich der Kaiser genötigt, das Unternehmen ganz aufzugeben.[4]) Majorian ließ sich nun herbei, mit Geiserich über den Frieden zu verhandeln; doch scheinen die Bedingungen für Rom wenig günstige gewesen zu sein. Wahrscheinlich mußte sich jener verpflichten, den Angriff auf Afrika nicht zu wiederholen, während anderseits der Wandalenkönig versprach, die Raubzüge nach den Küsten Italiens einzustellen.[5]) Diese Vorgänge hatten den Sturz des Kaisers zur Folge; am 2. August 461 wurde er auf dem Wege nach Rom von Ricimer seiner Würde entkleidet und fünf Tage später ermordet. An seine Stelle setzte der allmächtige Patricius den Severus (19. November d. J.).

---

1) Maximus Caesaraug. z. J. 460 (M. G. Auct. ant. XI, 223).
2) Hydat. c. 200.
3) Prisc. a. a. O. Hierauf bezieht sich wohl Hydat. c. 209 (zu 460?): Gaisericus rex a Maioriano imperatore per legatos postulat pacem.
4) Hydat. a. a. O. Marius Avent. chron. a. 460 u. Chron. Gall. a. 511 c. 633.
5) Vgl. Joh. Ant. fr. 203: καὶ ἐπὶ συνθήκαις αἰσχραῖς καταλύσας τὸν πόλεμον ἐπανεξεύγνυεν.

Durch den Tod Majorians erklärte Geiserich wiederum die vor
kurzem abgeschlossenen Verträge als gelöst; von neuem begann er
seine Züge nach Italien und Sizilien.[1]) Nun wiederholte sich
das alte Spiel; Ricimer sowohl wie Kaiser Leo schickten Gesandte an den König, um diesen zur Einstellung der Feindseligkeiten und zur Rückgabe der Gefangenen aus dem theodosianischen Kaiserhause zu bewegen. Doch hatten diese Botschaften
jetzt wenigstens den Erfolg, daſs Geiserich die Witwe Valentinians
und deren Tochter Placidia zurückgab; die ältere Prinzessin Eudoxia
hatte er schon vorher seinem Sohne Hunerich vermählt.[2]) Als Lösegeld erhielt der König einen Teil der Hinterlassenschaft Valentinians
ausgezahlt; auch scheint es zum Abschlusse von Verträgen mit dem
oströmischen Reiche gekommen zu sein.[3]) Dagegen setzte er die
Plünderung von Sizilien und Italien weiter fort; denn seine Forderungen an das abendländische Reich: Besetzung des Kaiserthrones
mit Olybrius, der nach der Rückkehr der Placidia mit dieser sich
verheiratet hatte, also Schwager des Königssohnes Hunerich geworden
war, sowie die Herausgabe der Vermögen Valentinians und des
Aëtius wurden von Ricimer, dessen Machtstellung naturgemäſs durch
die Bewilligung des ersteren Verlangens eine wesentliche Einbuſse
erlitten hätte, nicht erfüllt.[4]) Alljährlich mit Beginn des Frühjahrs
verlieſsen wandalische Flotten mit starken Besatzungen die afrikanischen Häfen, um die bezeichneten Gebiete heimzusuchen[5]); die
unbeschützten Ortschaften wurden geplündert und zerstört, während
man die Plätze, in denen Besatzungen lagen, sorgfältig vermied.

Das Westreich befand sich jetzt in einer gröſseren Bedrängnis als je.
Auf drei Seiten bedrohten es gefährliche Feinde: auſser den Wandalen Marcellinus von Dalmatien aus, wo er nach seiner Vertreibung aus Sizilien (vgl. oben) eine selbständige Herrschaft ge-
gründet hatte, und Aegidius, der sich in Gallien in unabhängiger
Stellung behauptete und danach strebte, als Anhänger des Kaisers

---

1) Prisc. fr. 29.
2) Prisc. fr. 29. Hydat. c. 216 (zu 462/63?). Procop. b. V. I, 5. Malal.
XIV, 368. Euagr. H, 7. Theoph. 5949 (= a. Chr. 457). Cramer, Anecd. Paris.
II, 104. Chron. pasch. a. 455, wo es heiſst, die Rückgabe sei kurze Zeit nach
der Gefangennahme unter Leo I. erfolgt, während sie nach Theophanes, Malalas,
Euagrius noch unter Marcian fällt. Hydat. nennt irrig statt Hunerich den
Königssohn Gento. Daſs die Gefangenen gut behandelt worden sind, bezeugt
Malalas XIV, p. 366. — Der Abschluſs der Ehe fällt nach Theoph. 5964 in das
Jahr 456 (Flucht der Eudoxia i. J. 472 nach 16jähr. Ehe).		3) Prisc. fr. 30.
4) Prisc. a. a. O. Joh. Ant. fr. 204. Proc. b. V. I, 6.
5) Apoll. Sid. c. II, 348 ff. Prisc. a. a. O.

Majorian dessen Tod an Ricimer zu rächen. Dazu kam der gänzliche Mangel an Kriegsschiffen; das oströmische Reich aber, d. h. Aspar, verweigerte trotz wiederholter Bitten in Rücksicht auf die geschlossenen Verträge jeden Succurs gegen die Wandalen. Die Gefahr erreichte den Höhepunkt, als Aegidius mit Geiserich in Verbindung trat, um einen kombinierten Angriff gegen Ricimer vorzubereiten.[1]) Es ging deshalb eine weströmische Gesandtschaft an Leo ab, diesen zu ersuchen, den Marcellinus und die Wandalen zum Frieden zu bewegen. Phylarchus, der vom oströmischen Kaiser mit dieser Mission betraut wurde, hatte indessen nur bei dem ersteren Erfolg, indem er ihn dazu vermochte, nichts gegen die Römer zu unternehmen[2]); Geiserich beharrte dagegen bei seinen Forderungen. Die Lage für das West-reich blieb daher gefährdet, obgleich Aegidius, bevor er seine Pläne verwirklichen konnte, starb (noch im Jahre 464).[3]) Eine jetzt wieder nach Karthago geschickte Gesandtschaft unter dem Patricius Tatianus erzielte keine besseren Erfolge, als früher. Diese unglücklichen Ver-hältnisse dauerten fort bis zum Jahre 467. Der thatkräftige Kaiser Leo, der immer die Politik des engen Zusammenschlusses beider Reichs-hälften vertreten hatte, wufste sich jetzt nach vielen vergeblichen Versuchen dem Einflufs des bisher allmächtigen Aspar zu entziehen. Er trat mit Ricimer in Verbindung, der notgedrungen seine Forderung: Besetzung des seit 465 verwaisten Kaiserthrones mit dem Griechen Anthemius bewilligen mufste, dafür aber als Garantie seiner Gewalt die Hand der Tochter des neuen Kaisers erhielt.[4]) Mit einem grofsen Heere landete Anthemius im Frühjahr 467 in Italien und liefs sich in der Nähe von Rom am 12. April d. J. zum Augustus ausrufen. Die Flotte, auf der sich der Kaiser befand, führte Marcellinus, der von Leo dazu gewonnen worden war, die Stellung des Anthemius gegen Ricimers Einflufs zu stützen und gegen die Wandalen von Italien aus vorzugehen.[5]) Bevor das letztere geschah, sandte Leo

---

1) Hydat. 224: Mense Maio supradicti viri Aegidi legati per Oceanum ad Vandalos transeunt, qui eodem cursu Septembri mense revertuntur ad eos (464).

2) Prisk. fr. 30: πρὸς μὲν τὸν Μαρκελλῖνον Φύλαρχος σταλεὶς ἔπεισε κατὰ 'Ρωμαίων ὅπλα μὴ κινεῖν. Die Nachricht des Hydatius, Marcellin habe die Wan-dalen i. J. 464 auf Sizilien geschlagen, ist wenig wahrscheinlich, vermutlich beruht sie auf Verwechslung mit einem späteren Ereignis. (Vgl. Papencordt, S. 97, Note 3.)

3) Hydat. 228. 4) Vgl. die Quellenstellen bei Pauly-Wissowa, Real-encyklopädie I, 2366.

5) Hydat. 234 (fälschlich z. J. 465). Consul. Constant. (Chron. min. I, 247): Adversum Wandalos grandis exercitus cum Marcellino duce dirigitur (irrig zu 464). Proc. b. V. I, 6.

wiederum den Phylarchus an Geiserich, um diesem die Thron-
besteigung des Anthemius anzuzeigen und ihm mit Krieg zu drohen,
wenn er nicht von seinen Zügen nach Italien abstünde. Der König
wies jedoch dieses Verlangen schroff zurück und rüstete zum Kriege,
da, wie er sagte, die Oströmer die geschlossenen Verträge gebrochen
hätten.[1])

Die Raubzüge der Wandalen richteten sich nunmehr statt
gegen Italien, wo ohnehin nichts mehr zu holen war, gegen die
Küstengebiete des Ostreiches. Illyrien, der Peloponnes und das
ganze übrige Griechenland spürten jetzt die Hand des gewaltigen
Germanenkönigs[2]); auch Ägyptens Hauptstadt Alexandria schien von
ihm bedroht.[3]) Da es ohne Zweifel auch in diesen Fällen nur auf
Erwerb von Beute abgesehen war, so ist kaum anzunehmen, daſs
besondere Greuelthaten damals auſser den üblichen Plünderungen
und Zerstörungen von Ortschaften verübt worden wären. Das Gegenteil könnte man allerdings aus einer Erzählung Prokops (b. V. I, 22)
entnehmen. Hiernach sollen die Wandalen bei dem Versuch, an dem
Vorgebirge Tänarum im Peloponnes zu landen, mit starkem Verlust
zurückgeschlagen worden sein; aus Rache dafür habe Geiserich auf
der Insel Zakynthos zahlreiche Menschen ermorden, gegen 500 angesehene Einwohner gefangen nehmen und diese dann auf offener
See in Kochstücke zerhackt (κρεουργήσας) ins Meer werfen lassen.
Dieser Bericht macht jedoch nicht den Eindruck unbedingter Glaubwürdigkeit; denn es ist nicht recht einzusehen, warum der König
die Gefangenen, wenn deren Ermordung überhaupt beabsichtigt war,
nicht schon auf dem Lande hat töten lassen. Es ist wohl eher
anzunehmen, daſs Unwetter auf See die Entlastung der Schiffe notwendig gemacht oder daſs eine Meuterei jener stattgefunden hat.

Inzwischen versuchte Marcellinus von Italien aus einen Vorstoſs nach
Afrika zu unternehmen, wurde aber durch widrige Winde am weiteren
Vordringen gehindert.[4]) Doch hatte das Erscheinen der römischen
Flotte wenigstens den Erfolg, daſs die Gesandten, die von den
Königen der Westgoten und Sweben Eurich und Romismund an
Geiserich abgeschickt worden waren, um wie schon früher eine
Koalition gegen das Reich zu verabreden, schleunigst wieder um-

---

1) Prisc. fr. 40.
2) Proc. b. V. I, 5. Vict. Vit. I, 51. Vgl. auch Prisc. fr. 42.
3) Leben des Daniel Stylites von Symeon Metaphrastes (10. Jahrh., aber
nach einer älteren Vorlage) bei Surius, Vit. sanct. 11. dec. § 33.
4) Hydat. 236 (nach der Erhebung des Anthemius, falsch zu 466).

kehrten (467).[1]) Das Mißlingen dieser Unternehmung gab dem Kaiser Leo Veranlassung zu gewaltigen Rüstungen, um endlich mit einem entscheidenden Schlage das Wandalenreich zu vernichten. Die Quellen bezeugen übereinstimmend, daß dazu ganz außergewöhnliche Anstrengungen gemacht worden sind.

In den Häfen des Ostreiches wurden alle verfügbaren Schiffe requiriert, im ganzen ca. 1100, welche von 7000 (?) Seeleuten geführt wurden, und ein Heer von über 100 000 Mann angeworben; zur Bestreitung der Kosten brachte man 64 000 Pfund Gold und 700 000 Pfund Silber, wovon ein Teil vom Kaiser Anthemius beigesteuert wurde, zusammen. Nach heutigem Gelde würde dies die Summe von ca. 104 Millionen Mark ausmachen.[2]) Alles dies geschah im Gegensatz zu Aspar, dessen wandalenfreundliche Gesinnung bekannt war; es war nicht ohne Grund, daß sich damals das Gerücht verbreitete, Aspar sei wegen Begünstigung dieses Volkes abgesetzt und sein Sohn hingerichtet worden.[3])

Der wohlausgedachte Kriegsplan ging dahin, das Wandalenreich auf drei Seiten anzugreifen. Das Hauptheer, dessen Kommando

---

1) Hydat. 238, 240. — Hierauf geht wohl die Mitteilung des Jordanes Get. c. 47 zurück, Geiserich habe zur Sicherung seines Reiches ein Bündnis mit Eurich geschlossen. Wenn es ebendaselbst heißt, der Wandalenkönig habe gleichzeitig auch die Ostgoten zum Kriege gegen Byzanz veranlaßt, so liegt dieser Angabe wohl lediglich die Thatsache zu Grunde, daß später (i. J. 473) der Rechtsnachfolger Aspars, Theoderich Strabo, dem oströmischen Kaiser die Bedingung stellte, zur Kriegshilfe gegen die Wandalen nicht verpflichtet zu sein (Malch. fr. 7). Papencordt, S. 104, N. 3, bezieht Jordanes fälschlich auf die Zeit von 470—71; doch ist auf die Chronologie dieses Geschichtschreibers kein Gewicht zu legen.

2) Die aufgebrachten Summen werden von Candidus Fragm. 2 im einzelnen nach offiziellen Quellen angegeben. Nach Joh. Lydus de magistratibus III, 43 waren es 65 000 Pfund Gold, 700 000 Pfund Silber. Wohl nur auf Textverderbnis beruht die abweichende Angabe Kedrens (I, 613 Bonn): 650 000 Pfund Gold, 700 000 Pfund Silber, außer dem, was aus dem Ärar genommen und von Westrom beigesteuert worden war. Nach Priskus bei Theophanes 5961 und Prokop I, 6 war die Gesamtsumme 130 000, nach Nicephorus hist. eccl. XV, 27 120 000 Pfund Gold. Ein Pfund Gold repräsentiert einen Wert von 913,59 Mark, vgl. Hultsch, Metrologie, 2. Aufl. S. 317. Das Verhältnis des Goldes zum Silber war damals ungefähr 1 : 14 (Hultsch 330 N. 1). Die Zahl der Schiffe (wohl fast sämtlich Transportschiffe, also Segler) beziffert Priskus auf 1100 (so ist der Text zu emendieren statt 100000), Joh. Lydus auf 10000 Liburnen, Kedren auf 1113, die der Mannschaften der letztgenannte auf 111300 (auf jedes Schiff 100 Mann), Joh. Lydus auf 400000, Prokop auf über 100000. Die Zahl der Seeleute geben Theodorus Lector I, 25 und Nicephorus a. a. O. an, doch ist dieselbe schwerlich richtig. Bei der Expedition Belisars kamen auf jedes Transportschiff 40 Seeleute als Bemannung.

3) Hydat. 247 (zu 468): Vandalis consulentes.

dem Basiliskus, dem Schwager Leos, übertragen war, sollte direkt
gegen Karthago vorgehen, ein anderes Korps unter Heraklius und
Marsus von Ägypten aus auf dem Landwege nach Westen vordringen
und Marcellin mit seiner Flotte die Stützpunkte der Wandalen im
Mittelmeer wegnehmen.[1]) Der Anfang des Krieges nahm einen
für die Römer günstigen Verlauf. Die Truppen des Heraklius und
Marsus machten rasche Fortschritte, nachdem sie die in Tripolis
stationierten wandalischen Krieger geschlagen, während Marcellin
Sardinien und Sizilien von den Feinden säuberte.[2]) Ebenso vermochte
Basiliskus die Landung seiner Flotte an dem Promunturium Mercurii
(jetzt Kap Bon), nachdem er mehrere Kämpfe mit wandalischen
Schiffen erfolgreich bestanden, glücklich zu bewerkstelligen.[3]) Alles
deutete darauf hin, daſs die Stunden des Wandalenreiches gezählt
seien. Statt jedoch die errungenen Vorteile zu benutzen, lieſs sich
der Anführer der Griechen überlisten und bewilligte dem Könige
einen fünftägigen Waffenstillstand, den dieser erbeten hatte, angeblich
um· eine Versöhnung mit dem Kaiser in die Wege zu leiten, in
Wahrheit aber nur um Zeit zu Rüstungen zu gewinnen und den
Eintritt günstigen Windes abzuwarten. Basiliskus war um so eher
zu diesem, wie es schien, unbedenklichen Zugeständnis geneigt, als
Geiserich seine Bitte durch reiche Geschenke unterstützt hatte.[4]) Als
die erwartete Gelegenheit eintrat, segelten die Wandalen zur Nacht-
zeit mit Brandern aufs Meer hinaus und zündeten durch diese einen
Teil der feindlichen Flotte an, während die übrigen Schiffe bei der
entstandenen Verwirrung teils gekapert, teils zur Flucht gezwungen
wurden. Kaum die Hälfte der stattlichen Armada vermochte Sizilien
zu erreichen (Sommer 468).[5])

---

1) Hydat. 247: ... magnum valde exercitum cum tribus ducibus lectis
adversum Vandalos a Leone imperatore descendisse directo Marcellino pariter
cum manu magna eidem per imperatorem Anthemium sociata. Die drei hier genannten Heerführer sind Basiliskus, Heraklius und Marsus, welchen letzteren
Prokop (I, 6) nicht, sondern allein Theophanes (5963) nennt. Doch irrt dieser
insofern, als er die Expedition des Heraklius u. s. w. zwei Jahre später ansetzt.
2) Prokop a. a. O. Hierauf bezieht sich wohl Hydat. 227: Vandali per
Marcellinum in Sicilia caesi effugantur ex ea, welche Notiz fälschlich zum
Jahre 464 steht.   3) Prok. Prisk. fr. 42. Candid. fr. 1.
4) Nach Malchus fragm. 7 war Basiliskus geldgierig und schwerfälligen Geistes.
5) Am ausführlichsten darüber Prok. I, 6. Vgl. ferner Priskus fr. 42; Jordan.
Rom. 337 (wohl nach Priskus); Theodor. Lect. I, 25; Malal. XIV p. 372 f. Theoph.
5961. Kedren. I, 613. Zonaras XIV, 1, 24 ff. Niceph. hist. eccl. XV, 27. Paulus
Diac. hist. Rom. XV, 2 (vgl. dazu Bauch, Über die hist. Romana des P. D. S. 63).
Nach Suidas s. v. ἐπικείμενα erhielt Bas. 2000 Pfund Gold und sonstige Kostbarkeiten zum Geschenk.

So scheint der wahre Sachverhalt zu sein. Es lag die Vermutung nahe, daſs Basiliskus als Verräter gehandelt und die Flotte mit Bewuſstsein den Wandalen preisgegeben habe, und die Mehrzahl der Quellen hat dies direkt ausgesprochen. Als Motiv wird einerseits Bestechung durch Geiserich angegeben, indem man die von diesem anläſslich des Waffenstillstandes gegebenen Geschenke damit in Verbindung brachte (so schon der Zeitgenosse Priskus), andrerseits ein vor Beginn des Feldzuges zwischen Basiliskus und Aspar getroffenes Abkommen zu dem Zwecke, dem Kaiser Leo Schwierigkeiten zu bereiten.

Marcellin bereitete nun zwar einen Angriff auf Karthago vor, wurde aber, bevor derselbe zur Ausführung gelangte, wahrscheinlich auf Anstiften seines alten Feindes Ricimer, im August d. J. auf Sizilien ermordet.[1]) Heraklius aber und Marsus sahen sich hierdurch genötigt, die bisher errungenen Erfolge ganz aufzugeben, und wurden nach Hause zurückberufen. Die Folge war, daſs die Wandalen die ihnen abgenommenen Stützpunkte ihrer Seeherrschaft im Mittelmeer wieder in Besitz nahmen. Leo war auſser stande, die Scharte auszuwetzen, da Aspar jetzt wieder zu Einfluſs gelangte, und sah sich genötigt, mit Geiserich Frieden zu schlieſsen[2]), während ein von Anthemius i. J. 470 geplanter Kriegszug gegen die Wandalen, den Ricimer leiten sollte, daran scheiterte, daſs dieser sich empörte und mit den ihm anvertrauten 6000 Mann den Kaiser von Mailand aus bedrohte.[3]) Zwar gelang es dem Bischof Epiphanius, vorläufig den Frieden wiederherzustellen, aber die Spannung blieb bestehen, und auch der Angriff gegen die Wandalen unterblieb, da die Westgoten in Gallien mächtig um sich griffen. Während die Streitkräfte des Anthemius in Gallien beschäftigt waren (471), kam es wieder zum Bruche; Ricimer trat mit Leo und wahrscheinlich auch mit Geiserich in Verbindung und lieſs sich den Thronkandidaten des Wandalenkönigs Olybrius, der zugleich als Gemahl der Placidia einen gewissen Zusammenhang mit dem theodosianischen Kaiserhause hatte, von Konstantinopel kommen.[4]) Im April 472 wurde Olybrius

---

1) Marcellin. Com. chron. a. 468. Cassiod. chron. c. 1285. Cons. Ital. c. 601 (Chron. min. I, 305). 2) Theoph. 5963.

3) Joh. Ant. fr. 207. Ricimers Auflehnung stand im Zusammenhang mit der Ermordung des Patricius Romanus, welche nach den Konsularfasten 470 erfolgte.

4) Paul. Diac., Hist. Rom. XV, 3 nach den italienischen Konsularfasten. Theoph. 5964. Die Erzählung des Malalas XIV, 373 f. von den angeblichen Missionen des Olybrius nach Rom und zu Geiserich zur Anbahnung einer Versöhnung und von dem Verrat, den Kaiser Leo an jenem wegen seiner Wandalenfreundlichkeit beabsichtigt, ist ganz von der Hand zu weisen.

zum Augustus ausgerufen, während Anthemius am 30. Juni d. J. im
Bürgerkriege den Tod fand. Es schien so die beste Lösung aller
Schwierigkeiten gefunden und Aussicht vorhanden zu sein, das dahin-
siechende Reich noch eine Zeit lang vor dem Untergange zu bewahren. Aber Ricimer starb bereits am 19. August d. J., und ihm
folgte der neue Kaiser am 2. November im Tode nach. Die Truppen
riefen nun (am 3. März 473) den Glycerius als Imperator aus,
während Leo den Julius Nepos zu dieser Würde ernannte, der denn
auch seinen Nebenbuhler des Thrones beraubte[1]), aber wiederum dem
Patricius Orestes weichen mußte (28. August 475). Dieser setzte
seinen Sohn, den jungen Romulus, auf den Kaiserthron und schloß,
um sich gegen Byzanz zu decken, mit Geiserich ein Bündnis,[2]) wurde
aber von dem Germanenführer Odovakar im Bürgerkriege getötet
(28. August 476), worauf das Kaiserlein (Augustulus) zur Abdankung
gezwungen wurde (September d. J.).

In Ostrom war inzwischen der Kaiser Leo gestorben
(18. Januar 474); ihm folgte Zeno, der anfänglich von Basiliskus
verdrängt und genötigt wurde, die Hauptstadt zu verlassen
(9. Januar 475), aber im Sommer des folgenden Jahres wieder
dahin zurückkehrte. Wie früher verwüsteten die Wandalen,
wahrscheinlich nach dem Tode Leos die mit diesem abgeschlossenen
Verträge als gelöst betrachtend, in häufigen Expeditionen vor-
nehmlich die griechischen Küstengebiete. Zeno, außer stande,
die Räuber zu bestrafen, sah sich genötigt, um Frieden zu
bitten; der durch vortreffliche Charaktereigenschaften ausgezeichnete
Senator[3]) Severus wurde mit der Führung der Verhandlungen beauftragt und nach Karthago geschickt. Auf die Nachricht, daß eine
oströmische Gesandtschaft zu ihm abgehen solle, ließ Geiserich
noch schnell eine Flotte auslaufen, welche Nikopolis an der Küste von
Epirus wegnahm; doch ließ er sich schließlich herbei, in den Abschluß eines Vertrages zu willigen: Es wurde verabredet, daß beide
Reiche fortan nichts Feindliches gegeneinander unternehmen sollten;
der König versprach, den Katholiken in Karthago freie Religions-
übung zu gewähren und die Rückkehr der verbannten Geistlichen
zu gestatten, wenn er auch nicht dazu zu bewegen war, die Wieder-

---

1) Am 19. Juni 474 wurde Nepos in Portus zum Kaiser erhoben.
2) Paul. Diac., Hist. Rom. XV, 7: Annali deinceps circulo evoluto cum rege
Wandalorum Geiserico foedus initum est ab Oreste patricio, d. h. 476, vgl. Holder-
Egger, Neues Archiv I, 308.
3) Er wurde zum Patricius ernannt, um dem Wandalenkönig zu schmeicheln.

besetzung des karthagischen Bischofsstuhles zu genehmigen. Aufserdem gab er die ihm und seiner Familie zugefallenen römischen Gefangenen ohne Lösegeld zurück und erteilte dem Severus die Erlaubnis, von den unter das Volk als Beute verteilten Sklaven beliebig viele mit Einverständnis ihrer Besitzer loszukaufen. Dagegen ist ohne Zweifel die Anerkennung des wandalischen Reiches in seinem damaligen Umfange — es umfaßte die ganze römische Provinz Afrika, die Balearen, Pithyusen, Korsika, Sardinien und Sizilien — von dem byzantinischen Kaiser, der jetzt, wenn auch zum Teil nur nominell, das Oberhaupt beider Reichshälften war, ausgesprochen worden. Was Sizilien betrifft, so überließ Geiserich diese Insel bald darauf an Odovakar gegen Zahlung eines Jahrestributs, sich nur einen Teil, wahrscheinlich die strategisch wichtige Gegend um Lilybaeum, vorbehaltend.[1]) Der Abschluß jenes Friedens, der bis zu den Zeiten Justinians fortbestand, fällt m. E. unzweifelhaft in den Herbst des Jahres 476; die Zeit ist begrenzt durch die Daten der Rückkehr Zenos (Sommer 476) und des Todes Geiserichs (Januar 477). In das Jahr 474, also vor das Exil des Kaisers, kann derselbe nicht gehören, da das erwähnte Bündnis der Wandalen mit Orestes (476) deutlich gegen Byzanz gerichtet war und notwendig vorher abgeschlossen worden sein muß.

Die oben angeführte Bestimmung des Friedensvertrages über die afrikanischen Katholiken macht es nötig, einen Rückblick auf die Stellung der katholischen Kirche unter Geiserichs Regierung seit dem Tode des Kaisers Valentinian (455) zu werfen.

Das seit 454 bestehende gute Verhältnis zu den Katholiken war zunächst nicht gestört worden; man darf dies sicher in der Hauptsache dem Einfluß des einsichtsvollen Bischofs Deogratias von Karthago zuschreiben, — also ein Beweis, daß es wesentlich von den Katholiken selbst abhing, sich eine günstigere Position im Wandalenreiche zu schaffen. Erst nach des Bischofs Tode (457)[2]) ist es wieder zu schärferen Maßregeln gegen jene gekommen. Daß die katholische Geistlichkeit die auswärtigen Verwicklungen Geiserichs benutzte, um gegen ihn zu konspirieren, scheint aus der Erzählung Victors (I, 23) von der Aufnahme eines „überseeischen" Mönches durch den Bischof Felix von Hadrumetum hervorzugehen. Dieser wurde daher mit vollem Rechte verbannt, und das gleiche Schicksal

---

1) Malch. fr. 3. Procop. b. V. I, 7. Vict. Vit. I, 14. 51.
2) Das Kalendarium Carthaginense bei Egli, Altchristl. Studien (Zürich 1887) S. 108 ff. Nr. 65, giebt seine Depositio zum 5. Jan. an.

traf eine Anzahl anderer, wahrscheinlich ebenfalls des Hochverrats
verdächtiger Bischöfe, so namentlich die Inhaber der zur Tripolitana
gehörigen Bischofsstühle von Girba, Sabrata und Oea (vgl. dazu
oben). Starb einer von diesen Vertriebenen während des Exils, so
durfte ihm kein Nachfolger bestellt werden.[1]) Die bisher noch ge-
duldeten Bischöfe in der Prokonsularis — ihre Zahl giebt Victor
auf 164 an — wurden ganz auf den Aussterbeetat gesetzt und ihnen
auferdem durch Konfiskation der Kirchengeräte die Ausübung ihres Amtes
erschwert. Diese Maßregel erklärt sich wohl daraus, daß jene in den
in der Nachbarschaft gelegenen wandalischen Bezirken eifrig kirchliche wie politische Propaganda getrieben hatten.[2]) Diejenigen, die
den Befehlen des Königs hierbei Widerstand entgegensetzten, wurden
mit harten Strafen belegt, wie das Beispiel des Bischofs Valerianus
von Abensa beweist.[3]) Die den Katholiken eingeräumten Kirchen
von Karthago wurden nun wieder wie früher ganz gesperrt, und die
Einsetzung eines neuen Bischofs an des Deogratias Stelle ward nicht
genehmigt.[4]) Wenn die orthodoxen Geistlichen in den ihnen ver-
schlossenen Kirchen Gottesdienst zu halten versuchten und sie selbst
und die von ihnen aufgereizte Bevölkerung dafür am Leben gestraft
wurden, wie es bei Bulla Regia vorkam, so war dies eine gerechte,
wenn auch zu scharfe Strafe ihres Trotzes, und es gehört die ganze
Naivetät des Erzählers (Vict. I 41 f.) dazu, um die beteiligten Katholiken als schuldlos hinzustellen. Systematische Verfolgungen lediglich um des Bekenntnisses willen scheinen unter Geiserich überhaupt
weder früher noch später stattgefunden zu haben. Ob die Erzählung
des Hydat. c. 120 von einer im Jahre 440 stattgefundenen Katholikenverfolgung Geiserichs auf Sizilien völlig der Wahrheit entspricht,
muß noch sehr bezweifelt werden; der Sachverhalt war wohl der,
daß der arianische Bischof Maximin die Anwesenheit der Wandalen
auf der Insel benutzte, um auf eigne Faust vorzugehen, gewaltsame
Bekehrungsversuche zu machen und sich an seinen orthodoxen Ver-
folgern zu rächen. Politische Motive lagen sicher dem Verfahren
gegen einige christliche Sklaven, die einem wandalischen Tausend-
führer gehört hatten, zu Grunde. Geiserich verfügte deren Ver-

---

1) Ein Beispiel von Begnadigung eines aufsässigen Bischofs durch Geiserich
bietet Dracontius, Satisf. v. 299 ff.: Vincemalos, wahrscheinlich Bischof in Maur.
Caes. Victor Vit. verschweigt solche Fälle von Milde natürlich gänzlich.

2) Daß dies Erfolg gehabt, zeigt Victor III, 38: Wandali duo sub Geiserico
saepius confessi; III, 33 (Dagila).

3) Vict. I, 29. 39. 40.

4) Vict. I, 51.

bannung zu den Mauren, bei denen sie zahlreiche Heiden bekehrten. Als sie aber mit dem nächstwohnenden katholischen Bischof in Verbindung traten, um von diesem sich Geistliche zu erbitten, ließ sie der König, der offenbar eine Untergrabung seines Ansehens in den maurischen Bezirken fürchtete, von wilden Pferden zu Tode schleifen.[1])

Die Verfügung Geiserichs, es sollte die Beamtenschaft in seiner Umgebung sowie bei den Hofhaltungen seiner Söhne nur aus Arianern bestehen, muß unter allen Umständen als berechtigt angesehen werden. An sich betrachtet kann man es dem Könige nicht verdenken, daß er in seiner und seiner Familie Umgebung nur Bekenner seiner Religion dulden wollte. Soweit Unfreie in Frage kamen, war das Vorgehen rechtlich ohne weiteres zulässig, da der Knecht ja völlig in der Gewalt seines Besitzers stand. Gegen die zu den Freien zählenden Mitglieder des Hofstaates aber kam der Grundsatz zur Anwendung, daß dieselben entsprechend ihrer wichtigen Stellung im Mittelpunkte des Staates besondere Treue und besonderen Gehorsam ihrem Herrn schuldig waren.[2]) Als Beweis der Treue und Ergebenheit aber galt vor allem die Annahme der arianischen Wiedertaufe. Gleichwohl ist es zu einer strikten Durchführung jenes Gebotes nicht gekommen, vgl. Vict. Vit. II, 8. 23. Das Ansinnen, sich zum Arianismus zu bekennen, ward anscheinend nur an diejenigen gestellt, bei denen schwerwiegende Gründe zum Mißtrauen (Unterhaltung von Verbindungen mit katholischen Bischöfen, Betreibung orthodoxer Propaganda unter den Amtsgenossen) bestanden. Hierher gehören die Erzählungen Victors I, 21. 43 ff. von Sebastianus (vgl. oben), Armogast und Saturus (vgl. bei dem letztgenannten die für die Motivierung wichtige Stelle § 48: Qui cum lucidum esset membrum ecclesiae Christi et pravitatem Arrianorum libertate catholica frequenter argueret), wie auch die schon erörterte Geschichte der vier katholischen Spanier. Daß gegen die Widerstrebenden oft über die Gebühr grausam verfahren wurde, ist zum Teil auf den Charakter des Königs, zum Teil aber auch auf die Wirksamkeit des arianischen Klerus zurückzuführen, dem zumeist die Exekution der königlichen Befehle übertragen war und der begreiflicherweise die günstige Gelegenheit zur Befriedigung seiner Rachegefühle nicht vorübergehen ließ. Daß die Schaffung von

---

1) Vict. I, 35 ff.
2) Vgl. dazu Brunner, Rechtsgeschichte II, 78 und weiter unten.

Martyrien möglichst vermieden wurde, geschah nur, um die Position
der Orthodoxen nicht zu stärken. Einen weitgehenderen Einfluß
hat jener jedoch, wenigstens unter Geiserich, im allgemeinen nicht
ausgeübt; das Vorgehen gegen die Katholiken würde sonst weit
größere Dimensionen angenommen haben, und wir müssen doch annehmen, daß unsere katholischen Berichterstatter das Material nahezu
vollständig überliefert haben. Daß die arianischen Priester unter
der eingeschüchterten römischen Bevölkerung eifrig Propaganda
trieben und die verwerflichsten Mittel zur Erreichung ihres Zieles
anwendeten, ist von vornherein anzunehmen, vgl. dazu auch das
unten mitgeteilte Zeugnis des unter Geiserich geschriebenen Liber
de promissionibus IV, 5.[1])

Am 25. Januar 477 starb Geiserich hochbetagt[2]), nachdem er
das Wandalenreich auf den Gipfel seiner Macht geführt hatte. Wenn
Sidonius Apollinaris schon zum Jahre 458 sagt, der König sei träge
geworden, seine Gesundheit durch Schwelgereien und lasterhaftes
Leben zu Grunde gerichtet[3]), so ist dies sicher in allen Punkten
unwahr, wie seine bis zuletzt entfaltete Thatkraft beweist. Was er
als Heerführer und in der äußeren Politik geleistet, ist bei den
schwierigen Verhältnissen, mit denen er fortwährend zu kämpfen
hatte, jedenfalls bewundernswert. Die Macht, auf die er sich stützen
konnte, war sehr gering, und nur durch die kluge Benutzung der
damaligen politischen Konstellationen war es ihm möglich, seine
Herrschaft gegen die Übermacht der Feinde zu behaupten. Daß er
in seinen Mitteln nicht wählerisch war und den Bruch geschlossener
Verträge nicht scheute, kann ihm kaum zum Vorwurf gemacht
werden. Seine Bedeutung in dieser Hinsicht ist daher auch allseitig
rückhaltlos anerkannt worden, und Prokop[4]) hat völlig recht, wenn er
ihn neben Theoderich als den hervorragendsten Barbarenfürsten [be-
zeichnet. Wie hoch sein Andenken von seinem Volke in Ehren ge-

---

1) Arianos quos nunc videmus multos seducere, aut potentia temporali
aut industria mali ingenii aut certe abstinentia parcitatis vel quorumlibet
signorum deceptione. — Bezüglich des Auftretens des arianischen Klerus ist
Victor Vit. keine ganz zuverlässige Quelle, da letzterer naturgemäß jenen mit
ganz besonderem Hasse verfolgte.

2) Das Datum ergiebt sich aus dem Laterculus regum Vandalorum et
Alanorum (Chron. min. III, 458): qui (Geisericus) regnavit . . . ann. XXXVII,
m. III, d. VI, von der Eroberung Karthagos (19. Oktober 439) ab gerechnet.
Vgl. Vict. Vit. I, 51. Proc. b. V. I, 7 (39 Jahre), Vict. Tonn. a. 464: im
40. Jahre.

3) Carm. V, 328. 339 ff.

4) Bell. Goth. III, 1.

halten wurde, zeigt die Rede Gelimers bei Prokop (bell. Vand. II, 2),
worin derselbe die Wandalen ermahnt, tapfer zu kämpfen und dem
Ruhme Geiserichs keine Schande zu machen. Offenbar wesentlich
dem Einfluſs seiner Kriegsthaten war es zu danken, wenn die
Mauren, die sich früher und später als eine Geiſsel der kultivierten
Distrikte Afrikas zeigten, während der Dauer seiner Regierung sich
völlig ruhig verhielten.

Wesentlich ungünstiger dagegen muſs das Urteil über des Königs
staatsmännische Eigenschaften ausfallen. Die nähere Ausführung ist
in einem anderen Zusammenhange zu geben. Das Reich, das Geiserich
gründete, trug den Keim des Verfalls in sich. Die Einwanderer
und die Römer wohnten in demselben in abgesonderten Landschaften
nebeneinander; beide Unterthanenklassen wurden nach ihren nationalen
Einrichtungen regiert, ohne daſs es jedoch zu einer Anerkennung
der Rechtsverhältnisse der römischen Bevölkerung gekommen wäre.
Geiserich kam als selbständiger Eroberer ins Land; seine Absicht
ging nicht dahin, wie die der burgundischen und gotischen Könige,
sein Volk in den Organismus des römischen Reiches einzufügen,
ebensowenig aber hat er eine Staatserneuerung auf germanischer
Grundlage, wie sie die Franken und Langobarden durchgeführt haben,
angestrebt, sondern die Dinge in der Schwebe gelassen. Was er
versäumt, konnte später, auch wenn die Absicht dazu bestanden hätte,
nicht wieder gutgemacht werden. Seine legislatorische Thätigkeit
beschränkte sich in der Hauptsache auf den Erlaſs von Sittengesetzen,
sowie einer Thronfolgeordnung, welche letztere den Untergang des
Reiches wohl aufzuschieben, jedoch nicht abzuwenden vermochte. Es
wäre falsch, wenn man, den hauptsächlichsten Quellenzeugnissen
folgend, den König sich als einen finsteren, blutgierigen Wüterich
vorstellen wollte. Es ist bereits oben versucht worden, die Angaben
unserer Berichterstatter auf das richtige Maſs zurückzuführen. Seine
kriegerischen Expeditionen waren nicht von schlimmeren Greueltaten
begleitet, als die anderer Völker in jener barbarischen Zeit. Wesentlich aber kommt dabei in Betracht, daſs dieselben nicht durch pure
Raub- und Mordlust veranlaſst waren, sondern zumeist sich aus
schwer wiegenden politischen Gründen nötig machten. Das Gleiche
gilt von dem vielfach so grausamen Auftreten Geiserichs im Innern
seines Reiches; auch hier kommt es auf die Feststellung der Motive
an, die die Verhältnisse in einem weit milderen Lichte erscheinen
lassen. Gewiſs, gewaltthätig war seine Natur; aber ein milder,
humaner Charakter wäre auch nicht im stande gewesen, der Schwierig-

keiten, die sich allenthalben aufttirmten, Meister zu werden. Daß
ihm rein menschliche Gefühle nicht fremd waren, lehrt z. B. sein
Verhalten gegenüber dem kaiserlichen Gesandten Severus, dem er
wegen seines unantastbaren Charakters die gröfste Hochachtung be-
zeigte und dem zuliebe er aus freien Stticken seine Sklaven ohne
Lösegeld freigab, ferner die Gesinnung, die er gegen seine Gefolgsgenossen an den Tag legte, indem er dieselben auf dem Totenbette
seinem Nachfolger empfahl.

Drittes Buch.

———

Nach dem Hausgesetze Geiserichs folgte dessen ältester Sohn Hunerich auf den Königsthron. Dieser war, wie wir schon erwähnten, mit der Tochter Valentinians III. Eudoxia vermählt, welche indessen bereits i. J. 472 angeblich aus Abneigung gegen den arianischen Glauben ihren Gatten verlassen und sich nach Jerusalem geflüchtet hatte.[1]) Gleich zu Anfang seiner Regierung kam es deutlich zur Erscheinung, daß das Ansehen des Wandalenreiches stark erschüttert war. Der jedenfalls schon in den letzten Jahren Geiserichs eingetretene Verfall der Volkskraft machte rasche Fortschritte. Die Wandalen, ohnehin von geringerer Widerstandsfähigkeit gegen die schädlichen Einflüsse der römischen Kultur, als beispielsweise die aus härterem Stoffe gefügten Langobarden, erschlafften immer mehr und versanken in Üppigkeit und Wohlleben. Den Feinden konnten die veränderten Verhältnisse natürlich nicht lange verborgen bleiben. So gelang es nach wechselvollen Kämpfen den im aurasischen Gebirge wohnhaften maurischen Stämmen, die Herrschaft der Wandalen abzuschütteln.[2]) Es waren dieselben Völkerschaften, deren König Jaudas oder Jabdas den Byzantinern nach dem Zusammenbruche des wandalischen Reiches so schwer zu schaffen machte.[3]) Diese Mißerfolge scheinen ihre Wirkung auch auf den inzwischen mit dem oströmischen Reiche ausgebrochenen Konflikt ausgeübt zu haben. Hunerich hatte die Herausgabe des Vermögens der Eudoxia verlangt und noch andere von seinem Vater erhobene Ansprüche erneuert; es war auch bereits zu Feindseligkeiten gekommen, die zunächst ihren Ausdruck in dem Wegkapern von Handelsschiffen fanden. Vom Kaiser Zeno, der den Frieden sehnlichst wünschte, wurde der Haushofmeister von Hunerichs

---

1) Theophan. 5964.

2) Procop. de aedif. VI, 7. B. V. I, 8. II, 13. Die Städte Diana Veteranorum und Lambaesis sind wohl damals zerstört worden; 484 erscheinen keine Bischöfe von da auf der Konferenz zu Karthago.

3) Man scheint Sizilien sehr bald nachher aufgegeben und sich mit dem ausbedungenen Tribut begnügt zu haben; allerdings wurden anfänglich noch katholische Hofbeamte nach dieser Insel verbannt, vgl. Victor II, 23; aber 484 werden keine sizilischen Bischöfe genannt. Das Gleiche gilt von Mauretania Tingitana, vgl. auch Gelzer, Byzantin. Zeitschrift II, 34.

Schwägerin Placidia Alexander nach Karthago geschickt, und diesem
gelang es bald, die Differenzen zu beseitigen. Der König nahm, in
der Erkenntnis, daſs die Macht des Wandalenreiches nicht mehr auf
der früheren Höhe stand, alle Forderungen zurück, verzichtete auch
auf Erstattung der den karthagischen Kaufleuten erwachsenen Schäden
und erklärte, mit dem Kaiser in Frieden und Freundschaft leben zu
wollen. Als Grund dieses raschen Rückzuges gab er die seiner
Schwägerin am kaiserlichen Hofe zu teil werdende ehrenvolle Behandlung an, ein Vorgeben, das zu fadenscheinig war, um nicht durch-
schaut zu werden.[1]) Auch weiterhin zeigte sich der König nachgiebig,
indem er auf Verwendung des Kaisers und der Placidia die Wiederbesetzung des Bischofsstuhles von Karthago genehmigte und überhaupt den katholischen Geistlichen eine gröſsere Bewegungsfreiheit
einräumte; als Gegenleistung verlangte er nur, daſs man dem
arianischen Klerus im oströmischen Reiche bei der Ausübung seiner
Funktionen keine Schwierigkeiten in den Weg lege. Wahrscheinlich
Ende Juni 481[2]) wurde Eugenius zum Bischof von Karthago gewählt; zwar wollte die intolerante Geistlichkeit anfänglich von
jener nicht unbilligen Bedingung nichts wissen und lieber auf alles
verzichten, doch wurde ihr Widerstand durch das Drängen des
Volkes und durch das kluge Verhalten des kaiserlichen Gesandten
Alexander, der die Verhandlungen im Auftrage des Königs leitete,
gebrochen.[3]) Eine Beeinträchtigung erfuhren die hierdurch geschaffenen
günstigeren Verhältnisse der römischen Unterthanen allerdings durch
die Einführung eines drückenden Abgabensystems; doch sind wir nach
den dürftigen und parteiischen Angaben Victors[4]) nicht in der Lage,
ein einigermaſsen zuverlässiges Bild von der Art desselben zu gewinnen. Daſs es aber nur die Furcht vor einem ernstlichen Konflikt
mit Byzanz war, die den König veranlaſste, mildere Seiten den katholischen Unterthanen gegenüber aufzuziehen, lehrt sein sonstiges Verhalten, wobei er sich in seiner wahren Natur, als blutdürstigen Tyrannen
der schlimmsten Art, zeigte. Zunächst wütete er mit furchtbarer

---

1) Malch. fr. 13. Diese Vorgänge müssen, da das Werk des Malchus nur
bis 480 reichte, etwa ins Jahr 479 fallen.

2) Nach Victor II, 2 war der Bischofssitz 24 volle Jahre unbesetzt; Deogratias
starb i. J. 457. Die Botschaft Hunerichs an den karthagischen Klerus datiert
vom 18. Juni. — In jene Zeit fällt wohl die Disputation zwischen dem mauretanischen Bischof Cerealis und dem arian. Bischof Maximinus zu Karthago, die
noch erhalten ist. (De fide s. trinitatis, Migne 58, 755 ff., vgl. Pseudogennad. c. 97;
Isidor de vir. ill. c. 11).

3) Vict. II, 3 ff.   4) II, 2.

Grausamkeit gegen die im Lande wohnenden Manichäer, schwerlich jedoch in der Absicht, wie Victor angiebt, um dadurch die Katholiken günstig zu stimmen, sondern wohl um der erfolgreichen manichäischen Propaganda unter der arianischen Priesterschaft einen Riegel vor-zuschieben. Weiter richtete er seine Verfolgungen gegen die Familien seiner Brüder Theoderich und Gento, um die Thronfolge seinem Sohne Hilderich zu sichern. Zunächst ließ er die Gattin Theoderichs, deren Klugheit er besonders fürchtete, unter einer falschen Anklage hinrichten; das gleiche Schicksal traf ihren ältesten durch Bildung ausgezeichneten Sohn[1]), während Theoderich und der älteste Sohn Gentos, Godagis, mittellos in die Verbannung geschickt wurden, wo sie durch einen natürlichen Tod vor der ihnen drohenden Ermordung bewahrt wurden. Theoderichs überlebender unmündiger Sohn und seine beiden erwachsenen Töchter wurden zu der schimpflichen Strafe des Eselreitens verdammt. Die vermeintlichen und wirklichen Anhänger der Verfolgten aber, sowie die Freunde und Waffen-gefährten Geiserichs ließ er in großer Zahl töten, so den arianischen Patriarchen Jucundus, der auf offener Straße (in media civitate pro gradibus plateae novae, d. h. an der Treppe, die von der unteren Stadt Karthago nach der oberen führte)[2]) verbrannt wurde, ferner den be-jahrten Reichskanzler seines Vaters Heldica u. a. m.

Als Hunerich erkannte, daß er einen Angriff des Kaisers nicht zu erwarten habe, schritt er auch zur Unterdrückung seiner katholischen Unterthanen. Willig folgte er den Einflüsterungen der arianischen Geistlichkeit, unter der der Patriarch Cyrila[3]) der fanatischste war. Es kann nicht unsere Aufgabe sein, die Einzelheiten der Katholikenver-folgungen Hunerichs an dieser Stelle zu erzählen; es mag genügen, hier die wesentlichsten Punkte vorzuführen. Unsere Hauptquelle ist Victor von Vita II, 6 ff., III, 1 ff., dessen Darstellung, wenn auch vielfach übertrieben und legendenhaften Charakters[4]), doch im großen und ganzen der Wahrheit entsprechen dürfte. Zunächst erließ der König

1) Daraus, daß dieser zunächst aus dem Wege geräumt wurde, hat Vict. Vit. II, 13 irrig gefolgert, daß er der nächstberechtigte Thronerbe gewesen sei, während dies in Wirklichkeit des Königs Bruder Theoderich war.

2) Vict. II, 13. Vgl. Wieland, Ein Ausflug ins altchristliche Afrika (1900) S. 22.

3) Die Beziehung der Inschrift C. I. L. VIII n. 10904 auf diesen ist unsicher. Anderer Ansicht ist Schwarze a. a. O. S. 159. 93. Über ihn vgl. auch die Passio VII monachorum § 2 und den sagenhaften Bericht über die Hunerichverfolgung bei Greg. Tur. hist. Franc II, 3.

4) Die H, 17 ff. geschilderten Visionen sind natürlich nach den später ein-getretenen Ereignissen konstruiert.

die Verfügung, daſs alle diejenigen, die Hof- oder Staatsämter bekleideten, sich zum Arianismus bekennen sollten; gegen die Widerstrebenden ging er ohne Ausnahme mit Vermögenseinziehung und
Verbannung vor. Seinen ursprünglichen Plan, das Vermögen ge-
storbener Bischöfe zu konfiszieren und die Genehmigung einer Neuwahl
von der Zahlung von 500 Solidi abhängig zu machen, gab er auf
Anraten seiner Hofbeamten wegen der zu befürchtenden Repressalien
seitens der Byzantiner auf. Sodann verwies er gegen 5000 (4966)
Katholiken, Priester und Laien, zu den Mauren in die Wüste; die
Leiden, die jene dabei zu erdulden hatten, hat uns Victor (II, 26 ff.)
als Augenzeuge geschildert. Als Aufenthaltsort war den Verbannten
wahrscheinlich das Gebiet im Süden der Byzacena bei Kapsa[1]) angewiesen; denn als Sammelplätze werden die Städte Sicca Veneria
und Lares in der Prokonsularis bezeichnet, von wo sich der Zug
durch die Byzacena bewegte.[2]) Hier nahm sich der Unglücklichen
der Bischof Cyprianus von Unizibira (Vict. II, 33) an. Die leider
verstümmelte im heutigen Djezza, früher Aubuzza, südlich von Sicca
(El-Kef), gefundene Inschrift C. I. L. VIII suppl. 1 n. 16396, auf der
30 Namen von Geistlichen und Laien verzeichnet stehen, deren Ge-
dächtnis in den Kirchen gefeiert wurde, ist vermutlich auf jene
Vorgänge zu beziehen.

Dieses Vorgehen veranlaſste den Kaiser Zeno auf Antrieb
des Papstes (Felix; seit 13. März 483)[3]), einen Gesandten Namens
Reginus nach Karthago zu schicken, um Hunerich zu einem
milderen Verfahren zu bewegen; doch blieb diese Intervention gänzlich erfolglos, ja sie reizte vielmehr, wie es scheint, den König zur
Anwendung von noch schärferen Maſsregeln. Er erlieſs ein Edikt[4]),
das am Himmelfahrtstage, d. h. am 19. Mai 483 zu Karthago vor der
versammelten Gemeinde in Gegenwart des erwähnten byzantinischen
Gesandten verlesen werden sollte und das durch Kuriere auch im
übrigen Afrika verbreitet wurde, des Inhalts, daſs alle orthodoxen

---

1) Es ist wohl dasselbe Gebiet, wohin sich später Amalafrida flüchtete.
2) Vict. Tonn. a. 479, der jedoch, wie die angegebenen Lokalitäten (Tubunae
in Numidien, Macri in Maur. Sitif.) beweisen, verschiedene Vorfälle zusammen-
wirft. Die Zahl der Verbannten wird hier auf quattuor circiter milia angegeben.
Passio VII monach. § 4: Primo sacerdotum et ministrorum copiosissimam et
maximam turbam in longinquis et extremis regionibus exilio crudeli detrusit
(im 7. Regierungsjahre Hunerichs, also 483).
3) Vgl. Euagr. hist. eccl. III, 20.
4) Dasselbe ist bei Vict. II, 39 datiert „sub die XIII. Kal. Junias anno
septimo Hunerici", d. h. am 20. Mai, was wegen des Himmelfahrtstages nicht
richtig sein kann; vielleicht ist zu bessern: XVI. kal. Jun. (17. Mai).

Bischöfe am 1. Februar des folgenden Jahres in der Hauptstadt zu einem Religionsgespräch sich versammeln sollten, um die Richtigkeit ihrer Lehre gegenüber dem arianischen Klerus aus der Heiligen Schrift zu beweisen. Als Anlaß wurde die (allerdings wahrscheinlich thatsächlich stattgefundene) wiederholte Übertretung des schon von Geiserich erlassenen Verbotes, innerhalb der Wandalenlose katholische Propaganda zu treiben, angegeben. Es war von vornherein klar, daß hinter dieser anscheinend harmlosen Einladung ein böser Plan sich versteckte. Dies zeigte sich gleich zu Beginn der Versammlung, zu der zur angegebenen Zeit die Mehrzahl (ungefähr 460) der Bischöfe aus Afrika und den zum Wandalenreiche gehörigen Inseln[1]) sich eingefunden hatte, wie wir aus der bekannten Notitia provinciarum et civitatum Africae ersehen.[2]) Die Forderung des Eugenius, Bischöfe aus allen übrigen Ländern, insbesondere einen Vertreter der römischen Kirche, „die das Haupt aller Kirchen sei", einzuladen, um Zeit zu gewinnen und, wie Vict. Vitt. II, 44 sagt, Männer bei der Konferenz zu haben, die von der Gewaltherrschaft der Wandalen unabhängig seien und deshalb freimütiger auftreten könnten, hatte der König höhnisch zurückgewiesen. Um die anwesenden Katholiken von vornherein einzuschüchtern, wurden die geistig hervorragendsten unter ihnen teils in die Verbannung geschickt, teils körperlich mißhandelt, teils, wie der Bischof Lätus von Nepte[3]), eingekerkert, um später dem Scheiterhaufen überliefert zu werden.[4]) Als hierdurch der Mut der Übrigen nicht gebrochen wurde, machte die arianische Geistlichkeit — es war ein offenbar mit dem Könige vorher abgekartetes Spiel — durch ihr Auftreten das Zustandekommen des Gesprächs unmöglich. Zwar waren hierauf die Katholiken vorbereitet, indem sie nun ein schriftlich abgefaßtes, nach Pseudogennadius de viris ill. c. 98 von Eugenius herrührendes Glaubensbekenntnis, den sog. Liber

---

1) Aus Sardinien, Minorca, Majorca, Ebusus und Korsika vgl. Schwarze S. 25.

2) Dieses wichtige Schriftstück scheint die in der königlichen Kanzlei aufgestellte Liste der zu citierenden Bischöfe zu sein, welcher später, etwa 485, Angaben über die Schicksale der betroffenen Geistlichen hinzugefügt wurden. Vgl. dazu Schwarze S. 162 ff. Die Überschrift der Not. stammt in der überlieferten Form jedenfalls nicht aus der Kanzlei, da es heißt: nomina episcoporum catholicorum: die Arianer nannten die Katholiken Homousier und sich selbst catholici, vgl. den Sermo des Fastidiosus Migne 65, 375 D. 376 C. — Es ist anzunehmen, daß auch die vorher zu den Mauren Verbannten geladen worden sind. Diese wurden nach Schluß der Versammlung wieder dahin zurückgeschickt. Sie sind es in der Hauptsache, deren Namen in der Not. mit dem Zusatz exilium oder in exil. versehen sind.

3) Vgl. auch Vict. Tonn. a. 479.   4) Am 24. Sept. 484.

fidei catholicae (bei Vict. Vit. II, 56 ff.), überreichten.[1]) Doch war
auch dieser Trumpf gänzlich wirkungslos. Unter dem Vorwande,
daſs das Scheitern der Verhandlungen lediglich auf das tumultuarische
Auftreten der Katholiken zurückzuführen sei, ließ Hunerich am
7. Februar[2]) sämtliche Kirchen in Afrika schließen und den Bischöfen
eröffnen, daſs dieselben solange geschlossen bleiben sollten, bis sie
zur Fortsetzung der Diskussion sich bereitfinden würden.[3]) Da
letzteres natürlich nicht eintrat, wurde am 24. Februar das berüchtigte
Edikt veröffentlicht, worin der König die Anwendung der von den
römischen Kaisern erlassenen Ketzergesetze gegen alle katholischen
Unterthanen anordnete[4]), die sich bis zum 1. Juni nicht zum Arianismus bekannt haben würden. Es ward hiernach den orthodoxen
Priestern untersagt, religiöse Versammlungen abzuhalten, Kirchen
zu erwerben oder neu aufzuführen, Taufen, Weihen und dergleichen
zu erteilen, ihnen überhaupt der Aufenthalt in allen Städten und
Ortschaften verboten; das Vermögen aller katholischen Kirchen und
diese selbst seien dem arianischen Klerus zu überweisen. Die
häretischen Laien sollten die aktive und passive Fähigkeit zu
Schenkungen, Vermächtnissen u. s. w. verlieren, die Hofbeamten katholischen Bekenntnisses ihrer Würden entkleidet und für infam erklärt
werden. Alle Bücher, welche die Irrlehre behandelten, seien zu
verbrennen. Für die einzelnen Klassen der Bevölkerung wurden nach
dem Rang abgestufte Geldstrafen festgesetzt. Im Falle der Beharrung
sollten alle zur Deportation und Vermögenseinziehung verurteilt
werden; wer aber bis zum 1. Juni die Wiedertaufe annehme, sei für

---

1) Das Schriftstück trägt das Datum 20. April (XII. kal. Maiarum); die
Überreichung muſs aber vor dem 7. Februar stattgefunden haben. Petschenig
(Vorr. zur Ausgabe Victors p. VI) meint daher, dasselbe sei zuerst nur den arian.
Bischöfen und später, eben am 20. April, auch dem König übergeben worden;
daher erkläre sich, daſs in dem Edikt vom 24. Februar keine Rücksicht darauf
genommen sei. Aber es ist schwer zu glauben, daſs Hunerich die Eingabe erst
nach zwei Monaten erhalten haben sollte. Offenbar ist die Datumsangabe verdorben; Konjekturen aufzustellen, wäre zwecklos.
   2) Vict. Vit. III, 2. 7.   Laterculus reg. Wand. 5: Hunerix . . . omnes . . .
ecclesias clausit. 10: Quae ecclesiae fuerunt clausae . . . ab octavo anno Hunerici
id est ex die VII. id. febr. (484).   Passio monachorum 5: Post modicum quoque
temporis universas simul · ecclesias . . . claudi mandavit (der auf diese Stelle
folgende Satz: universa monasteria . . . Mauris cum habitatoribus donare prae-
cepit ist jedoch schwerlich im vollen Umfang richtig). Vgl. dazu auch S. 186
N. 2. Den Beginn der Katholikenverfolgungen Hunerichs setzt der Laterculus
ans Ende des 7. Regierungsjahres (483), Marcellin in den Februar 484. Vgl.
Paschale Campanum a. 484 (Chron. min. I, 746): Huniricus persequitur catholicos.
   3) Vict. Vit. III, 7.
   4) Besonders der Gesetze Cod. Theod. XVI, 5, 52. 54.   Vgl. dazu Dahn S. 255 ff.

straffrei zu erklären. Die Mitglieder der Behörden, die bei der Ausführung der königlichen Befehle sich säumig zeigten, wurden mit Hinrichtung und Konfiskation ihres Eigentums bedroht.

Die in Karthago anwesenden Bischöfe, von denen inzwischen einige sich durch Flucht in Sicherheit gebracht hatten[1]), wurden, aller Mittel zum Lebensunterhalt beraubt, vor die Mauern der Stadt gestofsen; als sie hier den König bei einem Spazierritte desselben ad piscinas mit Vorstellungen bestürmten, ihrer traurigen Lage ein Ende zu machen, gab dieser statt einer Antwort den Befehl, die Unglücklichen niederzureiten. Die Mehrzahl der in der Notitia mit dem Zusatz prbt. (peribat) aufgeführten Bischöfe ist wohl bei dieser Gelegenheit umgekommen. Hierauf eröffnete ihnen der König Aussicht auf Rückkehr in ihre Ämter, wenn sie eidlich versprechen wollten, die Succession seines Sohnes Hilderich anzuerkennen und mit überseeischen Ländern keine Beziehungen zu unterhalten. Die Minderheit (25 oder 46) verweigerte die Eidesleistung in Rücksicht auf das Schwurverbot der Heiligen Schrift, und diese wurden, weil sie die Thronfolge Hilderichs nicht wollten, nach Korsika verbannt, um dort für die Staatswerften Holz zu fällen; die übrigen, die geschworen hatten (302 oder 325), wurden dazu verurteilt, in der Nähe ihrer bisherigen Sitze Acker als Kolonen zu bebauen[2]), als Strafe für die Übertretung jenes biblischen Verbotes. Die allgemeine Verfolgung der Katholiken begann erst nach Ablauf der gestellten Frist, am 1. Juni 484.[3]) Die Ausführung des Dekrets hatte der König, wie schon Geiserich, ganz in die Hände der arianischen Geistlichkeit gegeben[4]), die die angedrohten Strafen mit der empörendsten Grausamkeit vollstreckten, ja noch darüber hinausgingen. Doch wurde wie früher in kluger Berechnung die Schaffung von Martyrien möglichst vermieden. Solche erlitten nur der Bischof Lätus (vgl. oben) und der Prokonsul zu

---

1) Nach der Schlufssumme der Notitia 28, während im Text derselben nur einer den Zusatz „fug." trägt. Zu diesen gehörte der Bischof Quintianus Urcitanus aus der Prokonsularis, Vict. I, 29. II, 22 C. I. L. VIII p. 1239.

2) Auch die vita Fulg. c. 4 erwähnt, dafs die Bischöfe dazu verurteilt wurden, in der Nähe ihrer Sitze in Verbannung zu leben, weifs jedoch nichts von dem Kolonat derselben und erzählt sogar von dem Bischof Faustus, dafs dieser an der Stelle seines Exils ein Kloster gründete und daselbst seine Tage zubrachte. — Marcellinus Comes giebt die Gesamtzahl der verbannten und vertriebenen Bischöfe auf ca. 334 an. Die Zahlen im Text der Notitia stimmen mit den Summierungen am Schlusse derselben nicht überein.

3) Vgl. Vict. III, 21 ff.

4) Derselbe III, 54: quia ipsi (die arianischen Geistlichen) huius rei habere noscuntur per omnia potestatem.

Karthago Victórianus. Um so gröfser war die Zahl der Bekenner.
Am berühmtesten ist das nicht nur von Victor von Vita, sondern
auch von anderen Zeitgenossen registrierte sogenannte Wunder von
Tipasa, einer Stadt in Mauretania Caesareensis, wo einige streng-
gläubige Bewohner ihrer Zungen beraubt wurden, trotzdem aber ihr
Sprechvermögen behielten.[1]) In diese Zeit fällt auch die Verbannung
des Bischofs Eugenius nach Tamallenum oder Tamalluma (an der
Grenze zwischen der Byzacena und Tripolis), wo derselbe unter den
Quälereien des arianischen Bischofs Antonius schwer zu leiden hatte[2]),
die durch Schläge und Hunger verschärfte Exilierung der gesamten
karthagischen Priesterschaft, etwa 500 Personen, sowie wahrscheinlich die
Verurteilung des numidischen Bischofs Domninus zur Arbeit in einem
Bergwerk, also zu einer besonders schweren Strafe, wie der Zusatz
in der Notitia prov. Num. 76: metallo, beweist.[3]) Das erneute Ein-
schreiten des Kaisers Zeno zum Schutze der Verfolgten war wiederum
erfolglos; der König liefs sogar die meisten Exekutionen in den
Strafsen vornehmen, die der nach Karthago geschickte Gesandte
Uranius passieren mufste.[4])

Es wird keinem Billigdenkenden in den Sinn kommen, das geschilderte Vorgehen irgendwie rechtfertigen zu wollen. Die katholikenfeindlichen Mafsnahmen Geiserichs betrafen in der Hauptsache nur diejenigen, die für den Bestand des Staates und die
Erhaltung der Religion des wandalischen Volkes in irgend einer
Weise gefährlich erschienen, während sein Nachfolger seine Verfolgungen gegen alle Anhänger des orthodoxen Glaubens ohne Ausnahme richtete. Habgier und Blutdurst und damit vereinigt religiöser
Fanatismus waren bei letzterem die entscheidenden Beweggründe; die
politischen Motive traten in den Hintergrund, haben jedoch immer
noch eine gewisse Rolle gespielt und zwar in gröfserem Mafse, als
man es nach Victor Vit. annehmen könnte. Der orthodoxe Klerus
hatte die ihm gewährte gröfsere Bewegungsfreiheit schleunigst benutzt, um innerhalb der Wandalenlose wieder Propaganda zu treiben
(Vict. H, 39), auch von neuem zu „überseeischen" Ländern Beziehungen
angeknüpft, die gewifs nicht harmloser Natur waren (III, 19). Die
im einzelnen verübten Grausamkeiten erscheinen in einem etwas

---

1) Vgl. die Erörterung von Görres in der Zeitschrift für wiss. Theologie
36, I, 494 ff.
2) Vict. III, 43. Notit. procons. 1.
3) Vgl. Vict. III, 68: in locis squalidis metallorum.
4) Vict. III, 32.

milderen Lichte, wenn man bedenkt, daſs die katholische Bevölkerung jedenfalls, was immer zu betonen ist, infolge der Aufhetzungen des Klerus, den königlichen Befehlen vielfach mit offenem Trotz begegnete und dadurch direkt zu den an ihr verübten Gewaltthätigkeiten reizte. Victor Vit. (III, 29) giebt selbst zu, daſs die Bewohner von Tipasa den arianischen Bischof verhöhnten und öffentlich ihren Gottesdienst feierten. Die Erzählung desselben (III, 27) von dem Tode des Victorianus ist wahrscheinlich nicht ganz der Wahrheit entsprechend; ihn traf die Strafe wohl deshalb, weil er die Bestimmungen des königlichen Dekretes nicht ausgeführt hatte,[1]) Bei alledem muſs noch in Betracht gezogen werden, daſs die früher von den römischen Kaisern gegen die Ketzer verfügten Maſsregeln eine fanatische Natur wie Hunerich zur Wiedervergeltung geradezu auffordern muſsten; dieser Erkenntnis hat man sich auf katholischer Seite natürlich gänzlich verschlossen; vgl. die Bemerkung Victors III, 2 a. E.

Es ist begreiflich, daſs die gegen die Katholiken in Anwendung gebrachten Gewaltmaſsregeln viele Übertritte von Laien und Klerikern zur arianischen Kirche zur Folge hatten. Nach Victor könnte es freilich scheinen, als wäre ihre Zahl nur gering gewesen. Daſs jedoch das Gegenteil richtig, lehren die Verhandlungen der Lateransynode vom 13. März 487 (oder 488?)[2]), welche sich ausschlieſslich mit den Bedingungen, unter denen die Wiederaufnahme der Gefallenen in den Schoſs der orthodoxen Kirche zu erfolgen habe, beschäftigte. Es ist dabei zu berücksichtigen, daſs die breiten Schichten der Bevölkerung jedenfalls schwerlich von dem orthodoxen Glauben so durchdrungen gewesen sind, daſs sie nicht, um ihre Existenz zu retten, ohne Skrupel sich zu einem Bekenntniswechsel bereit gefunden hätten.[3]) Man kann hiernach wohl annehmen, daſs es schlieſslich dem Könige gelungen wäre, den Katholizismus in Afrika gänzlich auszurotten,

---

1) Über die Hunerichverfolgung vgl. auſser den bereits citierten Quellenstellen noch Gelasii epist. ad episcopos Dardaniae ed. Günther (Corp. scriptt. eccl. Vindob. 35, 391, geschr. 1. Febr. 496): Ecce nuper Honorico regi Vandalicae nationis vir magnus et egregius sacerdos Eugenius Cartagenensis episcopus multique cum eodem catholici sacerdotes constanter restitere saevienti cunctaque extrema tolerantes hodieque persecutoribus resistere non omittunt. Vgl. ebenda p. 328: Basilica (Fausti) — unde nostros patres tyrannus Huniricus expulerat. (535 Mai). Proc. b. V. I, 8 (vgl. dazu Görres, Deutsche Zeitschr. f. Gesch. X, 53 Note 2).

2) Vgl. Hefele, Conciliengeschichte II², 614 ff. Langen, Gesch. d. röm. Kirche II, 149 ff.

3) Namentlich infolge der groſsen Hungersnot vgl. Vict. Vit. III, 60: Et idcirco forte maior rebaptizatorum perditio potuit provenire.

wenn ihn nicht ein frühzeitiger Tod am 23. Dezember 484[1]) von
dieser Welt abberufen hätte. Über sein Ende haben die Katholiken,
um es als eine Strafe Gottes hinzustellen, später die abenteuerlichsten
Angaben verbreitet; nach dem Laterculus reg. Wand., sowie dem
(unechten) Schlußkapitel des Geschichtswerkes Victors von Vita soll
er von Würmern zerfressen worden sein, während er Gregor von
Tours (H, 3) zufolge sich selbst mit seinen Zähnen zerfleischt habe.
Victor von Tonnena (a. 479) läßt ihn wie Arius infolge des Heraus-
tretens der Eingeweide sterben. Sicher scheint nur zu sein, daß er,
wie auch Prokop (b. V. I, 8) angiebt, einer Krankheit erlegen ist.

Hunerichs Nachfolger wurde nach den Bestimmungen des Hausgesetzes Gentos Sohn Gunthamund, dem es wahrscheinlich geglückt
war, durch Flucht sich den Verfolgungen seines Oheims zu entziehen;
sein älterer Bruder Godagis war schon vorher im Exil gestorben.
Die Verfolgungen der Katholiken hörten auch jetzt zunächst noch
nicht auf; denn Victor Vit., der sein Geschichtswerk nach Hunerichs
Tode schrieb (vgl. namentlich die Stelle H, 12: [Huniricus] desiderans
post obitum suum filiis, quod non contigit, regnum statuere) weist
noch voll Erbitterung auf ihre Fortdauer hin (vgl. I, 1. III, 64ff.).[2])
Aber es trat hierin bald eine Wendung zum Bessern ein. Wie der
durch genaue chronologische Angaben ausgezeichnete Laterculus reg.
Wand. § 8 bemerkt, ließ der König im dritten Jahre seiner Regierung,
also 487, den Katholiken das coemeterium s. martyris Agilei ein-
räumen, nachdem er schon vorher den Bischof Eugenius aus der Verbannung zurückberufen hatte. Wahrscheinlich aber ist damals überhaupt den meisten Katholiken die Rückkehr gestattet und die Mehrzahl der Kirchen wieder freigegeben worden; dies ergiebt die schon
erwähnte römische Synode von 487 oder 488, an der auch vier
afrikanische Bischöfe teilnahmen. Es waren dies nach den Akten
Victor, Donatus, Rusticus und Pardalius, der zuletztgenannte ohne
Zweifel mit dem gleichnamigen episcopus Macomadiensis der Not.
prov. Numid. 84 identisch. Die Angabe des Laterculus § 9. 10, es
seien die katholischen Kirchen im zehnten Jahre Gunthamunds, am
10. August 494 wieder geöffnet und sämtliche Geistliche (omnes Dei
sacerdotes) auf Verwendung des Eugenius zurückberufen worden, ist
daher auf den aus besonderen Gründen so lange zurückgehaltenen

---

1) Laterculus reg. Wand.: Hunerix — ann. VII m. X d. XXVIII. Nach Prokop
I, 8 regierte er acht Jahre, nach Vict. Tonn. a. 464: 7 Jahre 5 Monate.
2) Vict. Tonn. a. 479 sagt irrig, der König hätte sofort die Verbannung
aufgehoben.

Rest des orthodoxen Klerus (wahrscheinlich vorwiegend Bischöfe) zu beziehen.[1]) Die Katholikenfreundlichkeit des Königs wird namentlich illustriert durch die Erzählung von dem heiligen Fulgentius, dem der arianische Bischof von Karthago Sühne anbot wegen der ihm und dem Abt Felix in der Stadt Sicca durch einen arianischen Priester zu teil gewordenen Mißhandlungen.[2]) Es zeigt dieser Fall aber zugleich, daß ein Teil der arianischen Geistlichkeit den neuen Verhältnissen sich nicht fügen wollte und die Verfolgungen auf eigene Faust weiter fortsetzte; in Rücksicht hierauf ist wohl auch in dem oben citierten Briefe des Gelasius vom 1. Februar 496 von der Fortdauer der Bedrängnis der Katholiken die Rede. Daß die letztere übrigens zum guten Teil selbstverschuldet war, indem man in den Bezirken arianischen Glaubens eifrig Propaganda trieb, zeigt das soeben erwähnte Beispiel des Fulgentius.[3])

Die Gründe, welche den König zu dieser veränderten Religionspolitik veranlaßten, sind nicht recht klar. Auf eine Intervention von seiten des byzantinischen Reiches ist dieselbe unzweifelhaft nicht zurückzuführen, da der Kaiser sich damals in schroffem Gegensatz zur römischen Kirche befand und für ihn keine Veranlassung vorlag, für die afrikanischen Katholiken einzutreten. „Der Gegensatz des Königs zu Hunerich, der das Haus Gentos so schwer verfolgt hatte" (so Dahn, Könige I, 258) kann wohl kaum ernstlich als Motiv in Frage kommen, da der Wechsel in der Religionspolitik erst einige Jahre nach dem Regierungsantritt erfolgte. Ungewiß, wenn auch nicht unwahrscheinlich ist es, daß die jetzt immer größere Dimensionen annehmenden Erhebungen maurischer Stämme auf die Entschließungen Gunthamunds eingewirkt haben. Prokop (b. V. I, 8) weiß bloß ganz allgemein von mehreren mit denselben stattgefundenen Kämpfen zu erzählen. Dracontius rühmt in seiner Satisfactio v. 213f. (vgl. unten) die in Abwesenheit des Königs von dessen Heere erfochtenen Siege (Maurus ubique iacet). Etwas Genaueres erfahren wir aus dem Leben des heiligen Fulgentius (cap. 9), wonach die an die Byzacena angrenzenden Stämme diese Provinz mit ihren Einfällen heimsuchten und viele Bewohner zur Flucht in sichere Gegenden nötigten. Auf dieselben Vorgänge wird auch die

---

1) Nach Prok. I, 8 hätte G. noch größere Leiden über die Katholiken verhängt als sein Vorgänger.

2) Vita Fulg. c. 9—11.

3) Vita Fulg. c. 9, 17. .... non aliquos reconciliando sed omnes, quos attingere poterat, ad reconciliationem salutaribus monitis invitando. Vgl. dazu auch G. Ficker in der Zeitschrift für Kirchengeschichte XXI (1900), 19.

Stelle in der Mythologie des Fabius Planciades Fulgentius (p. 5 ed.
Helm Lips. 1898) zu beziehen sein, wo es heifst, dafs die Heiden
die Felder verwüsteten und die Bevölkerung sich in ihren zu Festungen
umgestalteten Häusern gegen die feindlichen Angriffe zu verteidigen
suchte, bis die Ankunft des Königs (dominus rex) aller Sorge ein
Ende machte.[1]) Gunthamund scheint es also schliefslich gelungen
zu sein, die Mauren in ihre Schlupfwinkel zurückzuweisen, wenn es
auch zu einer entscheidenden Niederwerfung derselben nicht gekommen
ist. Dafs sich die maurische Invasion auch auf andere Gegenden als
die Byzacena erstreckte, ersehen wir aus der vom Jahre 495 datierten
Inschrift von Mouzaïaville (Taranamusa, südlich von Tipasa in Mauret.
Caes.), C. I. L. VIII, 9286: .... multis exiliis saepe probatus et fidei
catholicae adsertor dignus inventus inplevit in episcopatu annos
XVIII menses II dies XII et occisus est in bello Maurorum et
sepultus est die VI. idus Maias anno provinciae CCCCLXVI. Es
liegt hier wahrscheinlich die Grabschrift des in der Notitia von 484
Maur. Caes. no. 37 aufgeführten Bischofs Donatus Ternamusensis vor.[2])

Völlig fehl aber schlug der Versuch des Königs, sich in Sizilien
wieder festzusetzen, wozu der zwischen Odovaker und Theoderich dem
Grofsen ausgebrochene Krieg günstige Gelegenheit zu bieten schien.
Die dort brandschatzende wandalische Expedition wurde vertrieben
und Gunthamund genötigt, den Ostgotenkönig um Frieden zu bitten
und auf den bisher von der Insel gezahlten Tribut Verzicht zu leisten[3])
(491). Wenn Dracontius[4]) Siege des Königs zu Lande und zur
See feiert und dabei auch eines sonst unbekannten Ansila gedenkt,
so mag dies zum Teil hiermit in Verbindung zu bringen sein. Vielleicht hatten die Wandalen anfänglich einen Vorteil über die nach
Sizilien gesandten ostgotischen Truppen, deren Anführer Ansila hiefs,
davongetragen; denn dieser Name ist unzweifelhaft ein gotischer
Personenname: ihn führte z. B. ein Amaler nach Jordanes Getica XIV, 79.

Dafs übrigens trotz der veränderten Stellung des Kaisers zur
Kirche dieser wenigstens von einem Teil der römischen Bevölkerung
als der allein rechtmäfsige Herrscher Afrikas angesehen und auch
offen bezeichnet wurde, lehrt das Beispiel des schon erwähnten Dichters
Dracontius, der damals in Karthago beim Prokonsulat eine Stelle be-

---

1) Vgl. Helm im Rhein. Museum f. klass. Philol. N. F. LIV (1899) S. 123 f.
2) Vgl. Schwarze S. 170.
3) Cass. chron. c. 1327. Ennod. paneg. Theod. 13, 70.
4) Dracont. satisfactio v. 213 f.: Contulit absenti terrae pelagique triumphos,
Ansila testatur.

kleidete und ins Gefängnis geworfen wurde, weil er, wie er selbst angiebt, einen Fremden (d. h. eben offenbar den Kaiser) als seinen Herrn
besungen habe, statt des wandalischen Fürstenhauses.[1]) Um die Freiheit wieder zu erlangen, verfaßte er das bekannte Reugedicht, die
Satisfactio ad Gunthamundum regem Guandalorum, in der er des
Königs milden Charakter rühmt, ihn um Verzeihung bittet und ver-
spricht, künftig nur zu seinem Ruhme zu dichten. Die erhoffte Begnadigung blieb jedoch zunächst wenigstens aus; das Vergehen, offen-
kundiger Hochverrat, war jedenfalls schwer genug, um die Gewährung
einer solchen nicht gerechtfertigt erscheinen zu lassen.[2])

Gunthamunds Tod fällt wahrscheinlich auf den 3. September 496[3]);
Trasamund, sein Bruder, ausgezeichnet durch Schönheit, Liebens-
würdigkeit, scharfen Verstand und wissenschaftliche Bildung[4]), folgte
ihm auf den Thron. Den Katholiken gegenüber verfolgte dieser
wieder eine andere Politik als sein Vorgänger. Wie Hunerich suchte
er den Arianismus in seinem Reiche zu verbreiten, doch vermied er
im allgemeinen die schroffen Maßregeln, die dieser angewendet hatte.
Die Konvertiten wurden mit Geschenken, Ehren und Ämtern über-
häuft; Verbrechern, die die Wiedertaufe annahmen, gewährte er Begnadigung, während die Glaubensstarken mit Nichtachtung behandelt
wurden.[5]) Dieses Verfahren scheint in der That die Bekehrung zahlreicher Katholiken zur Folge gehabt zu haben.[6]) Eifrig beschäftigte
er sich mit den aktuellen theologischen Streitfragen und forderte die
Orthodoxen, namentlich den Bischof von Ruspe Fulgentius, den er
aus der Verbannung nach Karthago berief (vgl. weiter unten), zu
Disputationen über den wahren Glauben heraus. Natürlich berichtet
der Biograph des Fulgentius, daß es diesem zum Vergnügen der

---

1) Satisf. v. 93 f.

2) Vgl. Manitius, Geschichte der christlich-lateinischen Poesie 380. Die
Gefangenschaft des Dichters fällt, wenn die Verse 213 f. richtig auf die sizilische
Expedition bezogen sind, nach 491.

3) Nach der einen Rezension des Laterc. reg. Wand. (§ 7) regierte G. 11 Jahre
9 Monate 11 Tage, d. h. bis zum 4. Okt. 496, nach der anderen 11 Jahre 8 Monate.
In der ersteren ist wahrscheinlich zu emendieren VIIII in VIII, da es weiter
unten heißt, G. habe nach der Öffnung der kath. Kirchen am 10. Aug. 494 noch
2 Jahre 1 Mon. regiert. Vict. Tonn. a. 479 giebt 12 Jahre an, nach Prok. I, 8
starb der König in der Mitte des 12. Jahres seiner Regierung.

4) Florentinus in laudem regis v. 6 ff. (Anthologia latina ed. Riese I, v. 376.)
Proc. I, 8. Cassiodor. Var. V, 43. Fulgent. adv. Thrasim. I, 2: .... hoc ingenii
studiique tui sagacitas recognoscit .... Per te ... disciplinae studia moliuntur
jura barbaricae gentis invadere.

5) Proc. b. V. I, 8.

6) Vit. Fulg. c. 21 ff. Fulg. adv. Thrasim. I, 2.

karthagischen Katholikengemeinde gelungen sei, alle Aufstellungen des
Königs (die uns zum Teil noch in dem Liber unus contra Arianos [Migne
65, 205 ff.] erhalten sind) trotz der ungünstigen Bedingungen siegreich zu
widerlegen.[1]) In Wahrheit ist der Arianismus der Wandalen durch diese
Polemik nicht überwunden worden; doch mufs immerhin die Thätigkeit
des Fulgentius in Karthago auf die in ihrem Glauben wankend gewordenen Katholiken nicht ohne Einfluſs geblieben sein. Der Bischof
wurde daher sehr bald wieder in sein Exil zurückgeschickt. Daſs
Trasamund indes daneben und zwar gleich zu Anfang seiner Regierung die Anwendung strengerer Mittel, namentlich gegen den
Episkopat, nicht scheute, ist zuverlässig überliefert. In diese Zeit
fällt wahrscheinlich das königliche Edikt, welches bestimmte, daſs die
durch Abgang erledigten Bischofssitze nicht wieder besetzt werden
sollten.[2]) Im Jahre 499 befand sich nach dem Leben des Fulgentius
(c. 13) auf einer Insel bei Sizilien ein byzacenischer Bischof Rufinianus,
der den Verfolgungen seitens der Wandalen sich durch Flucht entzogen hatte.[3]) Zu 505 meldet Victor Tonn. den Tod des karthagischen Bischofs Eugenius als confessor; wenn der Erzählung Gregors
von Tours (hist. Franc. H, 3) zu trauen ist, starb derselbe im Exil
zu Alby in Südfrankreich.[4]) Ohne Zweifel ist dieser einfluſsreiche
Mann gleich zu allem Anfang außer Landes geschickt worden. Um
503 fällt die Verbannung einiger afrikanischer Bischöfe, an die im
päpstlichen Auftrag Ennodius das unter dessen Briefen (no. 51) erhaltene Schreiben richtete, worin dieselben wegen ihrer Glaubens-
stärke gepriesen werden.[5]) Als die im Jahre 508[6]) noch übrig gebliebenen Prälaten in der Byzacena dem Verbote zuwider neue Wahlen
vornahmen, um dem herrschenden kirchlichen Notstand abzuhelfen,
wurden sie, darunter auch der wider seinen Willen zum Bischof von

---

1) Vit. Fulg. c. 21, 45: Alios jam rebaptizatos errorem suum plangere
docebat et reconciliabat; alios autem, ne suas animas pro terrenis commodis
perderent, admonebat. Vgl. auch ebenda c. 28, 54: Scripsit eodem tempore
Carthaginensibus epistolam .... ubi pene cunctos dolos et fallacia blandimenta,
quibus infelices reducebantur animae ad mortem (d. h. den Arianismus) . . . .
digessit.

2) Vit. Fulg. c. 16 und dazu Papencordt S. 121. Vgl. auch Vict. Tonn.
z. J. 497: Trasamundus .... catholicos insectatur, catholicorum ecclesias claudit etc.
Auf die Chronologie Victors ist freilich wenig Gewicht zu legen.

3) Von einer Verbannung dahin, wie Hasenstab, Studien zu Ennodius,
München 1890, S. 35 will, ist keine Rede.

4) Daſs ihm dieser Aufenthaltsort angewiesen worden sei, ist nicht anzunehmen.

5) Zur Zeitbestimmung vgl. Hasenstab S. 27 ff.

6) Hasenstab S. 31 f.

Ruspe konsekrierte Fulgentius, mit vollem Rechte nach Sardinien deportiert. Damals befanden sich auf dieser Insel 60 Exilierte (vit. Fulg. cap. 20), und die Zahl derselben ward später noch gröfser[1]); ob sie jedoch 120 betragen, wie Victor Tonn. a. 497,4 zusammenfassend berichtet, ist fraglich.[2]) Das Los der Verbannten mufs aber ein ganz erträgliches gewesen sein; namentlich ist hervorzuheben, dafs ihnen der Verkehr mit der Aufsenwelt nicht verboten war (Vit. Fulg. c. 20. 28).[3]) Alljährlich sandte ihnen der Papst Symmachus († 514) Unterstützungen an Geld und Kleidungsstücken.[4]) In den Jahren 517—20 erscheint ferner ein afrikanischer Bischof Possessor in Konstantinopel, wohin er ohne Zweifel vor den Wandalen sich geflüchtet hatte (Günther, Epistolae pontificum n. 131. 230. 231; Langen, Gesch. d. röm. Kirche II, 265 ff. 286 f.).

Dafs es damals zu Mifshandlungen oder gar zu blutigen Gewaltakten wie unter Hunerich gekommen sei, ist von keiner zuverlässigen Quelle überliefert. Wenn wir von roher Behandlung katholischer Priester und Kirchenschändungen hören, die die wandalischen Truppen bei ihrem Zuge gegen die Mauren in Tripolis sich erlaubten, so waren dies Ausschreitungen der Soldateska, die schwerlich die Billigung des Herrschers gefunden haben.[5]) Bemerkenswert ist ferner, dafs gegen die Klostergeistlichkeit nicht eingeschritten wurde; so durfte Fulgentius, ohne den Widerspruch des Königs zu erfahren, zwei neue Klöster in Afrika gründen, zu denen vornehme Römer den Grund und Boden hergaben.[6])

Ob und inwiefern die Religionspolitik Trasamunds von dessen auswärtigen Beziehungen beeinflufst worden ist, läfst sich nicht mit Klarheit erkennen. Das Verhältnis zum arianischen Ostgotenreiche kann jedenfalls hierbei nicht in Betracht kommen, da dasselbe erst

---

1) Vgl. die Nachweisung von Hasenstab S. 34.

2) Andere Berichte kommen nicht in Frage. Aus Vict. Tonn. hat Isidor geschöpft, aus diesem und dem Papstbuch (vgl. N. 4) Beda. Auf Beda und Isidor geht zurück Paulus Diac. hist. Rom. XVI, 3. Das oft citierte chronicon breve ist weiter nichts als eine Kompilation aus Beda, wie ich im Neuen Archiv f. ä. d. Gesch. IX (1883) S. 197 ff. nachgewiesen habe. Alle Folgerungen, die Hasenstab S. 28 f. hierauf gründet, sind daher zu verwerfen.

3) Vgl. die Briefe unter den epistolae des Fulgentius 15. 16. 17 (Migne 65, 435 ff.).

4) Vita Symmachi (Mon. Germ. Gesta pontif. I, 125): (Symmachus) omni anno per Africam vel (= et) Sardiniam ad episcopos, qui exilio erant retrusi, paecunias et vestes ministrabat. Hiernach könnte man annehmen, dafs sich auch in Afrika im Exil lebende Bischöfe befunden hätten; doch ist auf diese Angabe schwerlich viel Gewicht zu legen.

5) Proc. b. V. I, 8. 6) Vit. Fulg. c. 14. 19.

vom Jahre 500 datiert. Die Bemühungen Theoderichs des Grofsen
waren bekanntlich, nachdem seine Herrschaft in Italien einigermafsen
gefestigt erschien, in erster Linie darauf gerichtet, durch enge Verbindung mit den übrigen germanischen Fürsten sein Reich auch
nach aufsen hin sicherzustellen. In Konsequenz dieser Politik suchte
der Gotenkönig u. a. die Bundesgenossenschaft des wandalischen
Reiches zu gewinnen, dessen Flotte ihm bei dem Mangel einer eigenen
Schiffsmacht gegen einen Angriff der Byzantiner von wesentlichem
Nutzen sein, andrerseits aber auch schweren Schaden zufügen konnte.
Die Allianz, durch die natürlich auch die Wandalen wesentlich gewinnen mufsten, ward besiegelt durch die Vermählung Trasamunds,
dessen erste Gattin, ohne ihm Kinder zu hinterlassen, gestorben war,
und der gleichfalls verwitweten Schwester Theoderichs Amalafrida;
diese traf mit einem Geleite von 1000 vornehmen Goten (Doryphoren)
nebst 5000 streitbaren Knechten[1]) in Karthago ein und brachte ihrem
königlichen Gatten als wertvolle Mitgift den Teil der Insel Sizilien
um Libybäum zu.[2]) Eine Unterbrechung erfuhr das gute Verhältnis
beider Staaten in den Jahren 508—511. In der Schlacht bei Vouglé
507 war die gallische Herrschaft der Westgoten dem Frankenkönig
Chlodowech erlegen. Während ein ostgotisches Heer nun im folgenden Jahre über die Alpen zog, um die Provence in Beschlag zu
nehmen, erschien eine kaiserliche Flotte an den Küsten Süditaliens
und brandschatzte die Gefilde Kalabriens und Apuliens.[3]) Trasamund
that jedoch nichts, um die Byzantiner zu vertreiben, wozu er doch
als Verbündeter Theoderichs verpflichtet war, und wenn wir bei
Prokop. lesen, dafs er zum Kaiser Anastasius, mit dem ihn ohnehin
die gleichen, katholikenfeindlichen Neigungen verbanden, in einem
freundschaftlichen Verhältnis gestanden habe, so möchte man vermuten, dafs damals ein geheimer, gegen das Ostgotenreich gerichteter
Vertrag zwischen beiden Herrschern abgeschlossen worden sei.

---

1) Vgl. dazu Mommsen im Hermes XXIV, 244 N. 1. Pauly-Wissowa, Realencyklopädie III, 935.

2) Anon. Vales. c. 68. Jord. Get. 58. Cass. var. V, 43. Ennod. pan. 13, 70
(gehalten zwischen 504 u. 508). Prokop I, 8 u. Athalarich (Cass. var. IX, 1: quam
[Amalafridam] magnis supplicationibus expetistis) stellen die Sache so dar, als
ob die Initiative von Trasamund ausgegangen sei. Vgl. den bei Marsala gefundenen Grenzstein mit der Inschrift: Fines inter Vandalos et Gothos ..... IIII,
C. I. L. X, 2, 7232. Der bei Catania gefundene Stein ebenda no. 7022: $\frac{\text{Cons}}{\text{Fines V R}}$
ist wohl nicht auf die Wandalen zu beziehen. Die Ereignisse bei der Eroberung
des Wandalenreiches scheinen anzudeuten, dafs das wandalische Gebiet sich nicht
bis nach Catania hin erstreckte.

3) Marcellin. Com. a. 508.

Die Erfolge, die Theoderichs General Ibba in kurzer Zeit erzielte, verhinderten indessen, dafs die getroffenen Abmachungen zur Ausführung gelangten. Gesalech, der von einem Teile der Westgoten zum König ausgerufen, von Theoderich jedoch nicht anerkannt worden war, wurde zur Flucht nach Afrika gezwungen, wo er bei dem Wandalenkönige Schutz und Hilfe suchte. Dieser wagte es zwar nicht, den Flüchtigen mit Geld zu unterstützen, rüstete ihn aber reichlich mit Geldmitteln behufs Anwerbung von Soldaten aus (510). Als Theoderich hiervon erfuhr, machte er dem Schwager im Gefühl seiner Überlegenheit ernsthafte Vorstellungen wegen seines Verhaltens, das wie ein Friedensbruch aussehe, worauf dieser ein Entschuldigungsschreiben nebst reichen Geschenken, die aber nicht angenommen wurden, abgehen liefs (511).[1])

Seitdem blieben beide Herrscher in enger Verbindung; zu den Cirkusspielen, die anläfslich des Antritts des Konsulats durch Eutharich in Rom stattfanden (519), sandte Trasamund wilde Tiere aus Afrika zum Geschenk.[2]) Über die Vorgänge im Ostgotenreich liefs sich der Wandalenkönig u. a. durch Ennodius, damals Bischof von Pavia, Bericht erstatten.[3]) Das Verhältnis zu Byzanz aber mufste naturgemäfs einen anderen Charakter annehmen, nachdem im Jahre 518 der orthodox gesinnte Kaiser Justinus den Thron des Ostreiches bestiegen hatte. Dafs dieser Schritte that, um die Lage der katholischen Bischöfe in Afrika zu verbessern, ersehen wir aus einem an den Papst Hormisdas gerichteten Schreiben d. d. 17. November 519, in dem der Kaiser bemerkt, er habe den ihm empfohlenen flüchtigen Bischof, vielleicht den oben erwähnten Possessor, gnädig aufgenommen, könne aber über die gewünschte Unterstützung der Kirchen erst entscheiden, wenn seine Legaten vom König Trasamund wieder zurückgekehrt seien.[4])

Eine wesentliche Einbufse erlitt das Ansehen von Trasamunds Regierung durch die Mauren, die in ihren Bemühungen, sich von der wandalischen Oberhoheit zu emanzipieren, immer weitere Fortschritte machten. Wichtig für diese Verhältnisse ist zunächst die Inschrift C. I. L. VIII, 9835, aus der hervorgeht, dafs im Jahre 508

---

1) Cass. var. V, 43 und das Antwortschreiben Theoderichs auf Trasamunds Entschuldigung V, 44. Vgl. dazu Mommsen in der Einleitung zur Cassiodorausgabe p. XXXVI. Isidor hist. Goth. 37 und Chron. Caesaraugust. a. 510.

2) Cass. chron. c. 1364: feras . . . Africa sub devotione transmisit.

3) Ennod. epist. 138.

4) Langen H, 286. Thiel, epp. pontif. I, 900. Jaffé, Regesta I, 8.

die Gegend von Safar, Altava und Castra Severiana im westlichen
cäsareensischen Mauretanien unter der Herrschaft eines Königs Masuna stand, der sich rex Maurorum et Romanorum nannte,[1]) während
noch 484 die beiden letztgenannten Orte unter wandalischer Botmäfsigkeit standen (vgl. Notit. Maur. Caes. no. 10. 73). In dieselbe Zeit
fällt wohl auch die Zerstörung der Stadt Tamugadi (Timgad) durch
die im Auresgebirge ansässigen Völkerschaften. (Proc. b. V. II, 13.)
Auch der Stamm der Frexes zwischen Thelepte und Theveste[2]) begann sich damals zu regen; wir erfahren aus der Johannis des Corippus (III, 156, vgl. dazu Partsch, prooemium p. VI), dafs der Sohn
des Fürsten Guenfan, der später so gefürchtete Antalas, seit dem
Jahre 517 an Raubzügen derselben sich beteiligte. Zu ernstlichen
Kämpfen scheint es aber nur mit den tripolitanischen Stämmen unter
Cabaon gekommen zu sein. Trasamund zog gegen diese am Ende
seiner Regierung zu Felde, erlitt aber eine Niederlage. Den Umstand, dafs die Truppen der Wandalen nur aus Reitern bestanden
und allein im Nahekampf gefährlich waren, wufste der Maurenfürst
in kluger Weise auszunutzen. Er stellte rings um sein Heer, in dessen
Mitte die Weiber und Kinder untergebracht waren, Kamele auf, deren
Geruch die Pferde nicht ertragen können; die streitbaren Männer liefs
er zwischen die einzelnen Tiere treten und so, die Schilde anein-
anderschliefsend, den Angriff erwarten. Als die Wandalen nun herankamen, wurden ihre Pferde wild und brachten alles in Verwirrung;
die Reiter waren infolgedessen den feindlichen Geschossen wehrlos
preisgegeben, und nur wenigen von ihnen soll es gelungen sein, sich
durch Flucht in Sicherheit zu bringen. Auch auf die Unterstützung
der katholischen Bevölkerung hatte Cabaon gerechnet, indem er die
Roheiten, die die wandalischen Krieger allenthalben auf dem Marsche
an den orthodoxen Geistlichen verübten, durch ausgesandte Späher

---

1) Pro salute et incolumitate regis Masunae gentium Maurorum et Romanorum castrum edificatum a Masgivini prefecto de Safar idir (?) procuratore
castra Severiana (l. castrorum Severianorum), quem Masuna Altava posuit. Et
Maximus procurator Altavae perfecit. Positum (?) provinciae CCCCLXVIII. Vgl.
Diehl, L'Afrique Byzantine (1896) p. 43. 263 ff.

2) Die Gegend von Theveste stand zur Zeit Trasamunds noch unter
wandalischer Botmäfsigkeit, vgl. die daselbst gefundene Inschrift Revue
archéologique 1900, H, 513 mit dem Namen dieses Königs. Aus derselben
Zeit (507—508) stammt wohl auch die unvollständige Inschrift in der
Basilika zu Theveste C. I. L. VIII, 2013, in der . . . . . mundi in Thrasamundi
zu ergänzen ist. Wahrscheinlich ist Theveste bald nachher von den Mauren
zerstört worden.

beobachten und sofort nach dem Abzuge der Truppen wieder gut-
machen liefs.[1])

Der König starb am 6. Mai 523; nach ihm bestieg den Thron
der schon betagte, gänzlich verweichlichte und dem Kriegswesen ab-
geneigte[2]) Sohn Hunerichs und der Eudoxia, Hilderich.[3]) Trasamund hatte diesem, in Vorahnung künftiger Ereignisse, noch auf dem
Totenbette das eidliche Versprechen abgenommen, den vertriebenen
Katholiken weder ihre Kirchen noch ihre Privilegien zurückzugeben;
Hilderich aber, dem die Neigung zum Katholizismus offenbar von
seiner Mutter her im Blute lag[4]), umging diese Verpflichtung, indem
er noch vor dem förmlichen Regierungsantritt die verbannten Kleriker
zurückrief und Neuwahlen an Stelle der verstorbenen anordnete.[5])
Auch der karthagische Bischofsstuhl ward jetzt mit der Person des
Bonifatius, der in der Agileuskirche die Weihe empfing, neu besetzt.[6])

Die durch die vorhergegangene Verfolgung eingetretene Störung
in den kirchlichen Verhältnissen machte die Abhaltung von Synoden
notwendig. Noch in demselben (?) Jahre fanden Provinzialkonzilien
in Junca und Sufes (beide in der Byzacena) statt, die sich mit den
Übergriffen eines Bischofs in eine andere Diözese und der Selbständigkeit eines Klosters zu befassen hatten.[7]) Besonders wichtig aber war
das grofse afrikanische Konzil zu Karthago (525), an dem 60 Bischöfe
aus fast allen Landesteilen (zwei aus Tripolis: Girba und Tacapae, je
einer aus Mauret. Sitif. [Horrea] und Caesareensis [Mina], die übrigen
aus Numidien und der Prokonsularis) teilnahmen.[8]) Die Konzilsakten

---

1) Proc. I, 8. Die Glaubwürdigkeit Prokops wegen einer geringen Ähnlichkeit dieser Stelle mit Herodot anzuzweifeln, geht nicht an, vgl. Haury, Zur
Beurteilung des Prok. v. Cäs. (1896) S. 8. Allerdings wird die Schwere der Niederlage von Prokop wohl arg übertrieben; wenigstens erscheint die tripolitanische
Provinz auch später noch als zum Wandalenreich gehörig.

2) Proc. I, 9. Coripp. Joh. III, 199: insuetus conferre manum.

3) Laterc. reg. Wand. 12: regnavit Trasamundus ... ann. XXVI m. VIII d. IIII.
(nach der 2. Rezension 26 Jahre 9 Monate, nach Prok. 27 Jahre, nach Vict.
Tonn. 27 Jahre 4 Monate). — Hilderich wird etwa 66 Jahre alt gewesen sein, da
der Abschlufs der Ehe zwischen Hunirix und Eudoxia ins Jahr 456 fällt. Vgl.
Coripp. Joh. III, 262: regem ... annorum fessum numero.

4) Vgl. Paul. Diac. hist. Rom. XVI, 7.

5) Vict. Tonn. a. 523, 2.

6) Laterculus 15. Vit. Fulg. c. 28. 29. Lib. pontif. Hormisdas p. 130. Die
übrigen Hauptkirchen Karthagos blieben jedenfalls in den Händen der Arianer.

7) Vit. Fulg. c. 29. Hefele, Konziliengeschichte II², 702. Ficker in der
Zeitschr. f. Kirchengesch. XXI, 19.

8) Hefele 710 ff. Ficker 32 ff. Mansi conc. coll. VIII, 636 ff.

sind hiernach auch für die Feststellung der damaligen politischen
Grenzen von Bedeutung, wenn auch nicht in dem Maße wie die
Notitia von 484; wichtig ist es namentlich, zu erfahren, daß der
Süden der Byzacena (Turris Tamalleni)[1]) und das Gebiet am Nordost-
fuße des Aures (Vegesala, Mascula, Lamfua)[2]) zum Machtbereich der
Wandalen noch gehörte. Von dem nichtanwesenden Bischof Optatus
von Sitifis heißt es, daß er durch königlichen Befehl abgehalten sei,
ohne daß wir etwas Näheres über die Gründe erfahren. Von besonderem Interesse ist die Bemerkung, daß die Bischöfe von Maur.
Caes., außer dem von Mina, durch die „dura belli necessitas", d. h.
die maurischen Invasionen, am Erscheinen verhindert seien.[3])

Auch in der äußeren Politik wandte sich Hilderich ganz von
dem bisherigen Kurs, der Anlehnung an das Ostgotenreich, ab und
schloß sich eng an das byzantinische Reich an, wo der thatkräftige
Neffe des alternden Kaisers Justin, Justinian, faktisch bereits das
Scepter führte.[4]) Auch äußerlich kam dies zum Ausdruck, indem
er Münzen mit dem Bilde Justins I. prägen ließ, also eine Oberhoheit des byzantinischen Reiches anerkannte.[5]) Der Abfall von dem
gotischen Bündnisse fand natürlich bei Amalafrida und ihrem Gefolge
lebhaften Widerstand; wohl nicht ohne Grund wurde sie beschuldigt,
gegen König und Reich der Wandalen konspiriert zu haben.[6]) Hilderich
ließ infolgedessen die Goten sämtlich umbringen; Amalafrida, die zu
den Mauren in die Wüste bei Capsa geflohen war, wurde in den
Kerker geworfen, wo sie bald darauf, wie man sagte, eines un-
natürlichen Todes starb (wahrscheinlich 525).[7]) Theoderich konnte

---

1) Mansi 634. 651 E. Vgl. C. I. L. VIII p. 21.

2) Die Stadt Bagai kann also erst nach dieser Zeit zerstört worden sein,
vgl. Proc. H, 19 p. 494.

3) Mansi 640 A.

4) Die Vermutung, H. sei mit seiner Mutter nach Byzanz geflohen und
habe dort längere Zeit gelebt, ist ganz unbegründet.

5) Vgl. Friedländer, Münzen der Vandalen, S. 29 ff.

6) Proc. b. V. I, 9 (p. 350): ἐπενεγκόντες αὐτοῖς νεωτερίζειν ἔς τε Βανδίλους
καὶ Ἰλδέριχον. Nach den Worten Athalarichs Cass. var. IX, 1: Si successio
debebatur alteri, numquid femina in eo ambitu potuit inveniri scheint man
der Königin vorgeworfen zu haben, daß sie einen Sohn aus ihrer Ehe mit
Trasamund auf den Thron habe bringen wollen.

7) Proc. a. a. O. Cass. var. a. a. O.: Quis enim nesciat Amalafridam . . .
violentum apud vos reperisse lucis occasum . . . Restat ut naturalis eius fingatur
occasus. Vict. Tonn. setzt Amalafridas Tod in das Jahr 523, was sicher nicht
richtig ist, da das Schreiben Athalarichs unter dem noch frischen Eindruck der
Todesnachricht abgefaßt ist. — Die Galagetici impetus bei Fulgentius Mitol. I,
p. 4,15 (Helm) auf den Aufruhr der Goten zu beziehen, geht nicht an.

die ihm zugefügte Beleidigung nicht ungerächt hingehen lassen. Das Flottenwesen im Ostgotenreiche war bisher gänzlich vernachlässigt worden, offenbar weil er auf die Unterstützung der Wandalen gerechnet hatte. Er gab daher Befehl, zunächst 1000 Schiffe neu zu bauen, und ließ in allen Teilen des Reiches Freie und Sklaven als Besatzungsmannschaften anwerben. Als Sammelpunkt wurde Ravenna bestimmt, als Termin der 13. Juni (526).[1]) Aber sein Tod, der am 30. August 526 erfolgte, verhinderte die Ausführung des Rachezuges, der den Wandalen wahrscheinlich verhängnisvoll geworden wäre. Theoderichs Enkel und Nachfolger Athalarich oder vielmehr dessen Mutter Amalaswintha begnügte sich mit Vorwürfen; er forderte Hilderich auf, sich zu rechtfertigen, die Wahrheit der der Königin zur Last gelegten Vergehen nachzuweisen, und kündigte ihm, falls dies nicht geschehe, die Freundschaft. Bezeichnend ist es, daß jetzt nicht mit Krieg gedroht, sondern nur der Himmel zur Bestrafung der Frevelthat angerufen wurde.

War somit von den Ostgoten nichts zu fürchten, so drohte eine um so größere Gefahr von den Mauren. Das cäsareensische Mauretanien, mit Ausnahme der Hauptstadt — das tingitanische war längst schon aufgegeben —, ebenso die sitifensische Provinz und das südliche Numidien[2]) scheinen nach dem Jahre 525 völlig in ihre Gewalt gekommen zu sein.[3]) Besonders verhängnisvoll in ihren weiteren Folgen aber war die Erhebung des schon erwähnten Antalas, der an der Spitze seines Stammes und verbündet mit der Völkerschaft der Naffur im südlichen Teile der Byzacena diese Provinz immer ärger heimsuchte und schließlich den herbeigeeilten wandalischen Truppen eine schwere Niederlage beibrachte. Die Einzelheiten des stattgefundenen Kampfes schildert uns anschaulich Corippus, der Dichter der Johannis III, 198—261.[4]) Die auf einem ihrer Raubzüge

---

1) Cass. var. V. 16—20, 23. Vgl. V, 16, 2: Cum nostrum igitur animum frequens cura pulsaret naves Italiae non habere, und dazu Proc. b. V. a. a. O. Var. V. 17, 3: Non habet quod nobis Graecus imputet aut Afer insultet.

2) Die Gegend zwischen Cirta und Gibba war unter Gelimer noch im wandalischen Besitz, wie die bei Henschir Koréiba gefundene Inschrift C. I. L. VIII, 10862 beweist. Ammaedara (Haïdra) im Westen der Byzacena wird noch unter Hilderich erwähnt ibid. no. 10516 (v. J. 525/26). De Rossis Ergänzung der Inschrift 10706 aus Hr. Mertum am Ostabhange des Aures: tempore domini Hilderici regis ist sehr unsicher.

3) Proc. b. V. H, 5, 10 (ὕστερον δὲ οἱ Μαυρούσιοι πολλὰς κατὰ Βανδίλων νίκας ἀνελόμενοι Μαυριτανίαν ... ἐκ Γαδείρων μέχρι τῶν Καισαρείας ὁρίων τείνουσαν καὶ Λιβύης τῆς ἄλλης τὰ πλεῖστα ἔσχον). 20. Diehl a. a. O. p. 35 f. und weiter unten.

4) Kurze Erwähnung bei Prok. I, 9.

befindlichen Mauren sind in die Berge zurückgedrängt worden, wo
sie sich in einem unzugänglichen Felsengebiete verschanzen. Das
ihnen gegenüberstehende Heer leidet schwer an Durst und verläßt
in völliger Auflösung seine Stellung, um an einem entfernten Flusse
Wasser zu schöpfen. Die Feinde benutzen die eingetretene Unordnung und dringen in die Reihen der Wandalen ein; auf der
Flucht, die durch das für die Reiterei — aus der auch jetzt wieder
die wandalischen Truppen vorwiegend zusammengesetzt erscheinen —
ungünstige gebirgige Terrain wesentlich erschwert wird, findet eine
große Zahl derselben den Tod. Die Wandalen hatte ein Vetter
Hilderichs, Oamer, sonst ein wackerer Kriegsmann, geführt; die an
sich unwahrscheinliche Angabe des Corippus, daß der König (der
hier Hildimer genannt wird) selbst am Kriegszuge teilgenommen,
wird durch das Zeugnis Prokops (a. a. O.) widerlegt. Die Niederlage
brachte die schon längst bei der Mehrzahl der Wandalen bestehende
Abneigung gegen den König zum vollen Ausbruch. Hilderich ward
von dem geschlagenen Heere, bez. den Führern desselben abgesetzt,
er selbst mit seinen Kindern, ferner Oamer und dessen Bruder
Oageis[1]) sowie der größte Teil ihrer Anhänger, zu denen naturgemäß der römische Adel gehörte — daß der römerfreundliche
König sich vorwiegend mit Angehörigen dieses Standes umgeben
hatte, zeigt Prokop (b. V. II, 5: Apollinaris, vgl. I, 17) —, wurden
ins Gefängnis geworfen (19. Mai 530).[2])

Als König wurde nun der nächstberechtigte Thronerbe Gelimer[3]),
ein Enkel Gentos und Geiserichs Urenkel, der wahrscheinlich an dem unglücklichen Feldzuge teilgenommen hatte, ausgerufen. Die näheren Um-

---

1) So nach der Anth. lat. ed. Riese no. 345, 369. Euagees bei Prok. Oageis
scheint nach der Anth. neben Oamer einen hohen militärischen Posten bekleidet
zu haben (falls nicht eine Verwechslung mit seinem Bruder vorliegt).

2) Für die Bestimmung der Chronologie kommt namentlich in Frage der
Laterculus § 15, nach dessen 2. Rezension Hilderich 7 Jahre 14 Tage, also bis
zum 19. Mai 530 regierte. Auch Prok. giebt 7 Jahre an, Vict. Tonn. (a. 523,2)
7 Jahre 3 Monate, die 1. Rez. des Laterc. dagegen 8 Jahre 8 Monate. Zu dem
obigen Datum stimmt, daß der Laterc. als das Ende des Wandalenreiches die
Einnahme Karthagos, d. h. den Einzug in die Stadt am 14. (lies 15.) Sept. 533
angiebt, während er die Regierungszeit Gelimers auf 3 Jahre 3 Monate beziffert
(§ 17, 19). Daher wird auch die Gesamtdauer des Reiches auf 93 Jahre
10 Monate 11 (richtig wäre 26) Tage berechnet; mit Unrecht will Mommsen
93 in 94 ändern. Prok. (b. V. II, 3) und Justinian (vgl. Neues Archiv V, 79), die
95 Jahre angeben, rechnen bis zur Gefangennahme Gelimers (534). Es ist also
falsch, wenn Vict. Tonn. und Malal. dessen Erhebung ins Jahr 531 setzen.

3) Laterc.: Geilamer und Gheilamir. Vict. Tonn.: Geilimer. Coripp.:
Geilimer. C. I. L. VIII, 10862: Geilimer; ibid. 17412: Geilamir.

stände, unter denen dieser Thronwechsel sich vollzogen, sind nicht ganz klar. Prokop erzählt (b. V. I, 9), Gelimer, ein kriegstüchtiger, aber herrschsüchtiger und hinterlistiger Mann, habe die vornehmen Wandalen überredet, ihm die Krone zu übertragen, weil der König unfähig sei, die Waffen zu führen, und von den Mauren eine Niederlage erlitten habe, auch weil derselbe das Reich an den byzantinischen Kaiser verraten wolle, wie eine kürzlich an diesen abgegangene Gesandtschaft beweise, um ihn, den Gelimer, nicht zur Regierung kommen zu lassen. Nach Malalas (XVIII, p. 459 B), dessen Zeugnis am wenigsten ins Gewicht fällt, hatte Gelimer die in Tripolis und die Byzacena eingefallenen Mauren, gegen die er geschickt worden war, geschlagen, sich mit denselben verbündet und nach seiner Rückkehr den Hilderich nebst Familie gefangen genommen, den (römischen) Adel (τοὺς συγκλητικούς) aber niedermachen lassen. Vict. Tonn. (a. 531) berichtet, daſs Gelimer bei seiner Ankunft in Karthago die Herrschaft usurpierte, den König mit seinen Kindern (cum filiis) gefangen nehmen und den Asdingen Oamer nebst vielen Vornehmen töten liefs.[1] Nach Corippus (Joh. III, 262 ff.) habe das von Antalas geschlagene Heer den altersschwachen König abgesetzt und das Scepter dem „wilden Tyrannen" übertragen.[2] Daſs die Persönlichkeit Gelimers bei dem Thronwechsel keine bloſs passive Rolle gespielt hat, steht auſser allem Zweifel. Seine Eifersucht, die ihn zu der auch in dem Briefe an Justinian (vgl. unten) angedeuteten, wohl ganz grundlosen Anschuldigung veranlaſste, Hilderich wolle ihn seines Anrechtes an den Thron berauben, kommt als wichtiges Moment hierbei in Frage. Wenn jedoch die byzantinischen Geschichtschreiber die Absetzung des Königs ausschlieſslich auf die Thätigkeit des „Tyrannen", wie Gelimer allgemein bezeichnet wird, d. h. des illegitimen Usurpators, zurückzuführen suchen, so sind deren Angaben von vornherein mit einem gewissen Miſstrauen anzusehen, da sie begreiflicherweise sich ganz den von Justinian vertretenen Anschauungen anschlieſsen.[3]

---

1) Die Ermordung derselben fällt, wie sich aus Prokop ergiebt, erst in die Zeit nach der Ankunft der Byzantiner, vgl. auch Vict. Tonn. a. 533 und unten.

2) Hinc acies confracta redit regemque trementem, annorum fessum numero casumque paventem deicit et sceptrum saevo dedit inde tyranno.

3) Vgl. noch Coripp. Joh. I, 308 f.: tyrannus Geilamir . . . perfidus. Jord. Get. 33, 170: Quem (Hilderich) malo gentis suae Gelimer inmemor atavi praeceptorum de regno eiectum et interemptum tyrannide praesumpsit. Laterc. reg. Wand. § 17: Quo regnante adsumpta tyrannide Geilamer regnum eius invadit . . . (ebenda 2. Rezension: Gheilamir tyrannide adsumpta Hilderico regno pulso eiusque origine truncata dominatus est Afris.)

Jedenfalls befand sich Gelimer im vollen Einverständnis mit seinem
Volke, das einmütig, mit wenigen Ausnahmen, mit der bisher befolgten Politik gegenüber den Katholiken und Byzanz, der Zurück-
drängung des wandalischen Elements beim Hofdienste sowie mit
dem unkriegerischen, nach germanischer Anschauung mit dem Wesen
des Königtums unvereinbaren Charakter Hilderichs unzufrieden war.
Die ehrgeizigen Bestrebungen Gelimers und der Volkswille kamen
einander entgegen. Von einer Spaltung der Wandalen in zwei grofse
Parteien findet sich keine Spur; wären die Anhänger Hilderichs unter
ihnen bedeutend an Zahl gewesen, so würde der Zwiespalt sich
später geltend gemacht haben. Geschlossen steht vielmehr das Volk
zusammen, als Belisar an dasselbe die Aufforderung ergehen läfst,
sich von dem neuen Herrscher abzuwenden (vgl. weiter unten). Wir
dürfen also mit Fug in jenen Vorgängen einen nationalgermanischen
Akt erblicken, der zwar rechtlich unzulässig war, aber durch die
Verhältnisse, deren Fortdauer die selbständige Existenz des Staates
bedrohte, geboten erschien.

Dem byzantinischen Kaiser, der jedenfalls schon seit länger
seinen später deutlich ausgesprochenen Plan, alle zum alten
römischen Reiche gehörenden Gebiete unter seinem Scepter
zu vereinigen[1]), im Sinne hatte, kamen diese Ereignisse äufserst
erwünscht. Wie nachher als Rächer der Amalaswintha, so gerierte
er sich jetzt als der berufene Schützer der Rechte des abgesetzten
Königs. Ob dieser direkt seine Hilfe angerufen, wie Malalas erzählt,
mufs dahingestellt bleiben.[2]) Die Form der Gesetzmäfsigkeit, in
die Justinian zunächst sein Auftreten kleidete, ist für den Urheber
der berühmten Gesetzsammlung charakteristisch. Er forderte Gelimer
in durchaus gemäfsigter Sprache auf, das Hausgesetz Geiserichs nicht
offen zu verletzen, sondern sich mit der thatsächlichen Ausübung
der Herrschergewalt zu begnügen und den alten König, dessen Tod
ja sowieso bald zu erwarten sei, als Schattenkönig in seiner Stellung
zu belassen. Der Kaiser wird natürlich genau gewufst haben, dafs
sein Vorschlag bei der herrschenden antibyzantinischen Stimmung
erfolglos bleiben würde, und Gelimer würdigte ihn in der That auch

---

1) Novell. Just. 30, 11, 2: utque bonas spes habeamus fore ut etiam reli-
quorum imperium nobis deus adnuat, quae veteres Romani usque ad fines
utriusque oceani subacta deinceps socordia sua amiserunt.

2) Die Bemerkung derselben Quelle, Gelimer habe seinen Regierungsantritt
dem Kaiser durch eine Gesandtschaft angezeigt, diese aber sei zurückgewiesen
worden, ist natürlich ganz von der Hand zu weisen.

keiner Antwort, sondern liefs vielmehr den Oamer blenden[1]), den Hilderich und Oageis aber noch strenger bewachen, unter dem Vorgeben, dafs sie Flucht nach Byzanz beabsichtigten. Wenn Justinian hierauf nicht sofort den Krieg erklärte, so geschah dies nur deshalb, weil sein Heer im Orient gegen die Perser kämpfte. Um Zeit zu gewinnen, schrieb er noch einmal an den Wandalenkönig: dieser möge die unrechtmäfsig erworbene Herrschaft behalten, solle aber die Gefangenen zu ihm senden: „Wenn du dich weigerst, werden wir dies nicht ruhig hinnehmen; denn uns verpflichtet ihr Vertrauen auf unsere Freundschaft zum Handeln. Der mit Geiserich geschlossene Vertrag wird uns daran nicht hindern; wir wollen seinen legitimen Nachfolger nicht bekriegen, sondern nach Möglichkeit rächen." Die Absicht des Kaisers, die Person des gestürzten Herrschers in seine Gewalt zu bekommen, um sie beim Eintritt gelegener Verhältnisse als Vorwand zur bewaffneten Einmischung zu benutzen, lag klar zu Tage; Gelimer weigerte sich daher auch, diese Zumutung zu erfüllen. In stolzer, seines grofsen Ahnen würdiger Sprache schrieb er: „König Gelimer an Kaiser Justinian".[2]) Er betonte die Gesetzmäfsigkeit seiner Succession. Hilderich sei vom Volk der Wandalen abgesetzt, weil derselbe gegen Geiserichs Haus Schlimmes im Schilde geführt — Änderung der Thronfolge zu Ungunsten Gelimers —, er selbst aber gemäfs seines Alters zur Herrschaft gelangt. Justinian möge sich um seine eigenen Angelegenheiten kümmern; einem etwaigen Angriffe von seiner Seite werde er mit aller Energie entgegentreten.[3]) Der Kaiser war nunmehr fest entschlossen, sogleich die Waffen entscheiden zu lassen, und schritt zunächst zur Beendigung des gegen die Perser begonnenen Krieges. Im Jahre 532 wurde mit den letzteren Frieden geschlossen.

Die gegen das Wandalenreich gerichteten Pläne fanden jedoch im Kronrat, dem Justinian dieselben zur Begutachtung vorlegte, keine Zustimmung; man erinnerte daran, dafs es an Geld fehle und

---

1) Nach Vict. Tonn. a. 531 wäre Oamer gleich zu Anfang getötet worden, was falsch ist. O. starb etwa 532 im Gefängnis, wohl eines natürlichen Todes.
2) βασιλεὺς Γελίμερ Ἰουστινιανῷ βασιλεῖ. Prok. I, 9. Dafs sich Gelimer in der Titulatur absichtlich dem Kaiser gleichgestellt, folgt hieraus noch nicht, da Prok. auch sonst für König und Kaiser denselben Ausdruck gebraucht (Βανδίλων etc., βασιλεὺς I, 24, vgl. I, 9: βασιλεία). Allerdings kommt βασιλεὺς im allgemeinen nur dem Kaiser zu, vgl. Prok. b. G. I, 1. Mommsen, Neues Archiv XIV, 541.
3) Prok. I, 9. Wenn auch die Form der mitgeteilten Briefe nicht streng historisch sein mag, inhaltlich sind dieselben jedenfalls durchaus glaubwürdig.

dafs den Byzantinern leicht dasselbe Schicksal bereitet werden könne,
wie einst dem Basiliskus unter Kaiser Leo durch Geiserich. Wie
gefürchtet die Seemacht der Wandalen war, zeigte namentlich die
Stimmung im Heere; Generale wie Soldaten gerieten in Schrecken,
dafs sie sogleich nach Beendigung der beschwerlichen persischen
Expedition wieder in den ungewissen Kampf gegen ein mächtiges
und berühmtes Reich jenseits des Meeres geschickt werden sollten.
Den obwaltenden Bedenken wufste namentlich der praefectus praetorio Johannes der Kappadokier, der für die Beschaffung der Mittel
verantwortlich war, energischen Ausdruck zu verleihen. Nur die
grofse Masse der hauptstädtischen Bevölkerung, die nichts zu riskieren
hatte, war mit der in Aussicht stehenden Unternehmung einverstanden.
Justinian war schon geneigt, ganz davon abzustehen, da machte sich
ein bisher in den Hintergrund getretenes Moment geltend, das für
seine Pläne einen weiteren willkommenen Vorwand abgab, das
religiöse: die gottgefällige Bekämpfung des Arianismus. Ein orien-
talischer Bischof erschien am Hofe und erklärte, Gott selbst habe
ihm in einem Traume befohlen, dem Kaiser Vorwürfe wegen seiner
Unentschlossenheit zu machen und demselben mitzuteilen, dafs er
auf die Unterstützung des Himmels rechnen dürfe, wenn er zur Befreiung der Christen in Afrika von der Herrschaft des Tyrannen
ausziehen würde. So Prokop (I, 10); nach Vict. Tonn. a. 534, 1 soll
der als Märtyrer gestorbene Bischof Laetus den Kaiser in einer
Traumerscheinung zum Kriege bestimmt haben.[1]) Wie dem auch
sei, es unterliegt jedenfalls keinem Zweifel, dafs die katholischen
Geistlichen überhaupt, insbesondere aber natürlich die afrikanischen,
die von dem Thronwechsel das Schlimmste für sich befürchten
mufsten, alle Hebel in Bewegung gesetzt haben, eine kriegerische
Intervention zu Gunsten ihres Glaubens herbeizuführen.

Durch diese Einflüsse, die durch die Bemühungen der nach
Byzanz entkommenen römischen Adligen wesentlich unterstützt
wurden[2]), wurde Justinian völlig umgestimmt. Die Rüstungen
wurden jetzt energisch betrieben. Belisar, vorher Oberbefehlshaber
im Perserkrieg, der noch vor dem Friedensschlufs abberufen worden

---

1) Die Einzelheiten der Prokopschen Erzählung unterliegen allerdings begründeten Bedenken, vgl. Braun, Die Nachahmung Herodots durch Prokop
(1894) S. 46.

2) Vgl. dazu Prokop H, 5 und die von diesem unabhängige syrische
Kompilation aus d. J. 570, die unter dem Titel: „Die sogenannte Kirchengeschichte
des Zacharias Rhetor" von Ahrens und Krüger, Leipzig 1899, herausgegeben
worden ist (IX, 17 p. 205).

war, weil er sich als nicht fähig erwiesen hatte, wurde an die Spitze
der Expedition mit unbeschränkter Vollmacht gestellt[1]), wahrschein-
lich als Belohnung seiner dem Kaiser gegenüber an den Tag gelegten
Treue anläßlich des Nikaaufstandes in Byzanz zu Anfang des Jahres
532. Sehr zu statten kam dem Kaiser, daß die Ostgotenkönigin
Amalaswintha sich von vornherein auf seine Seite stellte und dem
Heere die Lieferung von Proviant und von Pferden auf Sizilien in
Aussicht stellte; in dem Bestreben, sich mit Byzanz gut zu stellen,
hatte sie auch dem Wandalenkönig die Anerkennung verweigert.[2])
Eine wichtige Unterstützung kam den Byzantinern sodann aus dem
Wandalenreiche selbst. Auf die Kunde von den Kriegsvorbereitungen
erbat ein vornehmer Römer Pudentius in Tripolis militärische Hilfe
und nahm nach Eintreffen einer kleinen Truppenabteilung unter
Tattimuth die ganze Provinz, in der sich kein einziger wandalischer
Krieger befand, ohne die geringste Schwierigkeit für den Kaiser in
Besitz. Zur gleichen Zeit fiel auch der Statthalter von Sardinien,
Godas, ein Gote von Abstammung, von der Sache der Wandalen
ab. Dieser, bisher ein treuer Anhänger Gelimers, trug sich mit dem
Gedanken, eine selbständige Herrschaft zu begründen; er nahm den
Königstitel an, umgab sich mit einer Leibwache und suchte nun bei
Justinian, als er von dessen Absichten hörte, um Zusendung
von Truppen nach, um sich behaupten zu können. Nach Prokop
soll er nach Byzanz geschrieben haben, er sei von seinem Herrn
abgefallen, weil dieser grausam gegen seine Verwandten und Unterthanen vorgegangen sei; er wolle lieber einem gerechten Kaiser als
einem ungerechten Tyrannen dienen. Aber die Echtheit des Briefes
unterliegt mancherlei Bedenken; derselbe verrät zu sehr byzantinische
Anschauung, als daß man ihn als authentisch ansehen könnte.
Justinian sagte natürlich mit Freuden die gewünschte Hilfe zu und
bestimmte ein Korps von 400 Mann, das unter Cyrillus nach Sardinien
abgehen sollte[3]); freilich war dies nicht ganz im Sinne des Godas,
der bloß Soldaten, aber begreiflicherweise nicht auch einen kaiserlichen Befehlshaber auf der Insel zu haben wünschte.

Im Juni 533 waren die Rüstungen in Byzanz vollendet. Die
aufgebotene Armee zählte 10 000 Mann Infanterie unter Johannes

---

1) Prok. b. V. I, 11.   2) Prok. b. V. I, 14,   Malal. XVIII p. 459.
3) Die Truppen nach Tripolis scheinen vor der Abfahrt des Hauptheeres
abgegangen zu sein. Das für Sardinien bestimmte Korps fuhr dagegen mit
diesem nach Sizilien, wie sich aus der Darstellung Prokops ergiebt (b. V. I, 11
p. 358, 16. 359, 12).

aus Epidamnus und ca. 5000 Mann Kavallerie. Die letztere setzte
sich zusammen aus sogenannten Föderaten, d. h. von spekulativen
Condottieren für den Reichsdienst angeworbenen Landsknechtshaufen,
unter 9 Anführern, ca. 3600 Mann, sowie aus 4 vom Staate auf-
gestellten Schwadronen (numeri) ca. 1600 Mann. Dazu kamen die
5000 Mann zählenden Gefolgsleute Belisars, die Doryphoren und
Hypaspisten, sonst auch bucellarii genannt, sowie 400 Heruler unter
Fara und 600 Hunnen (Massageten) unter 2 Anführern als Bundesgenossen (ξύμμαχοι), also im ganzen ca. 21000 Mann. Die Föderaten
setzten sich zusammen aus leichten Reitern, die übrige Kavallerie,
namentlich Belisars Gefolgschaft, aus Panzerreitern. Die Massageten
(ob auch die Heruler, ist nicht klar) waren berittene Bogenschützen.[1]
Die Flotte bestand aus 500 von Kalonymus befehligten Transportschiffen mit einen Gehalt von 3000—50000 Medimnen und war
bemannt mit 20000 ägyptischen, ionischen und kilikischen Seeleuten,
ferner aus 92 einrudrigen Kriegsschiffen (Dromonen), besetzt mit
2000 (?) Byzantinern, die zugleich als Ruderer und Soldaten dienten.[2]
Als Kriegszahlmeister fungierte Archelaus, der zum praefectus
praetorio Afrikas designiert war, als Domesticus des Oberbefehls-
habers der Eunuche Solomon, als Zahlmeister (optio) für die Garde
Belisars Johannes der Armenier, der später unter den Offizieren eine
besonders hervorragende Stelle einnahm: derselbe führte in der
Schlacht bei Tricamarum das Mitteltreffen und trug die Feldherrnstandarte. Zu den Begleitern Belisars gehörte auch der Geschichtschreiber Prokop, der seit dem Jahre 527 das Amt eines Geheim-
schreibers (Assessors) bei diesem innehatte.[3]

Nachdem der Patriarch von Byzanz den Segen des Himmels
für das Gott wohlgefällige Unternehmen erfleht, ging die Abfahrt

1) Prok. b. V. I, 11. II, 3. 7. Über die Stellung der Föderaten und
Bucellarier vgl. bes. Benjamin, De Justiniani imperatoris aetate quaestiones
militares. Berol. 1892. Seeck in der Zeitschrift der Savignystiftung Germ.
Abt. XVII (1896), 97 ff. und bei Pauly-Wissowa, Realencykl. III, 934 ff. Die
Stärke des Gefolges Belisars ergibt sich aus Prok. H, 7: τοσοῦτον ἦν τὸ τῶν
ἱππέων πλῆθος τῶν Βελισαρίῳ ἐπισπομένων. Prok. I, 17. 19 führen gleichzeitig
Johannes und Uliaris 300 und 800 Hypaspisten, während Belisar noch eine
bedeutende Schar um sich hatte; im Gotenkrieg zählte die Garde 7000 Mann.

2) Es sind die von Leo, Tactica XIX, 10 (9. Jahrh.) beschriebenen
kleineren Dromonen. Die größeren Dromonen hatten eine Bemannung von
200, die mittleren eine solche von ·100 ·Köpfen; beide Schiffsklassen hatten
2 Ruderlinien. Die Zahl der Mannschaft der kleineren, nur mit einer Ruder-
linie versehenen Dromonen ist nicht angegeben, wahrscheinlich betrug sie
50 Mann. Die obige Zahl würde also in 4600 zu emendieren sein.

3) Vgl. Haury, Zur Beurteilung des Geschichtschreibers Procopius (1896) S. 20.

der Schiffe von statten (Ende Juni; „um die Zeit der Sommersonnen-
wende"). Wenn wir bedenken, daſs man über die Stärke und Be-
schaffenheit der wandalischen Streitkräfte völlig im unklaren war und
diese, namentlich aber die Flotte für sehr bedeutend hielt[1]), so muſs
man die Expedition als ein ziemlich gewagtes Unternehmen bezeichnen.
Diese völlige Unkenntnis der Byzantiner muſs um so mehr wunder-
nehmen, als man doch annehmen sollte, daſs die von Karthago entflohenen vornehmen Römer infolge ihrer früheren Stellung am Hofe
des Königs Hilderich in der Lage gewesen wären, näheres über die
wahren Machtverhältnisse des anzugreifenden Reiches mitzuteilen.
Wie mangelhaft es mit der byzantinischen Marine bestellt war, lehrt
der ganze Verlauf der Reise sowie die Erzählung[2]), Belisar habe,
um einer Zerstreuung der Schiffe vorzubeugen, durch Anstreichen der
Segel mit roter Farbe, des Nachts aber durch Aufhängen von
Laternen an den drei an der Spitze laufenden Fahrzeugen, auf denen
er sich nebst seinem Gefolge befand, den Steuerleuten die ein-
zuschlagende Richtung bezeichnen lassen. Also: das Admiralschiff
war ein Schiff wie die anderen auch, weder durch seine Gröſse noch
durch stärkere Armierung vor den übrigen ausgezeichnet. Allgemein
wurde denn auch diese Schwäche zur See deutlich empfunden; einen
Kampf zu Lande scheute man dagegen nicht so sehr, obwohl, wie
sich später so oft zeigte, die Truppen mit Ausnahme der Garde
Belisars durchaus unzuverlässig waren, namentlich in Bezug auf
Disziplin fast alles zu wünschen übrig lieſsen. Daſs die wandalische
Feldarmee nicht unüberwindlich war, hatten die wiederholten Kämpfe
mit den Mauren gezeigt, und man durfte bei der Überlegenheit der
römischen Strategie und Bewaffnung mit groſser Wahrscheinlichkeit
auf Erfolg hoffen.

In langsamem Tempo ging die Fahrt über Perinth —
hier wurden die vom Kaiser dem Oberbefehlshaber geschenkten
Pferde aufgenommen —, Abydus, Sigeum, Malea, Tänarum nach
Methone, wo man die unter Valerianus und Martinus voraus-
geschickten Truppen einschiffte. An demselben Orte wurde auch der
Brotvorrat ergänzt, der durch die Sparsamkeit des Präfekten Johannes
völlig verdorben war, was den Tod von gegen 500 Soldaten zur
Folge hatte. Von Methone segelten die Byzantiner nach dem Hafen
von Zakynthus, um von da nach Sizilien überzusetzen. Die Überfahrt nahm volle 15 Tage in Anspruch, da plötzlich Windstille

---

1) Vgl. weiter unten.   2) Prok. b. V. I, 13.

eintrat und die Schiffe auf dem offenen Meere festhielt. Dazu entstand eine neue Schwierigkeit, indem das mitgenommene Trinkwasser
infolge mangelhafter Aufbewahrung in Fäulnis überging. Erst am
16. Tage vermochte die Flotte die Landung in Sizilien in der Nähe
des Ätna zu bewerkstelligen. Durch das Entgegenkommen der
Amalaswintha war Belisar in den Stand gesetzt, hier die für den
Krieg in Afrika nötigen Lebensmittel und Pferde einzukaufen[1]); aber
trotz des bisherigen verhältnismäßig günstigen Verlaufes der
Expedition war der Feldherr wegen der Zukunft in großer Besorgnis.
Er fürchtete, da von den Feinden keine Spur zu erblicken war,
in einen Hinterhalt zu geraten; namentlich beunruhigte ihn das Verhalten seiner Soldaten, die offen erklärten, daß sie nur zu Lande
kämpfen, bei einem feindlichen Angriffe zur See aber sofort die
Flucht ergreifen würden. Erst als Prokop in Syrakus Erkundigungen
eingezogen und von einem soeben dort aus Karthago eingetroffenen
Sklaven erfahren hatte, daß die Wandalen von den Bewegungen
der Byzantiner keine Kenntnis hätten, daß kurz vorher ihre besten
Truppen nach Sardinien abgegangen seien und der König, ohne an
den Schutz der Küstenplätze zu denken, ahnungslos in Hermiane[2])
in der Byzacena vier Tagereisen vom Meere entfernt weile, ging die
Flotte von Caucana (Catania?) aus nach Afrika in Segel.[3])

Ganz der Wahrheit entsprach diese Erkundigung freilich nicht.
Es ist nach Lage der Dinge völlig ausgeschlossen, daß Gelimer von
der Annäherung der byzantinischen Flotte ohne Nachricht geblieben
sei. Aber wie v. Pflugk-Harttung richtig vermutet[4]), war er wahrscheinlich der Meinung, daß ein Angriff auf Afrika erst in der
kühleren Jahreszeit zu erwarten und zunächst die Besetzung der
wandalischen Inseln im Mittelmeer, Sardinien, Korsika und der
Balearen in Aussicht genommen sei. So erklärt es sich, daß er die
bedeutende Streitmacht von 5000 Mann Kerntruppen auf 120 schnell-
segelnden Schiffen unter den Befehlen seines Bruders Tzazo nach
Sardinien abgehen ließ. Durch diese Unvorsichtigkeit hatte der
König die Verteidigungsmittel Afrikas wesentlich geschwächt. Weitere
Kriegsschiffe zur Küstenverteidigung standen ihm offenbar nicht zur
Verfügung; denn der Bote, den er später zu Tzazo nach Sardinien
sandte, benutzte ein Handelsschiff (Prok. I, 25). Die in Afrika zurückgebliebenen Truppen waren, wie sich aus mehreren Stellen

---

1) Prok. b. V. I, 14. b. G. I, 3.
2) Vgl. dazu Diehl p. 14.   3) Prok. b. V. I, 14.
4) Hist. Zeitsch. 61, S. 82.

Prokops ergiebt, durchweg von geringer Qualität. Auch ihre Zahl kann nicht sehr bedeutend gewesen sein; denn man wird kaum fehlgehen, wenn man die waffenfähigen Mannschaften der Wandalen überhaupt in jener Zeit auf höchstens 12—15000 Mann veranschlagt (vgl. dazu weiter unten). Die Befestigungen der Hauptstadt Karthago, die Geiserich mit Recht als das wichtigste Bollwerk seiner Macht angesehen, ohne deren Besitz eine Behauptung Afrikas unmöglich war, wie sich schon früher gezeigt hatte, waren seit längerer Zeit verfallen[1]), und nicht einmal der Versuch wurde jetzt gemacht, dieselben wieder in stand zu setzen. Die Sperrung des Hafens durch Ketten[2]) gegen die feindliche Flotte konnte dafür natürlich keinen Ersatz bieten. Erst später, als Gelimer als Gefangener in die von Belisar neu armierte Stadt einzog, kam ihm die Erkenntnis, eine wie große Nachlässigkeit er sich damals hatte zu schulden kommen lassen.[3])

Wie gering der König die von den Byzantinern drohende Gefahr für Afrika schätzte, zeigt auch der Umstand, daß er, wie es scheint, unter Zurücklassung eines Korps unter den Befehlen seines Bruders Ammatas in Karthago den wahrscheinlich schon früher begonnenen Feldzug gegen die Mauren in der Byzacena ruhig fortsetzte. Diese hatten seit dem Siege des Antalas über das Heer Hilderichs (530) ihre Raubzüge immer weiter ausgedehnt; zu Anfang des Jahres 533 scheint fast die ganze Provinz bis an die Meeresküste in ihrer Gewalt gewesen zu sein. Die Lebensbeschreibung des Fulgentius erzählt (c. 30), daß nach dem Tode des Heiligen (1. Januar 533)[4]) das Gebiet von Ruspe (jetzt Sbia) von ihnen völlig verwüstet wurde. Die Städte waren ja den Barbaren hilflos preisgegeben, da Geiserich alle Mauern hatte zerstören lassen. Nur Hadrumetum und Sullectum vermochten sich zu halten; die Einwohner waren hier zur Selbsthilfe geschritten und hatten notdürftige Schutzwehren errichtet. Daß Gelimer während der Landung der Byzantiner in Afrika mit dem Krieg gegen die Mauren in der Wüste beschäftigt gewesen, berichtet die Kirchengeschichte des Zacharias (vgl. oben), und wir haben keinen Grund, diese Nachricht anzuzweifeln; so erklärt sich auch die Erzählung bei Prokop von dem damaligen Aufenthalte des Königs in Hermiane.

Inzwischen fuhr die griechische Flotte bei den Inseln Gozzo und Malta vorbei und wurde von einem Ostwind an die afrikanische

---

1) Prok. b. V. I, 21.	2) Ebenda I, 20.	3) Ebenda I, 23.
4) Vgl. Hasenstab, Studien zu Ennodius S. 32.

Küste beim Vorgebirge Caput Vada (Ras Kaboudia)[1]) getrieben (Anfang September 533). In einem von Belisar zusammengerufenen Kriegsrat vertrat Archelaus die Ansicht, daß man sofort weitersegeln und Karthago angreifen müsse; doch wurde dem Antrag des Ober-befehlshabers gemäß beschlossen, die Truppen auszuschiffen und der Küste entlang von der Flotte begleitet nach der Hauptstadt zu marschieren. Die Besorgnis vor einem Angriffe der wandalischen Flotte sowie vor einem möglicherweise ausbrechenden Sturm gab den Ausschlag. Zugleich hoffte auch Belisar während des Marsches mit der römischen Bevölkerung in Beziehung treten und diese für den Kaiser gewinnen zu können. Allenthalben wurde verkündet, daß die Byzantiner als Befreier kämen und nur mit den Wandalen Krieg führten. Belisar bestrafte daher unnachsichtlich alle Übergriffe, die sich seine Soldaten gegenüber Person und Besitz der Einwohner zu schulden kommen ließen, und bewirkte dadurch, daß diese ihm nichts in den Weg legten und bereitwillig die nötigen Lebensmittel lieferten. Von einer allseitig freudigen Aufnahme scheint jedoch keine Rede gewesen zu sein. In der Hauptsache waren es doch nur der Adel und die Geistlichkeit, die für die Ankunft der Byzantiner ein wesentliches Interesse hegten, während die übrigen Volksklassen derselben im günstigsten Falle gleichgiltig gegenüberstanden, da sie eine Verbesserung ihrer materiellen Lage nicht erwarten durften. Wie wenig man der Stimmung der Bevölkerung traute, zeigt das Verfahren bei der Besetzung von Sullectum (Salecta), der ersten Stadt, die nach der Landung in Afrika erreicht wurde. Eine voraus-geschickte Abteilung Hypaspisten legte sich des Nachts in der Nähe in einen Hinterhalt, drang beim Morgengrauen zugleich mit hinein-fahrenden Bauernwagen in den Ort ein und besetzte denselben. In einer nun zusammenberufenen, aus dem Bischof und den Vornehmsten bestehenden Versammlung wurde die Proklamation Belisars verlesen, worauf die Schlüssel zu den Eingängen abgeliefert wurden. Hier fiel den Byzantinern das gesamte Inventar der königlichen Post-anstalt in die Hände; einem aufgegriffenen Kurier schenkte Belisar die Freiheit, indem er denselben beauftragte, eine Proklamation Justinians unter dem wandalischen Adel zu verbreiten, worin dieser aufgefordert wurde, die Sache des „Tyrannen" zu verlassen. Die Hoffnung, hierdurch Zwietracht unter den Wandalen selbst zu erregen,

---

1) Coripp. Joh. I, 369. Vgl. Tissot Geogr. II, 181 pl. X. Später wurde hier die Stadt Justinianopolis erbaut.

erwies sich freilich als trügerisch; der Bote wagte, offenbar in Rücksicht auf die herrschende Stimmung, das kaiserliche Schreiben nur einigen seiner Freunde zu zeigen und erzielte damit auch bei diesen einen kaum nennenswerten Erfolg. Gegenüber den unerfreulichen Verhältnissen im sinkenden Ostgotenreiche muß das feste Zusammenstehen des wandalischen Volkes einen besonders günstigen Eindruck machen.

Der Weitermarsch vollzog sich nun in folgender Weise: die Vorhut bildeten 300 Hypaspisten unter dem Befehle des Zahlmeisters Johannes, zur Deckung der linken Flanke waren die 600 Hunnen kommandiert, während auf der rechten Seite das Heer mit der im gleichen Tempo dahinsegelnden Flotte (jedes Schiff war mit 5 Bogenschützen zur Bewachung besetzt) in Fühlung blieb. In der Nachhut befand sich Belisar selbst mit den besten Truppen, weil er einen Angriff Gelimers auf dieser Seite befürchtete. Wahrscheinlich infolge der Hitze kam man nur langsam vorwärts; es wurden täglich ungefähr blofs 80 Stadien, d. i. ca. 17 km, zurückgelegt. Nachtquartier wurde entweder in einer Stadt oder in einem wohlbefestigten Lager genommen, um vor unliebsamen Überraschungen gesichert zu sein. Die Städte Leptis minor und Hadrumetum berührend erreichte man das durch seine Orangenhaine ausgezeichnete königliche Lustschlofs Grasse (Sidi Khalifa), etwa 150 km, also ca. 9 Tagemärsche, von Caput Vada und 350 Stadien (74 km) von Karthago entfernt.[1]

Inzwischen war Gelimer keineswegs unthätig geblieben. Zunächst hatte er kurz vor der Landung der Byzantiner Gesandte an den Westgotenkönig Theudis nach Spanien geschickt, um von diesem Unterstützung zu erbitten.[2] Ferner erteilte er seinem Bruder Ammatas in Karthago Befehl, den König Hilderich (jedoch nicht dessen Kinder) mit seinem hauptsächlich aus römischen Adligen bestehenden Anhang im Gefängnis zu töten[3]), um einer Erhebung zu deren Gunsten vorzubeugen, und liefs die in der Hauptstadt anwesenden byzantinischen Kaufleute, die beschuldigt wurden, mit dem Kaiser geheime Beziehungen zu unterhalten, in Haft nehmen.[4] Dafs er den Ernst

---

1) Vgl. Tissot H, 116.
2) Prok. b. V. I, 24.
3) Prok. I, 17. Vict. Tonn. a. 533 (die Hinrichtung der Adligen wird hier zum zweiten Male berichtet, nachdem schon zum J. 531 davon die Rede gewesen). 534. Der zahlreichen damals stattgefundenen Vermögenskonfiskationen, womit der Kanzler Bonifatius beauftragt war, wird auch von Luxorius, Anth. lat. no. 341. 342 gedacht; Bonifatius heifst hier ins Griechische übersetzt Eutychus.
4) Prok. I, 20.

der Lage wohl erkannte, zeigt der Umstand, dafs er seinen Schatz
in einem Schnellsegler im Hafen von Hippo regius unterbringen liefs
und seinen Kanzler Bonifatius beauftragte, im Falle einer unglücklichen Wendung des Krieges nach Spanien zu fahren, wohin er sich
ebenfalls zu retten gedachte (Prok. II, 4). Er folgte nun mit seinen
Kriegern den dahinziehenden feindlichen Truppen, ohne dieselben anzugreifen. Es geschah dies in wohlerwogener Absicht. Sein Plan
ging dahin, die Byzantiner bis nach Decimum (ad decimum miliare,
70 Stadien oder 15 km von Karthago), auf der Südseite des Sees
von Tunis, wo die Strafse zwischen Hügeln (Megrine und Sidi-Fathal-
lah) hindurchführte[1]), ziehen zu lassen; hier sollte sie Ammatas von
vorn, eine Heeresabteilung von 2000 Mann unter Gibamund in der
linken Flanke fassen, während der König selbst mit der Hauptmacht
gleichzeitig im Rücken angreifen wollte. Es wurde dabei jedenfalls
der Umstand mit in Rechnung gezogen, dafs in dieser Gegend von
einer Unterstützung durch die byzantinische Flotte, die von Grasse
ab überhaupt aufser Fühlung mit dem Landheer kam, da sie wegen
der in das promunturium Mercurii auslaufenden Halbinsel einen weiten
Umweg machen mufste, keine Rede sein konnte. Gelimer mufs sehr
wohl erkannt haben, dafs er mit seinen wenig zahlreichen, leicht-
bewaffneten Truppen den wohlgerüsteten Byzantinern auf andere Weise
nicht beikommen konnte. Wie fest die Wandalen an den Erfolg des
Planes glaubten, zeigt die Thatsache, dafs sie an dem Tage des er-
warteten siegreichen Einzuges in der Hauptstadt für Gelimer ein
festliches Mahl in der karthagischen Königsburg hergerichtet hatten.[2])

Ohne eine Ahnung von den Absichten des Feindes zu haben,
langte Belisar nach einem viertägigen Marsche in der Nähe von Decimum an und schlug in einer Entfernung von ca. 7 km von diesem
Punkte (bei Darbet es-Sif) ein befestigtes Lager auf. Hier liefs er
die Infanterie zurück, während er selbst mit der Reiterei weiter vorrückte, um mit den Wandalen Fühlung zu erhalten und deren Stärke
erkunden zu können. Wahrscheinlich war er über das Schicksal der
Vorhut unter Johannes und der zur Deckung der linken Flanke
kommandierten Hunnen, von denen er ohne Nachricht blieb, in Besorgnis. Offenbar hegte er jetzt die Ansicht, dafs Gelimer mit der
Hauptmacht vor ihm sei, während er früher mit Recht das Gegenteil
angenommen hatte (vgl. oben). Wurden seine Reiter geschlagen, so

---

1) Nicht bei El-Ariana, vgl. Tissot II, 120 u. pl. VIII. Atlas archéologique
de la Tunisie pl. XX.
2) Prok. I, 21.

konnten sie im Lager Schutz suchen und sich wieder sammeln. Doch
die Rechnung stimmte nicht, und es war lediglich das Ungeschick
der Wandalen, das die Byzantiner vor dem Untergange bewahrte.
Zunächst erschien Ammatas sechs Stunden zu früh, gegen Mittag
des 13. September (vgl. Prok. I, 18. 21), auf dem Platze, nur von
wenigen, nicht einmal auserlesenen Kriegern begleitet, griff voll
Kampfbegier die Vorhut der Byzantiner an, wurde aber nach tapferem
Widerstande erschlagen. Seine Leute suchten sich nach dem Tode
ihres Führers in wilder Flucht zu retten und rissen so die von Karthago in ungeordneten Haufen von 20 bis 30 Mann nachrückenden
Wandalen mit sich fort. Die Verfolgung der Fliehenden, von denen
viele niedergemacht wurden, erstreckte sich bis vor die Thore der
Hauptstadt. Fast zur gleichen Zeit trafen auch die nach links be-
orderten 2000 Mann unter Gibamund[1]) auf dem Salzfelde Sebkhat
es Sedjoum mit den 600 Hunnen zusammen, wurden aber von diesen
in einem raschen Vorstofs auseinander gejagt und sämtlich niedergemacht. Kurz darauf erschienen die die Spitze bildenden byzantinischen Föderaten — Belisar war mit den übrigen Reitern ziemlich
weit zurück — in Decimum und trafen auf die Spuren des zwischen
Ammatas und Johannes stattgefundenen Kampfes. Unschlüssig, was
zu thun, blieben sie hier halten und liefsen von den umliegenden
Hügeln aus nach dem Feinde Umschau halten. Eine Staubwolke
zeigte ihnen bald das Herannahen der wandalischen Hauptmacht unter
Gelimer, die, nach Umgehung des Lagers durch das Terrain geschützt,
unbemerkt zwischen Belisars Abteilung und den Hunnen auf der
linken Seite der Strafse hindurchgekommen war. Sie schickten nun
schnell an den Oberbefehlshaber nach Verstärkungen und suchten bis
zum Eintreffen derselben auf dem höchsten Hügel in der Gegend sich
festzusetzen. Nach Tissot ist hierunter der 35 Meter hohe Hügel
Megrine zu verstehen, dessen Plateau für jenen Zweck wohl geeignet
war. Aber die Wandalen kamen ihnen in der Besetzung desselben
zuvor, und nun eilten die Byzantiner auf der Strafse zurück bis zu
dem Punkte, wo sich Uliaris mit 800 Hypaspisten befand (7 Stadien
oder 1½ km von Decimum), und nahmen, mit diesen vereinigt, die
Übermacht der Feinde fürchtend, in voller Flucht den Weg zu Belisar.
Dieser liefs sich jedoch nicht irre machen, brachte die Fliehenden
wieder in Ordnung und rückte, als der erwartete Angriff ausblieb,

---

1) Ob der Asdinge Gunthimer, dessen Tod Vict. Tonn. a. 534 erwähnt,
sich bei dieser Schar befand, ist zweifelhaft.

schnell gegen Gelimer vor, der inzwischen die Zeit unter Wehklagen über den Tod seines Bruders Ammatas und mit der Beerdigung des Leichnams verbrachte. Als die Wandalen die Byzantiner herankommen sahen, eilten sie in völliger Auflösung auf der nach Numidien führenden Strafse davon, wobei zahlreiche Leute von den Nachsetzenden niedergemacht wurden (Abend des 13. September).

Das Unternehmen hätte auch nach der Niederlage des Ammatas und Gibamund einen glücklichen Ausgang nehmen können, wenn der König nicht in seinem Eifer zu rasch vorwärts geritten wäre. Statt, wie der Plan war, die gesamte byzantinische Reiterei im Rücken zu fassen und von der Verbindung mit dem Lager abzuschneiden, überholte er dieselbe und traf nur mit der Spitze zusammen. Die Verhältnisse hatten sich dadurch mit einem Schlage zu Ungunsten der Wandalen verändert. Wichtig war vor allem, dafs Belisar nun im stande war, die Sachlage völlig zu überschauen. Es mufste ihm daran liegen, die Wandalen in einen gröfseren Kampf zu verwickeln, bis die Soldaten des Johannes und die Massageten herankamen und jene von hinten und in der Flanke angreifen konnten. Prokop (I, 19) meint, Gelimer hätte den fliehenden Föderaten nachsetzen und sich zugleich auf die übrigen Truppen werfen sollen; bei der entstandenen Panik sei ihm der Erfolg sicher gewesen. Doch fragt es sich, ob dieser ein entscheidender gewesen wäre, da die Byzantiner jetzt wieder den Rückhalt in ihrem Lager hatten, ganz abgesehen davon, dafs die Wandalen mit ihrer geringen Zahl kaum Aussicht hatten, einen wesentlichen Erfolg zu erzielen. Ganz verkehrt aber würde der König gehandelt haben, wenn er sofort die Richtung nach Karthago eingeschlagen, die Abteilung des Johannes über den Haufen zu reiten und sich in der Stadt festzusetzen versucht hätte; denn bei dem schlechten Zustande der Verteidigungsmittel konnte er sich dort unmöglich längere Zeit halten. Es war daher unter den obwaltenden Umständen das Richtige, dafs Gelimer jedem Zusammentreffen mit dem Feinde aus dem Wege ging und die Strafse nach Numidien einschlug. Freilich war dies nicht durch einen auf sorgfältige Überlegung gegründeten Entschlufs veranlafst; denn der König hatte sich von seinen Gefühlen so völlig überwältigen lassen, dafs er alles um sich herum vergafs und es auch unterliefs, seine Truppen in Kriegsbereitschaft aufzustellen. Aufser stande daher, eine Schlacht anzunehmen, sah er sich beim Herannahen Belisars zur Flucht gezwungen.

Die Nacht verbrachte Belisar in Decimum, wo auch bald die Vorhut unter Johannes und die Massageten sich einfanden; am folgen-

den Tage (14. September) marschierte er mit dem inzwischen nach-
gekommenen Fufsheere bis vor Karthago, wo er zur Abendzeit eintraf. Doch wagte er nicht in die festlich illuminierte Stadt einzuziehen, da er einen Hinterhalt befürchtete. Freilich war diese
Besorgnis unbegründet; die hier zurückgebliebenen Wandalen hatten,
statt sich zu verteidigen oder zum Heere des Königs zu stofsen, in
den Kirchen Schutz gesucht.

Am selben Tage umsegelte auch die byzantinische Flotte das
Vorgebirge Merkurs und kam in Sicht der Hauptstadt. Die Karthager
entfernten nun die den Hafen Mandracium sperrenden Ketten und
befreiten die gefangenen byzantinischen Kaufleute; doch ging man
den früher gegebenen Befehlen Belisars entsprechend, der immer noch
an das plötzliche Auftauchen einer feindlichen Flotte glaubte, nicht
dort, sondern in der Bai von Tunis vor Anker. Am nächsten Morgen
liefs Belisar die Besatzungen ausschiffen und zog mit dem gesamten
Heere in kriegerischer Ordnung in Karthago ein; sein Hauptquartier
nahm er in der Königsburg, wo man noch am Tage vorher für
Gelimer einen festlichen Empfang vorbereitet hatte[1]) (15. September).
Streng hielt er darauf, dafs die Soldaten sich keine Ausschreitungen
gegen die Einwohnerschaft zu schulden kommen liefsen; das Geschäfts-
leben in der Stadt ging daher seinen gewohnten Gang, ganz wie in
Friedenszeiten. Auch den in die Kirchen geflüchteten Wandalen liefs
er seinen Schutz angedeihen. Wahrscheinlich gleich nach der Besetzung der Stadt ward der Domestikus Solomon nach Byzanz abgeschickt, den errungenen Erfolg dem Kaiser zu melden[2]), und bereits
am 21. November desselben Jahres legte sich Justinian in der vor
der Ausgabe der Institutionen stehenden Verordnung die Beinamen
Alanicus, Vandalicus, Africanus zu.[3])

In der richtigen Erkenntnis, dafs von der Behauptung Karthagos
der Besitz Afrikas abhänge, richtete Belisar sein Augenmerk vor allem
auf die Wiederherstellung der Befestigungen. Zunächst wurde in kurzer
Zeit, da er mit dem Gelde nicht kargte, ein Graben gezogen und
dieser mit Palissaden besetzt, sodann aber an dem Aufbau der ver-

---

1) Der Laterculus reg. Wand. § 19 setzt den Einzug Belisars auf den
14. September; doch ist nach Prok. XVIII. kal. oct. in XVII zu emendieren, vgl.
Papencordt S. 152. — Die Zählung nach annis. Karthaginis auf den in der kaiserlichen Münzstätte zu Karthago geprägten Kupfermünzen geht also wahrscheinlich vom 15. September 533 ab, nicht, wie Mommsen, Neues Archiv XVI (1891)
S. 64, bemerkt, vom 14. September 534.

2) Prok. b. V. I, 24.

3) Dat. XI. kal. dec. nach der Ausgabe von Krüger.

fallenen Ringmauer mit allen Kräften gearbeitet.[1]) Aus diesem Grunde
verzichtete er auch zunächst auf die Verfolgung Gelimers. Dieser
hatte sich nach der grofsen Ebene bei Bulla regia (jetzt Hammam-
Darradji)[2]), vier Tagereisen von Karthago entfernt, begeben, wo er
seine zersprengten Scharen sammelte. Von hier aus trat er auch mit
den Mauren in Verbindung, um sie zu gemeinsamem Kampfe gegen
die Byzantiner zu bewegen. Die Häuptlinge derselben hatten nach
den Erfolgen Belisars Gesandte an diesen geschickt, sich für Unterthanen des Kaisers erklärt und Kriegshilfe versprochen; jetzt beschlossen sie, sich neutral zu verhalten und die Entscheidung abzuwarten, hinderten aber ihre Leute nicht, die Neigung zeigten, sich
den Wandalen anzuschliefsen. Die Zahl derer, die dies thaten, kann
dem Zeugnis Prokops entgegen nicht unbedeutend gewesen sein, da
sie bei Tricamarum das ganze Hintertreffen bildeten.[3]) Gänzlich erfolglos blieben die Bemühungen des Königs, die Westgoten zur
Waffenhilfe anzurufen. Die nach Spanien geschickten Gesandten
mufsten, da Theudis bereits durch einen Kauffahrer von der Niederlage der Wandalen erfahren hatte, was er jedoch sorgfältig geheim
hielt, unverrichteter Sache wieder abreisen und gerieten, als sie nichts
ahnend in Karthago eintrafen, in die Gewalt der Byzantiner.[4]) Vor
allem aber ward jetzt Tzazo zurückberufen, der inzwischen mit geringer Mühe Sardinien wieder unterworfen und den Godas hatte hinrichten lassen, ohne dafs Gelimer jedoch etwas davon erfahren, da
die mit der Siegesnachricht abgeschickten Boten den Kaiserlichen in
die Hände fielen. Prokop (I, 25) teilt den Brief, den der König an
seinen Bruder geschrieben haben soll, im Wortlaut mit: Ein geheimes
Walten des Schicksals habe das Unglück der Wandalen herbeigeführt.
Tzazo sei mit den besten Truppen nach Sardinien entführt worden,
um die Landung der Byzantiner in Afrika zu ermöglichen. Die hier
zurückgebliebenen Wandalen aber hätte trotz der geringen Macht
Belisars sogleich die alte Tapferkeit verlassen; durch ihre Feigheit
hätten sie den Untergang des Ammatas und Gibamund verschuldet.
Es unterliegt aber keinem Zweifel, dafs dieser Brief durchweg eine
Erfindung Prokops ist; darauf deutet vor allem das Hervorheben des
Einflusses der τύχη, der ja bekanntlich bei jenem eine so grofse Rolle
spielt.[5]) Auch die gegen die Wandalen erhobene Beschuldigung der
Feigheit ist schwerlich in Wirklichkeit von dem Könige erhoben
worden.

---

1) Prok. a. a. O. I, 21. 23. de aedif. VI, 5.   2) Tissot II, 259 ff. pl. XVIII.
3) Prok. I, 25.   4) Prok. I, 24.   5) Vgl. Dahn, Prokopius von Cäsarea S. 235.

Die Zeit bis zum Eintreffen der Verstärkungen benutzte Gelimer, um die römische Landbevölkerung gegen die Byzantiner in Bewegung zu setzen und diese dadurch zu beschäftigen. Für jeden ihm überbrachten Kopf eines erschlagenen Feindes verhieß er eine Belohnung. Die Bauern fanden sich gern hierzu bereit, offenbar hauptsächlich, weil sie eine Rückkehr der früheren Zustände befürchteten und der humanen Behandlung, die ihnen die Wandalen bisher hatten zu teil werden lassen, eingedenk waren. Ein größerer Erfolg ward hierdurch freilich nicht erzielt; gegen die von Belisar vorsichtigerweise nur in größeren Abteilungen zum Rekognoszieren ausgeschickten wohlbewaffneten Soldaten vermochten die Landleute nichts auszurichten, und nur eine Anzahl von marodierenden Sklaven und Troßknechten ward von denselben erschlagen.

Nach dreitägiger beschleunigter Fahrt landete Tzazo mit den Seinigen an der afrikanischen Küste und zog zu Fuß nach dem Versammlungsort. Prokop (I, 25) giebt an, daß die Landungsstelle an der Grenze zwischen Numidien und Mauretanien, also etwa an der Mündung des Amsaga gelegen habe, was aber wegen der großen Entfernung dieses Punktes von Bulla regia schwer glaublich ist. Vermutlich liegt eine Verwechslung vor, und es ist gemeint die Grenze zwischen der Zeugitana und Numidien; Tzazo würde hiernach bei Thabraca sich ausgeschifft haben. Die rührende Scene des Wiedersehens zwischen den beiden Brüdern, die den weichen, schwärmerischen Charakter des Königs vortrefflich beleuchtet, hat Prokop in anziehender Weise geschildert.

Das Eintreffen der Verstärkungen belebte Gelimers Mut insoweit, daß er nun gegen Karthago vorrückte und den Byzantinern eine Schlacht vor den Thoren der Stadt anbot. Einen Sturmangriff auf die Mauern unternahm er klugerweise nicht, offenbar in der Erkenntnis, daß seine Reiterscharen für einen solchen nicht geeignet waren. Er rechnete dabei wesentlich auf Unterstützung aus dem Lager der Byzantiner selbst und aus den Kreisen der Einwohnerschaft. Nicht ohne Erfolg waren seine Emissäre in dieser Hinsicht wohl schon seit einiger Zeit thätig gewesen. Namentlich war es ihm geglückt, unter Austeilung reichlicher Geldspenden die ohnehin unzufriedenen Massageten auf seine Seite zu ziehen und von ihnen das Versprechen zu erlangen, bei dem nächsten Treffen zu ihm überzutreten. Belisar hielt sich anderseits vorsichtig zurück, einmal weil die Befestigungsarbeiten noch nicht beendet waren, hauptsächlich aber wohl, weil ihm die Bewegung zu Gunsten der Wandalen schwere

Sorgen bereitete. Er schritt zwar sofort, nachdem er Kenntnis er-
langt, mit Strenge ein und liefs einen der verschworenen Kartha-
ginienser öffentlich hinrichten; wie wenig sicher er sich aber fühlte,
zeigt der Umstand, dafs er es nicht wagte, die Massageten durch
energische Mafsregeln zum Gehorsam zu zwingen, sondern dieselben
durch Versprechungen und Geschenke dahin brachte, von ihrem Vor-
haben abzustehen.[1]) Erst nachdem er sich völlig gesichert glaubte,
ergriff er die Offensive und wandte sich gegen die Wandalen, die,
nachdem sie ihre Pläne gescheitert sahen, sich weiter von der Stadt
zurückgezogen hatten. Die Kavallerie, auch die Garden, schickte er
voraus, während er selbst als Reserve mit dem Fufsvolke und
500 Reitern am nächsten Tage folgte. Bei Tricamarum, 140 Stadien
oder 30 km von Karthago — die Lage des Ortes ist leider nicht
mehr zu bestimmen —, stiefsen die das erste Treffen bildenden Byzantiner, die wahrscheinlich bei Tagesanbruch Karthago verlassen
hatten, mit beginnender Dunkelheit auf die Wandalen. Beide Teile
verbrachten hier in ziemlicher Entfernung voneinander die Nacht.
Am nächsten Morgen liefs Gelimer Weiber, Kinder und den ganzen
Trofs in das Lager bringen, das jedoch — charakteristisch für die
Kriegsweise der Wandalen — gänzlich unbefestigt war und somit
keinen Rückhalt zu bieten im stande war. Nachdem er die Truppen
in Schlachtordnung aufgestellt und in Gemeinschaft mit seinem Bruder
zur Tapferkeit ermahnt hatte — die von Prok. (II, 2) mitgeteilten,
angeblich von beiden gehaltenen Reden sind jedoch sicher in dieser
Form nicht echt, wie wiederum die Hervorkehrung der Macht der $\tau\acute{v}\chi\eta$
beweist[2]) —, rückte er um die Mittagszeit ($\check{\alpha}\varrho\iota\sigma\tau\upsilon\nu$) an den Bach,
der die beiden Heere trennte, vor. Er kam den Byzantinern völlig
unerwartet, die gerade mit Abkochen beschäftigt waren und sich in
völliger Unordnung befanden. Dafs etwas derartiges angesichts der
bevorstehenden Entscheidung möglich war, ist fast nicht zu glauben,
und nur das Zaudern der Wandalen bewahrte jene vor schweren Ver-
lusten. Unbehelligt vom Feinde, der unbegreiflicherweise die günstige
Gelegenheit zu einem Angriffe vorübergehen liefs, stellten sich nun
die griechischen Reiter in aller Eile in Schlachtordnung auf. Den
linken Flügel bildeten die Föderaten, den rechten die kaiserlichen
Regimenter, das Mitteltreffen die Gefolgschaft Belisars unter dem Befehle des Johannes, der zugleich die Feldherrnstandarte führte. Die
Massageten nahmen abseits vom übrigen Heere eine Stellung ein; sie

---

1) Prok. II, 1.   2) Vgl. darüber auch oben.

wollten gemäfs einer beim Abmarsch unter sich getroffenen Verabredung die Entscheidung abwarten und sich dann der siegreichen Partei anschliefsen. Es war unter den obwaltenden Umständen ein grofses Glück für die Byzantiner, dafs jetzt Belisar mit den 500 Reitern — das Fufsvolk war etwas weiter zurück — auf dem Platze erschien und die Oberleitung übernehmen konnte. Bei den Wandalen befand sich Tzazo mit seinen Kernscharen im Centrum, hinter ihm waren die maurischen Hilfstruppen aufgestellt; den rechten und linken Flügel bildeten die übrigen Tausendschaften unter ihren gewöhnlichen Führern. Während Belisar seinen Platz in der Mitte einnahm, ritt Gelimer überall umher, die Zaghaften ermunternd. Seinen Leuten hatte er befohlen, nur mit dem Schwerte zu kämpfen, offenbar weil er wufste, dafs sie in der Anwendung von Fernwaffen dem Gegner nicht gewachsen seien.

Geraume Zeit standen sich die Gegner gegenüber, indem jeder den Angriff des andern erwartete. Um die Wandalen aus ihrer Stellung herauszulocken, setzte Johannes auf Befehl Belisars mit einigen Leuten durch den Bach und ergriff, als Tzazo gegen ihn anritt, die Flucht, ohne dafs jedoch die Wandalen sich zur Verfolgung verleiten liefsen. Als ein zweiter mit einer gröfseren Truppenzahl unternommener Versuch ebenfalls nicht den gewünschten Erfolg hatte, liefs Belisar seine gesamte Garde zum Angriff vorgehen. Wie nicht anders von den Leuten Tzazos zu erwarten war, leisteten diese kräftigen Widerstand; aber als eine Anzahl der Tapfersten, darunter namentlich der Anführer selbst, gefallen war und nun auch die übrigen byzantinischen Reiter heranstürmten, ergriff das ganze wandalische Heer die Flucht und suchte in dem Lager Schutz. Die Verluste, die die Wandalen im Treffen selbst und während der Verfolgung, an der sich nun auch die Massageten beteiligten, erlitten, betrugen ca. 800 Krieger, während die Byzantiner nur etwa 50 Tote hatten. Das Lager sofort zu stürmen wagte Belisar, jedenfalls einen verzweifelten Widerstand erwartend, nicht; erst nach Ankunft des Fufsvolkes, das gegen Abend eintraf, schritt er zum Angriff. Als Gelimer von dem Herannahen der Byzantiner erfuhr, liefs er unerhörterweise sein Volk heimlich in Stich und floh, nur von einigen seiner nächsten Verwandten, Dienern und Gefolgsleuten begleitet, auf der nach Hippo regius führenden Strafse davon. Er dachte jetzt seinen schon zu Beginn des Krieges vorbereiteten Plan, sich nach Spanien in Sicherheit zu bringen (vgl. oben), auszuführen, obwohl noch keineswegs alles verloren war. In dem unbefestigten Lager

konnte er allerdings sich nicht dauernd halten; eine grofse Aussicht
bot sich ihm aber dar, wenn er mit den Seinigen sich in die Berge
zurückzog und einen Guerillakrieg im grofsen Stile inszenierte, wozu
die schnellen wandalischen Reiter vorzüglich geeignet waren. Wie
gefährlich ein solcher für die Byzantiner hätte werden können, haben
ja die Kämpfe mit den Mauren, die jene nach dem Falle des Wandalenreiches auszufechten genötigt waren, deutlich genug gezeigt. —
Das plötzliche Verschwinden des pflichtvergessenen Königs rief unter
den Zurückgebliebenen die gröfste Bestürzung und Verwirrung hervor. Keiner dachte mehr an Verteidigung, sondern suchte sich so
schnell wie möglich ebenfalls in Sicherheit zu bringen. Der einzige,
der im stande gewesen wäre, Ordnung zu schaffen und die Kopf-
losen zur Vernunft zu bringen, Tzazo, weilte ja nicht mehr unter
den Lebenden. So fiel ohne Kampf das Lager mit den reichen
Schätzen, die die Wandalen auf ihren Raubzügen früher zusammen-
gebracht hatten, den Byzantinern in die Hände. Die Flüchtigen
wurden bis in die Nacht hinein verfolgt, die Männer sämtlich niedergehauen, Weiber und Kinder zu Sklaven gemacht. Das Wandalenreich hatte aufgehört zu bestehen (Mitte Dezember 533).[1]

Der Besitz der unermefslichen Beute raubte den byzantinischen
Soldaten gänzlich die Besinnung; das Heer befand sich im Zustande
völliger Auflösung, und es wäre dem Feinde, hätte er sich gesammelt
und einen Angriff gewagt, ein Leichtes gewesen, Alle zu vernichten.
Erst am folgenden Morgen gelang es dem Oberbefehlshaber, die
Disziplin, zunächst wenigstens unter den Garden, notdürftig wieder
herzustellen. Johannes der Armenier erhielt nun den Befehl, mit
200 Mann Gelimer zu verfolgen und lebendig oder tot einzuliefern;
Belisar selbst zog in der Umgegend umher, liefs, ohne den geringsten
Widerstand zu finden, die flüchtigen Wandalen aufgreifen, soviel er
ihrer habhaft werden konnte, entwaffnete sie und schickte sie trupp-
weise unter Bedeckung nach Karthago, um sie von da später aufser
Landes zu schaffen. Nachdem er so das Land gesäubert und wahrscheinlich auch die feindliche Flotte weggenommen hatte, zog er
mit der Hauptmacht dem entflohenen König nach. Diesen hatte inzwischen die ihm nachsetzende Truppenabteilung des Johannes nahezu
eingeholt, als der plötzliche Tod des Anführers der weiteren Verfolgung ein Ziel setzte. In Hippo regius angelangt, wo ihm zahlreiche in den Kirchen Schutz suchende Wandalen (darunter viele

---

1) Prok. II, 2. 3.

Edle) sowie auch der Königsschatz, den der Kanzler Bonifatius infolge widriger Winde nicht mehr, wie verabredet, hatte in Sicherheit bringen können, in die Hände fielen, erfuhr Belisar, dafs Gelimer nach dem schwer zugänglichen Gebirge Pappua[1]) an der äufsersten Grenze Numidiens geflohen sei und sich in der Stadt Medeos bei befreundeten Mauren aufhalte. Da der Winter vor der Thür stand, gab er die weitere Verfolgung auf und beauftragte den Heruler Fara, mit einer erlesenen Schar die Zugänge zur Zufluchtsstätte des Königs sorgfältig zu bewachen, um denselben am Entweichen zu verhindern und ihm die Lebensmittelzufuhr abzuschneiden. Er kehrte nun nach Karthago zurück und traf Anstalten, die noch nicht in Beschlag genommenen Teile des Wandalenreiches in Besitz zu nehmen. Ein Korps unter Cyrillus, dem als Zeichen des Unterganges der wandalischen Herrschaft der Kopf des erschlagenen Tzazo mitgegeben wurde, unterwarf ohne Mühe Sardinien und Korsika; ein zweites unter Apollinaris die Balearen und Pithyusen, ein drittes ging zur Unterstützung des Pudentius und Tattimuth, die von den Mauren hart bedrängt waren, nach Tripolis ab[2]), ein viertes und fünftes besetzten die Stadt Cäsarea und das Kastell Septem.[3]) Ein Versuch, das übrige Gebiet im tingitanischen und cäsareensischen Mauretanien zu occupieren, wurde nicht gemacht: diese Provinzen, wie auch Mauretania Sitifensis, ferner das südliche Numidien und der westliche Teil der Byzacena blieben nach wie vor in der Gewalt der Mauren. Auch Lilybäum suchte Belisar für den Kaiser in Anspruch zu nehmen und drohte, da die in Sizilien stationierten Ostgoten auf diesen wichtigen Punkt inzwischen Beschlag gelegt hatten und denselben herauszugeben sich weigerten, mit Krieg. Der drohende Konflikt ward jedoch vorläufig beigelegt, indem man sich dahin einigte, die Entscheidung des Kaisers anzurufen.

Gelimer hielt inzwischen hartnäckig in jenem Felsenneste aus, obwohl sich unter den Eingeschlossenen bald Mangel an Lebensmitteln einstellte, der für die an üppige Tafel gewöhnten Wandalen doppelt sich fühlbar machte. Einen Sturmangriff der Byzantiner auf seine

---

1) Die Lage dieses Gebirges ist nicht mit Sicherheit festzustellen. Mit dem heutigen Edough ist dasselbe, da es nach Prokop an der Grenze Numidiens (und Mauretaniens) lag, bestimmt nicht zu identifizieren. Weitere Vermutungen bei Tissot I, 36 ff. H, 785. Vgl. auch Pouydraguin in dem Recueil des notices et memoires de la soc. arch. du dep. de Constantine vol. XXXII (1898) S. 155 ff.

2) Hierauf ist wohl die Erzählung Prokops de aedif. VI, 4 p. 336 zu beziehen.

3) Von einer Vertreibung der Westgoten aus Septem (so Diehl p. 86) ist damals keine Rede.

uneinnehmbare Stellung schlugen die Mauren mit leichter Mühe zurück; die Aufforderung, sich zu ergeben, wies er in stolzer Sprache
ab, indem er erklärte, einem Feinde, der ihn auf unredliche Weise
ins Unglück gestürzt, nicht unterthan sein zu können.[1]) Aber statt
den Versuch zu machen, die Cernierungstruppen zu durchbrechen
und die Freiheit sich zu erkämpfen, verharrte er in träger Ruhe,
weil es ihm an persönlichem Mute gebrach, und dichtete auf sein
Elend ein Lied, zu dessen Begleitung er sich von Fara eine Leier
erbat. Erst als er Augenzeuge einer Scene war, wie zwei vor
Hunger halbtote Kinder, sein Neffe und ein Maurenknabe, sich um
einen Brotkuchen schlugen, gab er den unrühmlichen, besonders aber
eines germanischen Königs unwürdigen Widerstand auf und zeigte
den Byzantinern seine Unterwerfung an, wobei er jedoch nicht vergafs, die Erfüllung der ihm früher gegebenen Versprechungen: Erhebung in den Patriciat und Zuweisung von Landbesitz mit reich-
lichen Einkünften, sich garantieren zu lassen (Ende März oder Anfang April 534).

Gelimer ward nun mit seiner Sippe nach Karthago gebracht
und traf hier mit Belisar zusammen, der ihn wie auch die
übrigen Wandalen in milder Haft hielt, bis die Vorbereitungen zur
Abreise nach Byzanz beendet waren. Wahrscheinlich etwa im Monat
Juni — die an Belisar gerichtete kaiserliche Verordnung über die
provisorische militärische Organisation der eroberten Gebiete (Cod.
Just. I, 27, 2.) ist vom 13. April d. J. datiert — stach die Flotte
beladen mit den unermefslichen Schätzen und den zahlreichen Gefangenen in See. Nach der glücklichen Ankunft in der Hauptstadt
ward dem siegreichen Feldherrn vom Kaiser ein Triumph bewilligt,
eine Ehre, wie sie seit Jahrhunderten nicht wieder einem Privat-
mann zuteil geworden war, ein Beweis, wie hoch man den errungenen Erfolg schätzte. Es fand eine zweimalige Feier statt: das
erste Mal zog Belisar zu Fufs von seinem Hause nach dem Hippodrom, wo er und der besiegte König dem Kaiserpaar ihre Unter-
würfigkeit durch Niederfallen bezeugten. Die zur Schau getragene
Beute[2]) bestand aus Gegenständen, die zum Gebrauche des Königshauses gedient hatten: goldenen Thronsesseln und Wagen, goldenem
Tafelgerät und mit Edelsteinen besetzten Schmucksachen, ferner aus
vielen tausend Talenten Silber. Besonderes Aufsehen erregten die

---

1) Der von Prokop H, 6 mitgeteilte Briefwechsel zwischen Fara und dem
Könige ist freilich sicher nicht authentisch.
2) Vgl. auch Coripp. in laud. Just. H, 121 ff.

einst von Geiserich aus dem kaiserlichen Palast in Rom geraubten Stücke, darunter namentlich die heiligen Geräte aus dem Tempel zu Jerusalem, die der Kaiser bald nachher aus abergläubischer Gesinnung wieder an ihren alten Ort zurückbringen ließ, wo sie später verloren gingen. Aus dem Königsschatze ist noch heute ein Stück erhalten: eine wahrscheinlich von germanischen Söldnern nach Italien verschleppte silberne Schüssel mit der Umschrift: Geilamir rex Vandalorum et Alanorum.[1]) Als Gefangene schritten im Zuge einher außer Gelimer dessen ganze Sippe[2]) und die Größten und Stattlichsten unter den übrigen Wandalen. Eine damals geprägte Münze zeigte auf der einen Seite des Kaisers Bild, auf der andern den Kopf Belisars mit der Umschrift: $B ε λ ι σ ά ρ ι ο ς$ $ή$ $δ ό ξ α$ $τ ῶ ν$ $Ῥ ω μ α ί ω ν$.[3]) Hilderichs Kinder sowie alle übrigen Nachkommen der Eudoxia aus deren Ehe mit Hunerich wurden mit reichen Geschenken bedacht, während Gelimer Landgüter in Galatien erhielt, auf denen auch seinen Verwandten zu wohnen gestattet wurde. Der Patriciat wurde dem ehemaligen Könige jedoch nicht verliehen, trotz des früher gegebenen Versprechens, da er den arianischen Glauben nicht abschwören wollte. Eine nochmalige Feier wurde anläßlich des Antrittes des Konsulates durch Belisar am 1. Januar 535 abgehalten: Der Sieger fuhr auf einem von Gefangenen gezogenen Wagen umher und teilte einen großen Teil der wandalischen Beute unter die hauptstädtische Bevölkerung aus.[4])

Eine nach allen Seiten hin gerechte Würdigung der Persönlichkeit des letzten wandalischen Königs, der so unrühmlich von der geschichtlichen Bühne abtrat, ist nicht leicht zu geben, da die Quellen keine genaue und unparteiische Auskunft geben, die Äußerungen insbesondere, die Prokop ihm in den Mund legt, von zweifelhafter Echtheit sind. In früheren Jahren ein tapferer Kriegsmann, zeigt er sich nach seinem Regierungsantritt in immer steigendem

---

1) Vgl. Ephemeris epigraphica V, 826. C. I. L. VIII, suppl. 1 n. 17412 (p. 1651). Neues Archiv VIII, 353.

2) Malal. p. 478 nennt auch Gelimers Gattin als Gefangene, Joh. Lydus de magistr. III, 55 und Zonaras XIV, 7, 3. 4, außer dieser auch noch Gelimers Kinder. Aber nach Prokops Erzählung scheint der König keine Familie besessen zu haben.

3) Anonymus de antiquitatibus Constantin. bei Banduri, Imperium orientale I pars 3 pag. 69. Cramer, Anecdota Parisina II, 324 f.

4) Prok. H. 4—9. Außer den bereits citierten Quellenstellen handeln über den Untergang des Wandalenreichs selbständig in Kürze Marcellin. Com. und Vict. Tonn. a. 534; Jordanes Rom. 366, Get. 33, 171 ff.; Zacharias Rhetor IX, 17 (p. 206).

Maße zaghaft, energielos, weichlich, von Stimmungen beherrscht.
Dazu kommt ein gänzlicher Mangel von Umsicht und gründlicher
Einsicht in die Verhältnisse, sowie ein häßlicher Zug von Egoismus.
Im Gefühle der Sicherheit weist er in stolzer, pathetischer Sprache
die Zumutungen des Kaisers zurück, sorglos läßt er die Byzantiner
herankommen, ohne rechtzeitig Maßregeln zur Abwehr zu treffen:
als er aber die Größe der Gefahr endlich erkennt, denkt er auch
schon an Flucht und giebt Auftrag, den Königsschatz in Sicherheit
zu bringen. Er rafft sich dann wieder empor; aber bald kommt
seine wahre Natur wieder zum Vorschein. Aus Zaghaftigkeit läßt
er die anfangs bei Tricamarum sich bietende günstige Gelegenheit,
die Byzantiner zu überrumpeln, unbenutzt vorübergehen; als die
Schlacht verloren ist, denkt er nur an sich und schleicht heimlich
davon, sein Volk im Stiche lassend, obwohl sich leicht ein weiterer
Widerstand hätte organisieren lassen. Der Vorwurf der Grausamkeit ist ihm dagegen mit Unrecht gemacht worden: sein Verfahren
gegen Hilderich und dessen Anhänger war ein berechtigter Akt der
Notwehr; es ist bemerkenswert, daß er die Kinder des entthronten
Königs schonte. — Man möchte geneigt sein, aus dem Lachen, mit
dem er nach seiner Gefangennahme Belisar in Karthago empfing,
sowie aus seinem Benehmen im Hippodrom zu Byzanz, wo er fortwährend die Stelle aus dem Prediger Salom. „Alles ist eitel"
rezitierte, auf einen Zustand geistiger Abnormität zu schließen,
wenn nicht sein Verhalten bei der Übergabe, bei welcher er sich
Garantien für eine ihm zu gewährende bequeme, sorgenfreie Existenz
geben ließ, eines anderen uns belehrte. So darf man es wesentlich
seiner Persönlichkeit beimessen, wenn das Wandalenreich ein so
rasches, in der Geschichte fast einzig dastehendes Ende fand. Unter
anderer Leitung hätte dasselbe wohl noch eine Zeitlang sein Dasein
fristen können, da die Volkskraft, wenn auch stark im Niedergang
begriffen, doch keineswegs völlig erloschen war.

  Von den gefangenen Wandalen, die Belisar mit nach Byzanz
genommen hatte, wurde ein Teil, jedenfalls die Tüchtigsten, unter
die Gardetruppen Belisars gesteckt[1]); aus den übrigen ca. 2000 Mann
formierte der Kaiser 5 Reiterregimenter und schickte sie nach dem
Orient, um daselbst die Grenze gegen die Perser zu bewachen, die
sog. Vandali Justiniani.[2]) Eins dieser Regimenter (400 Mann)
überwältigte jedoch auf der Fahrt nach dem Bestimmungsorte bei

---

1) Prok. b. Goth. III, 1.   2) Prok. b. V. II, 14. b. Pers. II, 21.

der Insel Lesbos die Schiffsmannschaft, segelte, den Peloponnes berührend, nach Afrika, wo an einem wüsten Orte gelandet wurde, und zog teils nach dem Auresgebirge, teils nach Mauretanien. Wahrscheinlich ist das tingitanische Mauretanien gemeint; denn der ravennatische Kosmograph (I, 3 bez. III, 11) bemerkt, dafs dorthin „das von Belisar besiegte Volk der Wandalen geflohen sei".[1] Eine gröfsere Anzahl Wandalen war dagegen von Anfang an in Afrika zurückgeblieben, teils solche, die sich gut versteckt gehalten hatten, teils solche, die bei der Abreise Belisars von den mit der Deportation betrauten Beamten übersehen worden waren.[2] Dazu kamen noch zahlreiche wandalische Priester, sowie die grofse Menge Frauen und Kinder, die die byzantinischen Soldaten als Kriegsbeute unter sich verteilt hatten.[3] Diese Elemente haben bald nachher in der Geschichte der Provinz eine nicht unbedeutende Rolle gespielt.

Obwohl die Verhältnisse in Afrika noch sehr im Argen waren — die Reorganisation der Civilverwaltung und die Einrichtung des Verteidigungswesens[4] hatten kaum begonnen —, hatte Belisar seine Abreise beschleunigt, weil er von einigen seiner Offiziere beim Kaiser des Strebens nach selbständiger Herrschaft bezichtigt worden war; er glaubte auf diese Weise die Absichten seiner Gegner am besten durchkreuzen zu können.[5] Den Oberbefehl über die zurückbleibenden Truppen — das gesamte Heer Belisars, mit Ausnahme von dessen Garden, also ca. 15000 Mann — übernahm nun der bisherige Domesticus Solomon, der seit dem 1. Januar 535 auch als Praefectus praetorio erscheint.[6] Kaum hatten jedoch die Mauren von der Abfahrt der byzantinischen Flotte erfahren, als sie verheerend in die Byzacena und Numidien einbrachen, so dafs Belisar, der hiervon auf hoher See in Kenntnis gesetzt wurde, sich veranlafst sah, seinem Nachfolger einen Teil seines Gefolges zu überlassen — ein Zeichen, wie wenig man von der Tüchtigkeit der übrigen Reichstruppen hielt. Nur mit grofsen Anstrengungen gelang es, die Barbaren in mehreren Feldzügen in ihre Schlupfwinkel zurückzuwerfen (535). Aber auch im Innern hatte Solomon mit grofsen Schwierigkeiten zu kämpfen. Das wieder eingeführte römische Steuersystem erbitterte

---

1) In qua Gaditana patria gens Wandalorum a Belisario devicta in Africam fugit et nunquam comparuit.

2) b. V. II, 15.   3) b. V. II, 14.

4) Vgl. die Verordnungen Cod. Just. I, 27 (de officio praefecti praetorio Africae et de omni eiusdem dioeceseos statu; 1. an den Praef. praet. Archelaus, 2. an Belisar gerichtet).

5) Prok. II, 8.   6) Just. Novell. 36.

die Bevölkerung aufs äufserste und bewirkte, dafs man fast allgemein
die Rückkehr der wandalischen Herrschaft herbeiwünschte.[1]) Die von
den Wandalen früher innegehabten Landlose liefs der Kaiser, soweit
sie nicht von den früheren Eigentümern reklamiert wurden, für den
Fiskus mit Beschlag belegen. Viele der byzantinischen Soldaten hatten
die ihnen als Kriegsbeute zugefallenen wandalischen Frauen und
Töchter geheiratet und verlangten nun, von diesen aufgereizt, dafs
ihnen die Güter, die die früheren Ehemänner oder Verwandten ihrer
Gattinnen besessen, als Eigentum überwiesen würden. Die durch die
Ablehnung dieser Forderung im Heere erzeugte Erbitterung wurde
durch den Hinzutritt religiöser Motive noch wesentlich verschärft.
Justinian hatte durch eine die völlige Restitution der orthodoxen
Kirche im Lande betreffende Verfügung die Vornahme jeder ketze-
rischen gottesdienstlichen Handlung verboten.[2]) Hierdurch wurden
aber die unter den Byzantinern dienenden arianischen Soldaten, etwa
1000 an Zahl, hart betroffen, und die zurückgebliebenen wandalischen
Priester liefsen die günstige Gelegenheit nicht vorübergehen, jene
zum Aufruhr zu reizen. Die Empörung kam zum vollen Ausbruch,
als die Nachricht von der Landung des oben erwähnten, aus Wandalen rekrutierten Reiterregimentes eintraf. Solomon sollte am ersten
Osterfeiertage, dem 23. März 536, in der Kathedrale zu Karthago
ermordet werden, er entkam jedoch mit wenigen Begleitern nach
Syrakus, um die Unterstützung Belisars, der soeben Sizilien von der
Herrschaft der Ostgoten befreit hatte, anzurufen. Inzwischen versammelten sich die Insurgenten, ca. 8000 Mann, unter Leitung des
Stutza auf der Ebene von Bulla regia; zu ihnen stiefsen hier die in
Afrika aufhältlichen Wandalen, etwa 1000 Mann, sowie eine grofse
Anzahl Sklaven. Mit diesem stattlichen Heere rückte Stutza vor
Karthago; die von Solomon zurückgelassene Besatzung verweigerte
indes die Übergabe, obwohl die eingeschüchterte hauptstädtische Bevölkerung dazu drängte. Gerade zur rechten Zeit traf Belisar, von
nur 100 Mann begleitet, im Hafen ein, und die blofse Kunde von
seiner Ankunft wirkte derartig, dafs die Belagerer in grofser Unordnung sich schleunigst zurückzogen. Mit 2000 Soldaten nahm
Belisar deren Verfolgung auf; bei Membressa am Bagradas traf er
mit ihnen zusammen und schlug sie mit leichter Mühe in die Flucht.
Unter den Gefallenen befanden sich besonders viele Wandalen; bei
der Einnahme des feindlichen Lagers wurden aufser bedeutenden

---

1) Prok. b. V. II, 8.　　　2) Nov. 37 (vom 1. Aug. 535).

Schätzen auch zahlreiche wandalische Frauen, die Anstifterinnen der Revolte, erbeutet.[1]) Belisar kehrte hierauf nach Sizilien zurück; an Solomons Stelle aber trat Justinians Neffe Germanus. Diesem gelang es, den Stutza, der nach Numidien geflohen war und seine Scharen durch Überläufer aus dem kaiserlichen Heere sowie durch maurische Bundesgenossen bedeutend verstärkt hatte, bei Cellas Vatari[2]) nach erbittertem Kampfe völlig zu schlagen; nur von wenigen Wandalen begleitet, entkam der Anführer nach Mauretanien (537).[3])

Im Jahre 539[4]) kam Solomon zum zweiten Male als Oberbefehlshaber nach Afrika. Eine seiner ersten Amtshandlungen bestand darin, dafs er von den zurückgebliebenen Wandalen, so viele nur zu erlangen waren, vor allem aber die Frauen, als die hauptsächlichsten Friedensstörer, aufser Landes schaffen liefs.[5]) Nachdem Solomon 544 im Kriege mit den Mauren des Antalas bei Colonia Cillitana den Tod gefunden, erschien auch Stutza wieder mit seinen zum Teil aus Wandalen bestehenden Anhängern und schlofs sich den Mauren an.[6]) Im folgenden Jahre fiel Stutza im Kampfe mit Johannes, dem Sohn des Sisinniolus, bei Tacea; seine Truppen — es waren nach Prokop b. V. II, 27 ca. 500 Römer, 80 Hunnen, 420 Wandalen — gingen nun unter Führung eines gewissen Johannes zu dem Usurpator Guntarith über, der den kaiserlichen Oberbefehlshaber Areobindus durch Meuchelmord aus dem Wege schaffte (März 546). Aber nach nur 36 tägiger Herrschaft ward Guntarith von Artabanes in Karthago bei einem Gastmahle, an dem auch einige vornehme Wandalen teilnahmen, getötet. Dasselbe Schicksal traf auch seine Anhänger; nur eine geringe Anzahl Wandalen, die sich in eine Kirche geflüchtet, kam mit dem Leben davon und wurde nach Byzanz geschickt.[7]) Damit war, wie es scheint, der letzte bedeutendere Rest dieses Volkes in Afrika beseitigt. Dafs in den den Byzantinern unzugänglichen Landesteilen einzelne Splitter sich erhielten, ist nicht ausgeschlossen, aber von gröfserer Zahl waren dieselben sicher nicht. Thatsache ist allerdings, dafs ein grofser Prozentsatz der heutigen Berberbevölkerung in Marokko, am Rif, in den Gebirgen Aures und Grofskabyliens sowie auf den Kanarischen Inseln blondes Haar und blaue Augen hat[8]); aber die wiederholt, zuletzt von Löher (Das Kanarierbuch, München 1895) vertretene Ansicht, dafs dies auf germanische, speziell wandalische

---

1) Prok. II, 14. 15.   2) Diehl p. 84. Coripp. Joh. III, 318.   3) Prok. b. V. II, 16. 17.
4) Marcellin. eom. a. 539.   5) Prok. II, 19.
6) Vgl. im allgemeinen Partsch, praef. zu Corippus p. XVI ff.
7) Prok. II, 28.   8) Tissot Géogr. I, 403.

Mischung zurückzuführen sei — nach Löher sollen die **Wandschen**
auf den Kanarischen Inseln Nachkommen der dahin geflohenen **Wandalen** sein —, muſs als unbegründet verworfen werden.[1])

Über das Schicksal der an der Theiſs zurückgebliebenen **Wandalen**
fehlen fast alle Nachrichten. Daſs diese noch zur Zeit Geiserichs
eine selbständige politische Existenz führten, zeigt die aus wandalischer Quelle stammende, schon oben angeführte Erzählung Prokops
(b. V. I, 22).[2]) In welches Jahr die hier erwähnte Gesandtschaft, die
die Wandalen in Afrika zur Aufgabe des Besitzrechtes an ihren früher
innegehabten Ländereien bewegen sollte, fällt, ist nicht festzustellen,
sicher doch wohl nach 442, wahrscheinlich aber in die Zeit nach dem
Sturze der Hunnenherrschaft, unter der der Volksteil an der Theiſs
zweifellos gestanden hat. Wahrscheinlich ist derselbe hierauf von
den Herulern, die nunmehr in jenen Gegenden erscheinen, aufgesogen
worden.

---

1) Den Einfluſs germanischer Elemente nehmen auch Ratzel, Völker-
kunde II², 460 und Sievers, Afrika (Leipzig 1891) S. 331 an.

2) Ihnen entstammte wohl der Johannes ὁ λεγόμενος Οὐανδαλός, der sich
nach Theophanes A. M. 5938 i. J. 446 gegen Valentinian III. erhob.

Viertes Buch.

Das Gebiet des souveränen afrikanischen Reiches hiefs regnum, wie dies namentlich in dem Titel des höchsten Reichsbeamten, des praepositus regni hervortritt[1]); doch wird regnum sonst gewöhnlich im Sinne von Königsherrschaft, nicht in räumlicher Bedeutung angewendet.[2]) Vict. Vit. H, 39 spricht Hunerich von provinciis a deo nobis concessis, ebenda III, 14 von terris et regionibus, quae propitia divinitate imperii nostri regimine possidentur. Die römische Provinzialeinteilung[3]) blieb bestehen; als besonderes Gebiet waren die den Wandalen zugewiesenen Distrikte, die sortes Vandalorum, ausgeschieden. Der Mittelpunkt des Reiches war Karthago. Hier liefen alle Fäden der Regierung zusammen; hier residierte der König in seinem Palast[4]), der ohne Zweifel mit der Wohnung des Prokonsuls, dem Prätorium, identisch war.[5])

Dem Reiche gehörten, wie wir sahen, mehrere Nationalitäten an, deren rechtliche Stellung eine sehr verschiedene war.[6]) Das herrschende Volk waren die Wandalen. Den Kern derselben bildeten die Asdingen, wozu die Reste der Silingen und Alanen, ferner Goten und andere Volkssplitter traten (vgl. oben). Die Alanen, die wohl zur Zeit des Überganges nach Afrika bereits germanisiert waren, scheinen eine Zeitlang eine gewisse Sonderstellung eingenommen zu

---

1) Vict. Vit. II, 39. III, 3. Vgl. H, 2: provincias regni sui.

2) Vict. III, 3: nostro regno subiectis. I, 18: crescente opibus regno. II, 7: regnum (Hunerichs), quod breve fuerat et caducum. H, 13: cui regnum debebatur. III, 20: regnum filii domni nostri. Ebenso Prok. b. V. I, 9 (βασιλεία).

3) Dies ersehen wir namentlich aus der erwähnten Notitia provinciarum et civitatum Africae, die die politische (nicht kirchliche) Einteilung des wandalischen Reiches i. J. 484 verzeichnet.

4) palatium vgl. bes. Vict. III, 32. Prok. I, 21. Im übertragenen Sinne noch öfter bei Vict.

5) Über die Lage desselben vgl. Tissot I, 649. 660. Das Prätorium scheint zugleich als kaiserliches Absteigequartier gedient zu haben, da es auch palatium genannt wird, Tissot I, 660 N. 4.

6) Vict. Vit. III, 3: universis populis nostro regno subiectis. Mit populi sind nicht die verschiedenen Nationen, für die der technische Ausdruck gentes ist, gemeint, sondern einfach das Volk, die Leute, vgl. Zeumer, Neues Archiv XXIII (1898), S. 478.

haben[1]); doch ist Näheres darüber leider völlig unbekannt. Zur Zeit
Prokops waren diese fremden Elemente völlig unter den Wandalen
aufgegangen (b. V. I, 5). Die Zahl der in Afrika eingefallenen Germanen betrug nach der von Geiserich vorgenommenen Zählung 80000,
also etwa 16000 Krieger; davon werden sicher mindestens zwei Drittel
etwa 50—60000, wandalischer Nationalität gewesen sein. In Afrika
hat das Volk nicht unbeträchtliche Verluste erlitten; bei den Be-
lagerungen von Hippo regius und Karthago büfste es einen grofsen
Teil seiner Streiter ein.   Zum Jahre 442 berichtet Prosper, dafs
Geiserich unter den Seinen ein gewaltiges Blutbad angerichtet habe:
es seien so viele hingerichtet worden, als in einem unglücklichen
Krieg gefallen sein würden.   Für seine Zeit (c. 486) bemerkt Vict.
Vit. (I, 2), dafs die Wandalen gegen früher bedeutend an Volkszahl
abgenommen hätten.   Prokop a. a. O. sagt dagegen, sie seien durch
fremden Zuzug und eigene Fortpflanzung während der Dauer des
afrikanischen Reiches zu einer grofsen Menschenmenge angewachsen,
und an anderer Stelle heifst es (Hist. arc. 18), dafs unter Justinian
80000 streitbare Wandalen den Tod gefunden hätten.   Man müfste
hiernach annehmen, dafs ihre Zahl von 80000 auf ca. 500000 Köpfe
gestiegen sei, was ganz unmöglich ist.   Das üppige Leben, das die
Wandalen späterhin führten, mufste notwendigerweise eine ungünstige
Wirkung auf die Kindererzeugung ausüben; von einer starken Zu-
wanderung von auswärts ist aber nichts bekannt.   Prokop denkt
wahrscheinlich an die Goten, die unter Amalafrida nach Afrika
kamen; aber diese waren ja sehr bald nachher niedergemetzelt worden.
Sein Zeugnis hat um so geringeren Wert, als er ein Interesse hatte,
die Gegner Belisars als möglichst stark hinzustellen; der Zahlen-
angabe in der Geheimgeschichte liegt offenkundig die tendenziöse
Absicht zu Grunde, die Thätigkeit Justinians in recht schwarzen
Farben darzustellen.   Dafs die Wandalen unter Gelimers Regierung
wenig zahlreich waren, zeigt auch eine Stelle der Kirchengeschichte
des Zacharias (p. 206): „Als der Häuptling (Gelimer) mit einem Heere
kam, stellte es sich als klein und winzig heraus". Mag nun auch
Victors Angabe etwas übertrieben sein, was bei dessen übelwollender
Gesinnung ganz erklärlich wäre, so wird man zu dem Resultat kommen
müssen, dafs die Gesamtmenge zur Zeit der byzantinischen Eroberung nicht höher, eher etwas geringer war, als sie bei der Ein-

---

1) Vgl. auch Apoll. Sid. carm. II, 379: Quod consanguineo me Vandalus
hostis Halano diripuit radente.

wanderung gewesen ist. Es ist offenbar eine bewuſste Fälschung
Prokops, wenn dieser (b. V. II 2) den Gelimer bei Tricamarum sagen
läſst, sein Heer sei den gegenüberstehenden (etwa 10000 Mann starken)
Byzantinern um das Zehnfache überlegen. Wenn man auch in Byzanz
zu Anfang des Krieges die Wandalen für so stark gehalten haben
mochte, so muſste der Verlauf der Expedition doch die Wahrheit
sehr bald an den Tag bringen.

Weitaus an Volkszahl überlegen waren die R ö m e r. Diese
galten prinzipiell nicht als gleichberechtigt, sondern wurden als
Unterworfene behandelt, wenn sich auch ihre Lage zeitweilig etwas
günstiger gestaltete. Der schroffe religiöse Gegensatz und die Tod-
feindschaft des hart betroffenen Adels haben eine Annäherung zwischen
beiden Nationalitäten verhindert.[1]) Eheschlieſsungen zwischen Römern
und Wandalen waren ohne Zweifel streng verboten. Wenn trotzdem
auſserhalb der Wandalenlose die bisherigen Einrichtungen in der
Hauptsache bestehen blieben und selbst hohe Ämter in den Händen
der Römer[2]) belassen wurden, so geschah dies nur deshalb, weil die
Wandalen bez. ihre Herrscher mangels jeder staatlichen Begabung
eine Neuorganisation des gesamten Staatswesens nicht eintreten zu
lassen vermochten (vgl. darüber weiter unten).

Wesentlich anders war die Stellung, die die M a u r e n innerhalb
des wandalischen Reiches einnahmen. Als die Wandalen in Afrika
einbrachen, scheinen sie sich neutral verhalten zu haben; nach der
Eroberung des Landes traten sie zu den Siegern in engere Beziehungen. Sie erkannten, wohl hauptsächlich durch die Kriegsthaten Geiserichs eingeschüchtert, die Oberhoheit der neuen Herren
an, behielten jedoch wie zur Römerzeit ihre Autonomie. Ihre Fürsten
empfingen aus den Händen der wandalischen Könige die Insignien
ihrer Würde.[3]) Der Einfluſs der wandalischen Herrschaft war je
nach der geographischen Lage der Wohnsitze der einzelnen Stämme
ein verschiedener; in einem gröſseren Abhängigkeitsverhältnis stand
z. B. der Maurenfürst Kapsur, der über die Vorgänge in seinem
Gebiete an Geiserich Bericht erstatten muſste und von diesem Befehle
empfing (Vict. Vit. I, 35 ff.). Eine groſse Rolle spielten die Mauren
bei den religiösen Verfolgungen: zahlreiche Bekenner des katholischen

---

1) Diesen Antagonismus bringt besonders Vict. Vit. III, 62 zum Ausdruck.

2) Diese muſsten jedoch, soweit sie in der Umgebung des Königs lebten,
in wandalischer Tracht erscheinen, wurden also gewissermaſsen dadurch zu
Angehörigen des wandalischen Volkes gestempelt. Vict. Vit. II, 9.

3) Prok. b. V. I, 25.

Glaubens wurden ihnen zur Überwachung in der Wüste überwiesen.[1])
Zu den auswärtigen Expeditionen stellten sie ein starkes Kontingent;
sie standen im königlichen Sold und hatten Anteil an der Kriegsbeute (vgl. unten). Geiserich hat es verstanden, die wilden Stämme,
die, wie wir sahen, zur Zeit der wandalischen Invasion im vollen
Aufruhr waren, durch gütliche Mittel und Gewalt im Zaume zu
halten; unbotmäfsige Elemente liefs er nach Sardinien schaffen, wo
sich dieselben nachher so vermehrten, dafs sie (Barbaricini genannt)
wegen ihrer Raubzüge zu einer grofsen Plage für die Bewohner der
Insel wurden.[2]) Das Verdienst, das sich der König hierdurch
erworben, kann nicht hoch genug angeschlagen werden; ohne die
Dazwischenkunft der Wandalen wäre sehr bald die Civilisation in
Afrika vernichtet worden, da das römische Reich nicht mehr im stande
war, die Einfälle der Barbaren abzuwehren. Freilich nach seinem Tode
begannen die Mauren mit Erfolg das Joch abzuschütteln und ihre
Herrschaft immer weiter auszudehnen, so dafs schliefslich der gröfste
Teil des Landes in ihrer Gewalt sich befand. Bei dem Kampfe zwischen
Gelimer und Belisar verhielten sich die Fürsten neutral; doch hat
eine gröfsere Anzahl ihrer Krieger im wandalischen Heere gedient.
Nur mit äufserster Kraftanstrengung gelang es den Byzantinern, sie
niederzuwerfen; aber der Krieg hatte den Wohlstand der Provinz
vernichtet, so dafs nun hier zwar Ruhe, aber die Ruhe des Fried-
hofes herrschte. Was in Afrika in jenen Zeiten an Denkmälern der
Kultur vernichtet worden ist, das ist nicht auf die Rechnung der
Wandalen, sondern auf die der Mauren zu setzen. Unversöhnliche
Feinde der Civilisation, sahen diese ihren Lebenszweck nur in Raub
und Zerstörung. Eine Ausnahme scheint nur der Fürst Masuna in
Mauretania Caesareensis gemacht zu haben, dessen Regierungs-
thätigkeit durch die oben mitgeteilte Inschrift eine Beleuchtung
erfährt.[3])
    Was die wirtschaftlichen Verhältnisse der Wandalen in Afrika
anbelangt, so ist eine Veränderung in denselben gegenüber der
Niederlassung in Spanien nicht eingetreten. Die Landnahme
von 442 — die vom Jahre 435 trug ganz den Charakter

---

1) Dafs die Deportierten regelmäfsig Sklaven der Mauren geworden seien,
ist nicht gesagt; mit solchen Mengen hätten diese nichts anfangen können.
    2) Vgl. Prok. II, 13 a. E. Cod. Just. I, 27, 2,3. Noch im Jahre 594 lebten
sie dort in grofser Zahl, vgl. Gregor. Magn. epist. IV, 25. 27 und die in der
Ausgabe der Mon. Germ. dazu citierte Litteratur.
    3) Vgl. Diehl, p. 263 ff. und oben.

der spanischen — erfolgte, wie wir sahen, nach den Grundsätzen des Eroberungsrechts, nicht mehr auf Grund eines Vertrages mit dem römischen Reiche in der Form der Hospitalität;
der gröfste und wertvollste Teil des ländlichen Güterbesitzes in der
Zeugitana wurde expropriiert und den einzelnen Haushaltungen überwiesen. Über die Einzelheiten fehlt es leider an näheren Angaben;
sicher aber ist die Organisation der römischen Grundbesitzverhältnisse
nicht zerstört worden. Die Güter wechselten nur die Person der
Besitzer, sonst blieb es bei den früheren Zuständen. In die Villa
des römischen Gutes zog jetzt ein Wandale mit seiner Familie ein[1]),
und wie bisher hatten die Kolonen die schuldigen Abgaben an den
Herrn oder dessen Stellvertreter abzuliefern und auf dem Hoflande
Frohndienste zu leisten. Die einzelnen Lose können bei der verschiedenen Gröfse der zur Verteilung gelangten Wirtschaftseinheiten
schon von Anfang an nicht von gleichem Umfange gewesen sein,
und der Unterschied wird sich im Laufe der Zeit durch Vererbung u. s. w.
noch verstärkt haben. Die Erträgnisse derselben sind jedenfalls im
Durchschnitt nicht unbedeutend gewesen, da sie die Entfaltung einer
üppigen Lebensweise im Volke auch nach Vermehrung der Kopfzahl
ermöglichten. Dafs bei der Landteilung die Beamten, d. h. der Dienstadel, vor den übrigen Freien besonders begünstigt worden sind, ist
von vornherein anzunehmen; jenen fielen daher auch diejenigen Güter
zu, die durch einen reichen Viehstand sich auszeichneten, der wie
vor alters als besonders wertvoller Besitz geschätzt wurde. Die
Erzählung Victors v. V. I, 35 zeigt, dafs der Reichtum des hier
genannten Tausendschaftsführers hauptsächlich in Viehherden bestand.
Durch spätere Überweisungen aus dem Fiskalgute wird, wie anderwärts, der Grundbesitz der Günstlinge des Königs noch weiter an
Umfang gewonnen haben. Die Verwaltung wurde wohl wie bisher
nur zum geringeren Teil von den neuen Herren selbst geführt, da
diese nicht über die zum Wirtschaftsbetrieb nötigen Kenntnisse verfügten, auch durch Kriegspflicht und Hofdienst häufig zur Abwesenheit von ihren Gütern gezwungen waren, in der Regel vielmehr
durch Intendanten oder durch Konduktoren, die aus den früheren
Verhältnissen mit übernommen wurden. Die Beibehaltung des Verpachtungssystems ist namentlich für die gröfseren Güter, insbesondere
für die Domänen anzunehmen. Vgl. Vict. Vit. III, 11, wo von con-

---

1) Vgl. dazu Prokop b. V. II, 6: καὶ ᾤκηντο μὲν αὐτῶν οἱ πολλοὶ (d. h. die
meisten, die grofse Masse des Volkes) ἐν παραδείσοις, ὑδάτων καὶ δένδρων
εὖ ἔχουσι.

ductores regalium praediorum die Rede ist. Die Besitzungen der Königssöhne Theoderich und Hunerich scheinen entsprechend den Gütern der kaiserlichen domus divina nach den Erzählungen Victors Vit. I, 44 ff., 48 ff. in eigener Regie verwaltet worden zu sein. Gleichwohl muſs sich die Lage der Gutsunterthanen, wenigstens insoweit sie direkt unter der Herrschaft der Wandalen standen, nicht unwesentlich verbessert haben. Zur Erscheinung kam dies schon in Spanien, wie die oben erwähnte Erzählung des Orosius beweist; wäre es anders gewesen, so würden die Wandalen bei ihrer Ankunft in Afrika nicht so viele Freunde gefunden haben. Daher denn auch die bereitwillige Unterstützung, die Gelimer unter den Landleuten fand, als er diese — es waren wohl hauptsächlich solche aus den wandalischen Bezirken — gegen Belisar aufbot; es war ohne Zweifel weniger der Einfluſs der ausgeteilten Geschenke, als die Aussicht auf Rückkehr der alten Zustände, die sie zur Parteinahme gegen die Byzantiner bestimmte. Für diese Auffassung spricht auch der Umstand, daſs viele depossedierte Possessoren es vorzogen, auf ihren Gütern als Kolonen zurückzubleiben, statt aller Mittel entblöſst in Freiheit anderswo zu leben (Vict. Vit. I, 14). Wäre ihre Lage nicht ganz erträglich gewesen, so würde sich kaum jemand in die Abhängigkeit der Feinde begeben haben. Trotz aller sonstigen Brutalität entbehrten also auch die Wandalen nicht der den Germanen überhaupt eigentümlichen Humanität. In die Verhältnisse, wie sie auf den in römischen Händen verbliebenen Gütern bestanden[1]), scheinen die Wandalen im allgemeinen nicht eingegriffen zu haben; doch haben sie auch (im Gegensatz namentlich zu Theoderich d. Gr.) nichts gethan, die Rechte der Grundbesitzer gegenüber den Kolonen zu schützen und deren Flucht zu verhindern. Die Verordnung Justinians vom 6. September 552 (Novell. app. 6; Corp. jur. civil. III, 799), es sollten die (gewiſs zahlreichen) Kolonen, die in der Wandalenzeit ihre Scholle verlassen und unter den Freien sich aufgehalten hätten, nicht wieder ihrer früheren Stellung zugeführt werden, ist wohl hierauf zu beziehen.

Die Stände bei den Wandalen waren äuſserlich die gleichen wie früher, in ihrem inneren Wesen jedoch teilweise stark verändert. Dies gilt zunächst von dem alten Geschlechtsadel. Wie in anderen germanischen Staaten so waren auch die Grundlagen desselben durch

---

1) Fortbestand des römischen Verpachtungssystems zeigt namentlich das Religionsedikt Hunerichs Vict. Vit. III, 11.

das Emporkommen des Königtums völlig erschüttert worden. Das Volk, das dem Adel bisher seine bevorzugte Stellung verliehen hatte, war von der Leitung des Staatswesens zurückgedrängt worden; allein der König vermochte jetzt Würde und Macht zu verleihen. Nur wenn sie in den königlichen Dienst eintraten, konnten die alten Geschlechter sich Teile ihres früheren Ansehens bewahren; eine Stellung in der Umgebung des Herrschers war aber jetzt jedem Stande, auch den Unfreien, zugänglich. Die Mehrzahl der Adligen hat wahrscheinlich jenen Schritt zu thun nicht verschmäht; diejenigen von ihnen, die sich ablehnend verhielten, verschwanden unter den übrigen Freien, wenn auch in der ersten Zeit die Erinnerung an früher innegehabten Vorrang ihnen im Auge des Volkes noch ein gewisses besonderes Ansehen verleihen mochte.[1]) Zu den letzteren gehörten wohl jene optimates, die, wie schon oben erwähnt, nach Prospers Erzählung gegen Geiserich im Jahre 442 als Verfechter der Volksfreiheit in zweimaligem fruchtlosen Aufstande sich erhoben.[2]) Es tritt jetzt eine neue Aristokratie hervor, die auf den Königsdienst, nicht mehr auf die Abkunft, sich gründete. Die nun in den Quellen auftretenden nobiles gentis, δόκιμοι, ἄρχοντες, ἄριστοι u. a. gehören ohne Zweifel dem Dienstadel an, ebenso wie die edel Geborenen (εὖ γεγενότες), die neben königlichen Verwandten unter den flüchtigen Begleitern Gelimers von Prokop (H, 6) erwähnt werden und schwerlich als Adlige im alten Sinne zu fassen sind, wie Dahn (Könige I, 236) meint (vgl. weiter unten). Während nun anderwärts, wie namentlich bei den Westgoten, dieser Dienstadel eine hervorragende Bedeutung im politischen Leben zu erringen vermochte, ist im Wandalenreiche von einer solchen Entwickelung wenig zu spüren: die Ausbildung eines Oligarchentums ist durch den Einfluß des starken Königtums, namentlich durch die gesetzliche Regelung der Succession verhindert worden.

Auch auf den Stand der Gemeinfreien ist die Verschiebung der Verhältnisse nicht ohne Einfluß gewesen. Die einzelnen Hausväter waren erbliche Eigentümer der ihnen zugeteilten Grundstücke und frei von jeder Steuer; aber infolge des Überganges der Gewalt der Volksversammlung an das Königtum war ihre Bedeutung im öffent-

---

1) Vgl. darüber Maurer, Über das Wesen des ältesten Adels der deutschen Stämme (München 1846), S. 208 ff.
2) Vgl. Dahn, Könige I, 235. Schücking, Der Regierungsantritt (1899) I, 24, N. 1. Anderer Ansicht ohne entscheidende Gründe v. Bethmann-Hollweg, Der germ.-roman. Civilprozeß I, 135, N. 28.

lichen Leben stark gesunken. Dazu kam, dafs wahrscheinlich auch hier die kräftigsten Elemente des Standes in dem neuen Dienstadel aufgingen.[1])

Die schon vorher beträchtliche Zahl der Unfreien oder Knechte (servi, homines) war durch die Eroberung Afrikas, die späteren Plünderungszüge nach den Küsten des Mittelmeeres und die Katholikenverfolgungen noch weiter vermehrt worden. Besonders der Zug nach Rom hatte eine so gewaltige Menge Sklaven als Beute gebracht, dafs sie kaum untergebracht werden konnte. Jeder einzelne Wandale besafs deren eine gröfsere Zahl, besonders natürlich die Vornehmen. Vgl. Vict. Vit. I, 14 ff., 24 ff. 30. III, 31. 59. Malchus fragm. 3. Zum grofsen Teil waren sie als Gutsverwalter oder sonst im Haushalt des Herrn in verschiedenen Funktionen beschäftigt. Die von Vict. Vit. I, 30 erwähnte Sklavin Maxima leitete das ganze Hauswesen eines Tausendschaftführers, während der Knecht Martinianus bei demselben das Amt eines Waffenschmiedes versah. Jene Klasse der Unfreien nahm eine bevorzugte Stellung ein. Die niedrigste Stufe des Standes bildeten die zu Feldarbeiten und dergl. verwendeten Sklaven. Vict. Vit. I, 44 wird Armogast, der am Hofe des Königssohnes Theoderich angestellt war (Theodericus, qui eius dominus erat), zum Erdarbeiter und Kuhhirten degradiert. Prosper c. 1329 wird der Knabe Paulillus ad infimam servitutem verurteilt. Doch galten die Unfreien sämtlich nicht als Person, sondern als veräufserliche (Vict. I, 35. 48) Sache. Der Herr verfügte über ihre Eheschliefsungen (I, 32 f.) und konnte sie nach Belieben strafen (töten, ins Gefängnis werfen, foltern I, 33. 44); in dieses Strafrecht griff jedoch der König vielfach ein, wenn es sich um Vergehen von politischer Bedeutung handelte (I, 36 ff., vgl. III, 31: diversitates poenarum, quas ex iussu regis sui etiam ipsi Wandali in suos homines, d. h. Sklaven, nicht etwa, wie Zink übersetzt: Leute des eigenen Volkes, exercuerunt). Einer besonders günstigen Stellung erfreuten sich hier wie anderwärts die Knechte am königlichen Hofe, die zu den höchsten Ämtern aufsteigen konnten: so wurde Godas, ein Unfreier (δοῦλος), von Gelimer zum Statthalter der Inseln im Mittelländischen Meere ernannt (Prok. b. V. I, 10). Ein regius servus Abcar wird in einem Gedichte der Anthologie (no. 209 Riese) gefeiert.

Eine Zwischenstellung zwischen Freien und Knechten nahmen die persönlich freien, aber an die Scholle gefesselten Kolonen ein, deren

---

1) Vgl. Brunner I, 253.

rechtliche Stellung im allgemeinen anerkannt worden zu sein scheint. Die zahlreichen römischen Possessoren und Geistlichen, die nach Vict. Vit. auf ihrem bisherigen Eigentum und in ihren früheren Wohnsitzen zurückblieben, werden wohl zum gröfsten Teil in den Kolonat eingetreten sein (vgl. oben). Die Bischöfe, die den Schwur geleistet hatten, dafs sie die Nachfolge Hilderichs anerkennen wollten, wurden zur Bebauung von Äckern colonatus jure verurteilt, während die übrigen mit Sklavenarbeiten (Fällen von Bauholz) beschäftigt werden sollten.

Die tiefgehendsten Wandlungen hat das Königtum durchzumachen gehabt. Durch die Verhältnisse auf der Wanderung und die Er-oberung Afrikas gewaltig erstarkt, hat die Macht desselben unter dem Einflufs des römischen Rechts, dessen die Herrscher zunächst den unterworfenen Römern, sodann aber auch vielfach den eigenen Volksgenossen gegenüber sich bedienten, eine weitere Steigerung erfahren. So vollzieht sich die Entwickelung in der Art, dafs das wandalische Königtum, wenn auch aus germanischer Wurzel ent-sprossen, schliefslich sich in seinem inneren und äufseren Charakter wenig von dem römisch-byzantinischen Absolutismus unterscheidet.[1])

Der offizielle Titel des Königs war rex Wandalorum et Alano-rum: so nennt sich Hunerich in den Verordnungen Vict. II, 39. III, 3 und Gelimer in der Inschrift auf dem oben erwähnten wandalischen Beutestück, vgl. auch Prok. b. V. I, 24: ὦ Βανδίλων τε καὶ Ἀλανῶν βασιλεῦ (Tzazos Anrede an den König). Hierauf bezieht sich auch Anthol. lat. n. 215 von König Hilderich: gemini diadematis heres. Daneben war die Bezeichnung dominus noster rex im Gebrauch, und zwar auf Münzen bei den Nachfolgern Hunerichs D(ominus) n(oster) rex (ebenso auf Inschriften C. I. L. n. 2013. 10516. 10862 [Domnus Geilimer]; Schwarze, Afrikanische Kirche S. 64), bei den Schrift-stellern jedoch schon früher. Vict. Vit. I, 20 wird auch Geiserich von Sebastianus domine rex angeredet[2]), doch beruht dies wohl auf Über-tragung späterer Verhältnisse. Ferner Vict. II, 3: domnus; II, 44: dom-nus meus rex; III, 17. 19: dominus noster rex; III, 20: filius domni nostri (sämtlich von Hunerich). Fulgentius, Myth. ed. Helm p. 5, 14: domini regis; Dracontius, Satisf. v. 107: regi dominoque (von Guntha-

---

1) Von einem unvermittelten Auftreten des königlichen Absolutismus, wie Halban I, 81 will, kann jedoch keine Rede sein.
2) Die Angabe des Theophanes chronogr. a. 5941, Geiserich habe sich (nach der Eroberung Karthagos) rex genannt (ῥῆγα καλέσας ἑαυτὸν), beruht wohl auf einem Mifsverständnis.

mund). Anth. 203: dominus rex (von Hilderich). Die Bezeichnung
dominus beruht offenbar auf Entlehnung aus dem Titel der römischen
Kaiser[1]) und ist schwerlich nationalen Ursprungs. Auf den erhaltenen
Münzen Hunerichs wird dieser Augustus genannt.[2]) Einmal erscheint
auch der Ausdruck maiestas regia (Vict. III, 3), ferner clementia nostra
(ibid.), pietas nostra (III, 12), von Hunerich selbst gebraucht, während
die (römischen) Unterthanen zur offiziellen Titulatur die Prädikate
pius (Dracont. v. 110. 193 von Gunthamund), clementissimus
(Vict. H, 42 von Hunerich; Fulg. adv. Thrasim. I, 2 von Trasamund),
gloriosissimus (Concil. a. 525 von Hilderich) hinzufügen, von regalis
providentia sprechen (Vict. III, 41) und den König mit vestra celsi-
tudo (Fulgent. a. a. O. I, 1), benigna mansuetudo (ib. I, 2) u. s. w. an-
reden.

　　Über die Abzeichen der königlichen Gewalt ist wenig bekannt.
Die Bilder auf den erhaltenen Münzen, die die wandalischen Herrscher
sämtlich mit dem Stirnband und dem Purpurmantel darstellen, bieten
keine sichere Handhabe, da sie nach römischem Muster hergestellt
sind. Das lang herabwallende Haupthaar war in ältester Zeit ein
hauptsächliches Kennzeichen des Königs sowie seiner Sippe und ist
es wohl auch nach der Begründung des afrikanischen Reiches noch
längere Zeit geblieben. Dasselbe finden wir bei den Merowingern wie
auch bei dem Ostgotenkönig Theoderich, dessen Haartracht auf einem
neuerdings gefundenen Medaillon deutlich zur Erscheinung gelangt.[3])
Daſs die Wandalenkönige wenigstens in älterer Zeit an der hergebrachten Tracht festhielten, darf man wohl daraus entnehmen, daſs
die Hofbeamten Hunerichs, auch die römischer Geburt, in specie
suae gentis[4]) erscheinen muſsten. Gelimer trug wie der Kaiser das
Purpurgewand; im Hippodrom zu Byzanz wurde ihm dasselbe abgenommen, um ihn äuſserlich seiner Würde zu entkleiden (Prok. II, 9).
Ein Sinnbild des Königtums war ferner der Thron, dessen beim Einzug Belisars in Karthago Erwähnung geschieht (Prok. I, 20 p. 394B).
Von sonstigen Abzeichen, wie Speer, Stab, Krone u. s. w., verlautet
dagegen nichts. Von den Königinnen wird bemerkt, daſs sie in besonderen, kostbaren Wagen auszufahren pflegten (Prok. II, 9.)[5])

---

1) Vgl. dazu Mommsen, Röm. Staatsrecht II³, 2 S. 737 ff.
2) Friedländer, Münzen d. Vandalen S. 8. 18 ff.
3) Vgl. Sallet, Handbücher der kgl. Museen zu Berlin. Münzen u. Medaillen
(1898) S. 101.
4) Vict. Vit. H, 9.
5) Über Gefolge u. Hofhaltung vgl. unten.

Die Thronfolge[1]) war durch das sogenannte Testament Geiserichs gesetzlich geregelt. Die Hauptquellenstelle darüber ist Prokop b. V. I, 7: „Geiserich hatte ein Testament ($\delta\iota\alpha\vartheta\dot{\eta}\varkappa\alpha\varsigma$) gemacht, worin er aufser vielen anderen Dingen verordnete, dafs die Königsherrschaft über die Wandalen immer auf denjenigen übergehen sollte, der aus der männlichen Nachkommenschaft zu dem Geblüte Geiserichs gehöre und von allen seinen Verwandten dem Alter nach der erste sei." Hierzu tritt noch eine kürzere Angabe bei Jordanes (Get. c. 33 § 169).[2]) Der Ausdruck Testament ist auch in dem Briefe Justinians an Gelimer (Prok. II, 9 p. 351, 11) gebraucht; richtiger ist es, wenn Vict. Vit. II, 13 von einer constitutio Geiserici spricht und auch Justinian in demselben Briefe weiter unten (p. 351, 20) die Bezeichnung $\nu\dot{o}\mu o\varsigma$ $\Gamma\iota\zeta\varepsilon\varrho\dot{\iota}\chi o\upsilon$ anwendet; denn Wort und Begriff des Testaments waren dem Sprachschatz und Recht der Wandalen fremd.[3]) Der Erlafs des Gesetzes fällt wohl in die Zeit kurz vor 477, als der greise König sein Ende nahen fühlte; dafür spricht namentlich die Bemerkung des Jordanes a. a. O.: ante obitum suum . . . ordinavit, was wohl in dem Sinne: nicht lange vor seinem Tode zu verstehen ist. Die Chronologie der Erzählung Prokops (I, 7), die Dahn (Bausteine 223) als Beleg hierfür anführt, ist nicht beweiskräftig; denn Prok. gedenkt des Testaments nicht kurz vor, sondern nach Erwähnung des Todes Geiserichs, um die folgende Darstellung einzuleiten. Das Wandalenreich war der erste und auf lange Zeit hinaus der einzige Staat, in dem die Idee einer dauernden Ordnung der Succession zur Verwirklichung gelangte. Mit Recht wird daher das Hausgesetz Geiserichs zu den merkwürdigsten staatsrechtlichen Ereignissen der Geschichte gezählt; dasselbe bildete schon für die Zeitgenossen den Gegenstand lebhaften Interesses und der Bewunderung. Geiserich betrachtete sich, nachdem er in den Vollbesitz der monarchischen Gewalt gelangt war, als Neubegründer des wandalischen Königtums, als Stifter einer Dynastie[4]), ganz ebenso wie der Franke Chlodowech; die Herrschergewalt galt als ein Erbgut seiner Familie, über das dem Volke kein Verfügungsrecht mehr zustand. Die übrigen Asdingen waren also von der Thronfolge ausgeschlossen; doch waren

---

1) Vgl. namentlich Herm. Schulze, De testamento Genserici, Jen. 1859. Derselbe in der Zeitschrift für Rechtsgeschichte VII (1868), 341 ff. Dahn, Könige I, 228 ff. Derselbe, Bausteine II (1880), 213 ff. v. Pflugk-Harttung in der Zeitschrift der Savignystiftung für Rechtsgeschichte, Germ. Abt. XI (1890), 182 ff.
2) Über die Stelle Vict. Vit. II, 13 vgl. oben.
3) Dahn, Bausteine S. 219.
4) Vgl. die Stellen bei Schulze p. 39 n. 64.

bei dem Erlaſs der Successionsordnung Angehörige dieses Geschlechts
auſser den Descendenten des Königs wahrscheinlich nicht mehr am
Leben. Die Söhne Gunderichs hatte er mitsamt ihrer Mutter wohl
schon früher aus dem Wege schaffen lassen, um etwaigen von dieser
Seite hervortretenden Ansprüchen vorzubeugen.[1]) Da aber bei dem
Vorhandensein mehrerer Erbberechtigter die Gefahr eines Zerfalls
des ohnehin in wenig gesicherter Lage befindlichen Wandalenreiches
in einzelne Teile bestand, so setzte Geiserich das Prinzip der Indi-
vidualsuccession fest; ferner verfügte er, daſs die Krone an den
jeweils Ältesten aus seiner männlichen Nachkommenschaft überzugehen
habe.[2]) Durch diese letztere Bestimmung sollte die Regierung eines
minderjährigen, waffenunfähigen Königs, die ebenso wie die Herrschaft einer Frau dem kriegerischen Charakter des Volkes wider-
sprach, nach menschlicher Voraussicht unmöglich gemacht werden.
Vorbildlich bei der Schaffung des Gesetzes sind jedenfalls die bei den
Wandalen bisher in Geltung gewesenen Grundsätze gewesen: Un-
teilbarkeit des Reiches, Nachfolge im Mannesstamme und Ausschluſs
minorenner Mitglieder des asdingischen Geschlechts von der Königswahl. Wir sahen, daſs Geiserich seine Erhebung seiner Kriegstüchtigkeit und dem Umstande verdankte, daſs die Söhne Gunderichs noch
im Kindesalter sich befanden. Daſs Geiserich das Seniorat von den
benachbarten Mauren entlehnt habe[3]), halte ich für nicht wahrscheinlich, ganz abgesehen davon, daſs mit Sicherheit die Existenz desselben
bei dieser Nation sich nicht nachweisen läſst. Das wandalische Hausgesetz ist vielmehr als eine originale Schöpfung anzusehen.[4])

Bis zum Ende des Reiches ist dasselbe in voller Geltung geblieben. Auf Geiserich folgte zwar dessen ältester Sohn Hunerich,
diesem jedoch folgten nacheinander zwei seiner Neffen, Gunthamund und
Trasamund, und erst nach des letzteren Tode Hunerichs Sohn Hilderich. Bemerkenswert ist es, daſs Hunerich in seinem Bestreben, seinem
Sohne die Krone zu verschaffen, nicht offen gegen die Successionsordnung aufzutreten wagte, sondern dieselbe zu umgehen versuchte,
indem er nach und nach alle Thronanwärter, die älter als Hilderich

---

1) Vict. Vit. H, 14. Die Witwe Gunderichs ward im Flusse Amsaga in
Numidien ertränkt.

2) D. h. nur an die Descendenten männlichen Geschlechts, die durch Männer
mit Geiserich verwandt waren.

3) Schulze p. 21.

4) Für den germanischen Charakter Mommsen, Neues Archiv XIV, 540 N. 1.
Dagegen ohne Angabe von Gründen Halban I, 82.

waren, aus dem Wege räumen liefs.[1]) Gelimer gelangte dagegen auf
direkt ungesetzlichem Wege zur Krone, da dem Volke ein Recht zur
Absetzung des Königs nicht mehr zustand; seine Bemühungen, Justinian
gegenüber sich als legitimen Herrscher hinzustellen, waren verfehlt.

Nach dem oben Bemerkten ist es höchst unwahrscheinlich, dafs
Geiserich bei dem Erlafs des „Testaments" das Volk um seine Zustimmung befragt habe (vgl. auch weiter unten); da die königliche
Herrschaft als Familiengut angesehen wurde, kam nur eine Aus-
einandersetzung mit den Söhnen in Frage.[2]) Die letzteren aber konnten
um so eher ihr Einverständnis erklären, als die Möglichkeit ihrer
Succession nicht direkt, wie bei der Primogenitur, ausgeschlossen
wurde. Wenn an dem Hausgesetze so lange festgehalten wurde, so beruhte dies lediglich auf dem tiefgewurzelten Ansehen der machtvollen
Persönlichkeit Geiserichs; von dessen Gefolgsgenossen war daher auch
in erster Linie ein energischer Widerstand gegen eine Verletzung
der Successionsordnung zu erwarten. So verstehen wir es, wenn
Victor Vit. (H, 15) erzählt, Hunerich habe zahlreiche angesehene Persönlichkeiten, insbesondere solche, die ihm sein Vater auf dem Sterbe-
bette unter Eidesabnahme empfohlen, hinwegräumen lassen. Auch
Gelimer vermochte nur dadurch die Herrschaft zu erlangen, dafs er
auf den angeblichen Versuch Hilderichs, das Hausgesetz Geiserichs
umzustófsen, Bezug nahm und damit den Wandalen gegenüber die
Rechtmäfsigkeit der Absetzung des Königs begründete.

Das Wandalenreich würde ohne die erfolgte Regelung der Thron-
folgefrage bei den unvermeidlichen Erbteilungen wahrscheinlich viel
früher, als es thatsächlich geschah, den Untergang gefunden haben,
eine leichte Beute seiner mächtigen Feinde geworden sein, und insofern ist das günstige Urteil, das Jordanes über die Wirkungen des
Hausgesetzes fällt, nicht ohne Berechtigung. Die Mängel, die der
Succession nach Seniorat notwendigerweise anhaften, sind jedoch auch
hier von unheilvollem Einflusse gewesen. Eine solche Erbordnung
steht dem natürlichen Verlangen des Vaters, seinem Sohne die Krone
zu hinterlassen, entgegen und macht den einer entfernten Linie angehörigen präsumtiven Thronerben leicht zum Rivalen des regierenden
Königs. Hunerichs blutiges Vorgehen gegen seine Verwandten, das

---

1) Später scheint Hunerich allerdings die Absicht gehabt zu haben, seinen
Sohn nach römischem Brauch bei Lebzeiten zum Nachfolger zu designieren;
darauf deutet der Eid, den er nach Vict. Vit. III, 19 den katholischen Bischöfen
und wohl auch den Wandalen auferlegte.

2) Jord. a. a. O.: filiorum agmine accito.

seinem Sohne die Nachfolge sichern sollte, hat ohne Zweifel nicht
wenig dazu beigetragen, die innere Kraft des Reiches zu schwächen.
Der zweite Übelstand trat bei der Succession Gelimers hervor und
wurde indirekt der Anlaſs zur Einmischung der Byzantiner und zum
Sturze der wandalischen Herrschaft. Es darf hierbei jedoch nicht
auſser acht gelassen werden, daſs Justinian, wenn er nicht die Verletzung des Hausgesetzes hätte vorschieben können, einen anderen
Vorwand gefunden haben würde, in die Geschicke des Wandalenreiches einzugreifen.

Es ist sehr zu bedauern, daſs das Testament Geiserichs nicht in
seinem vollen Wortlaut überliefert ist. Daſs in demselben zahlreiche
uns unbekannte Vorschriften getroffen waren, ergiebt sich aus der
oben mitgeteilten Stelle Prokops: ἐν αἷς ἄλλα τε πολλὰ Βανδίλοις
ἐπέσκηψε. Gleichwohl wäre es verfehlt, eine Rechtsaufzeichnung im
Sinne der erhaltenen germanischen Volksrechte anzunehmen: namentlich ist es ausgeschlossen, an eine Kodifikation des Privatrechts zu
denken. Es kann sich vielmehr nur um Bestimmungen handeln, die
mit der Succession in Zusammenhang standen. So ist wahrscheinlich
die Frage der rechtlichen Stellung der nichtregierenden Glieder des
asdingischen Hauses, für die Prokop den technischen Ausdruck ἀνέψιοι,
Vettern, gebraucht, geregelt worden. Daſs diese gewisser Vorrechte
vor den übrigen Adligen teilhaftig waren, ergiebt sich aus verschiedenen Zeugnissen: ihnen wurde die Führung gröſserer Truppenabteilungen, die Leitung kleinerer Expeditionen sowie auch zeitweilig
der Oberbefehl über das ganze Heer in Stellvertretung des Königs
übertragen, vgl. die Rolle, die unter Hilderich Oamer und Oageis
(von letzterem heiſst es Anthol. lat. 345, 15: Libyam dum protegit
armis) und unter Gelimer Tzazo, Ammatas und Gibamund spielten.
Ferner hatten sie eigene, den königlichen nachgebildete Hofhaltungen,
über die jedoch der König eine gewisse Gewalt ausübte[1]), und waren
mit reichen Einkünften ausgestattet. Aus Anth. 369 darf vielleicht
geschlossen werden, daſs ihnen das Prädikat domnus zukam. Sonst
aber nahmen sie, auch die nächsten Anverwandten des regierenden
Königs, diesem gegenüber ganz die Stellung der übrigen Unterthanen
ein: Gelimer wird von seinem Bruder Tzazo mit dem feierlichen Titel
ὦ Βανδίλων τε καὶ Ἀλανῶν βασιλεῦ angeredet (Prok. I, 24).

---

1) Vgl. Vict. Vit. I, 43: Geisericus præceperat ut intra aulam suam filiorumque
suorum nonnisi Arriani ponerentur. Schulze test. p. 23. Vgl. dazu auch Malch.
fr. 3, wo Geiserich die Sklaven seiner Söhne verschenkt.

Ebenso wird auch eine Anordnung über die Art des Regierungs-
antrittes getroffen gewesen sein. Die Herrschergewalt gelangte durch
den Tod des Königs eo ipso wie jedes andere Erbgut in den Besitz
des Thronfolgers; doch ist es üblich gewesen, den Übergang derselben
auch äußerlich durch einen feierlichen Akt vor der Öffentlichkeit zu
konstatieren. Wichtig ist hierfür das Zeugnis des Victor von Tonnena
a. 523, wo es heißt, Hilderich habe nach Trasamunds Tode dem ihm
abgenommenen Eid zuwider, priusquam regnaret, der katholischen
Kirche ihre Freiheit zurückgegeben.[1]) Wie der Hergang im einzelnen
gewesen ist, wissen wir nicht; wahrscheinlich wird in Gegenwart des
gesamten Adels der oberste Reichsbeamte dem neuen König die Abzeichen seiner Würde überreicht, dieser hierauf den Thron eingenommen und die vollzogene Übernahme der Herrschaft mündlich
verkündet haben. Die Annahme, daß eine allgemeine Huldigung der
Unterthanen unter Ablegung eines Treueides sich angeschlossen habe,
ist bei dem Charakter des Hausgesetzes ausgeschlossen. Auf die geschilderte Weise mögen Hunerich, Gunthamund, Trasamund und
Hilderich zur Regierung gelangt sein, und nicht viel anders ist es
wahrscheinlich bei der Succession Gelimers zugegangen, da dieser ja
nicht eigentlich durch eine Wahl des Volkes, sondern ebenfalls nach
den Bestimmungen des Hausgesetzes den angeblich erledigten Thron
einnahm.

Vorschriften betreffend die Ebenbürtigkeit der Ehen der Asdingen
und die Successionsfähigkeit der aus nicht ebenbürtigen Verbindungen
entsprossenen oder gar unehelich geborenen Kinder scheint das
Testament dagegen nicht enthalten zu haben; vielmehr wurden wohl,
alter Anschauung entsprechend, stillschweigend alle Nachkommen
Geiserichs, gleichviel welcher Abstammung, wenn sie nur vom Vater
anerkannt waren, als berechtigt angesehen, das Szepter zu führen.
War doch Geiserich selbst von einer Konkubine des Königs Godigisel
geboren. Ebenbürtig vermählt waren, soweit wir wissen, nur Hunerich
und (in zweiter Ehe) Trasamund. Die Frauen der übrigen Asdingen
stammten vermutlich zum größten Teil aus verschiedenen Ständen
des eigenen Volkes.

Der Inhalt der königlichen Gewalt bestand in dem Heerbann,
dem Repräsentationsrecht, der Gerichtshoheit, der Gesetzgebungs- und
Verordnungsgewalt, der Amtshoheit, dem Finanz- und Polizeibann,
der Kirchenhoheit. Von einer Mitwirkung des Volkes, d. h. des

---

1) Vgl. Schücking, Der Regierungsantritt I (Leipzig 1899) S. 28 f.

wandalischen — die Römer kamen natürlich nicht in Frage — bei
der Regierung ist keine Rede mehr. Die Entwickelung zum Absolutismus erscheint abgeschlossen im Jahre 442: die Adligen, die
sich damals zweimal gegen den die Grenzen seiner Macht über-
schreitenden (superbientem) König erhoben, wurden mit einem
grofsen Teil der Volksgenossen hingerichtet. Vgl. dazu auch Vict.
Vit. I, 18: Subinde crescente opibus regno maior coepit et superbia
propagari. So kann es Geiserich wagen, das Wahlrecht des Volkes
zu beseitigen und die Thronfolge in seinem Hause gesetzlich fest-
zulegen. Das Fehlen einer Volksversammlung zur Entscheidung
politischer Fragen zeigt deutlich die Erzählung des Malchus fragm. 3
von den Friedensverhandlungen des Jahres 476 (vgl. oben). Die
Wandalen werden wie die Romanen offiziell als subiecti, d. h. des-
potisch regierte Unterthanen bezeichnet[1]): universis populis nostro
regno subiectis, Vict. Vit. III, 3; über beide Nationen übt der König
in gleicher Weise eine arbiträre Strafgewalt aus, ohne auf den
geringsten Widerstand zu stofsen. So namentlich Hunerich, der den
Patriarchen Jucundus öffentlich verbrennen läfst, während Geiserich,
wie es scheint, anfänglich bei solchen Gewaltakten auf die Volks-
stimmung Rücksicht nehmen mufs: so ist es wohl zu erklären, dafs
er die Witwe seines Bruders in dem entlegenen Flusse Amsaga
ertränken liefs. Der Ursprung der königlichen Gewalt wird auf
Gott zurückgeführt (Gottesgnadentum): vgl. Jord. Get. c. 33, 169:
(Gyzericus) a divinitate, ut fertur, accepta auctoritate diu regnans.;
Vict. II, 39: in provinciis a deo nobis (Hunerich) concessis; ibid. III,14:
regionibus ... quae propitia divinitate imperii nostri regimine possidentur.[2]) Der herrschende Mittelpunkt im Staate ist der König und
sein Hof; die Aufnahme in die königliche amicitia[3]), der Zutritt zum
Palast gilt als das höchste erstrebenswerte Ziel (Pass. mart. § 8. 12).

Dagegen kann der König über das Privateigentum der Wandalen
und die Verteilung der Kriegsbeute nicht eigenmächtig verfügen
(vgl. weiter unten). Von diesem Gesichtspunkte aus ist zu beurteilen
die Erzählung Prokops (I, 22) von einer Volksversammlung, die
Geiserich berief, als die Gesandten der in Ungarn zurückgebliebenen
Wandalen die Volksgenossen in Afrika zum Verzicht auf die Besitz-

---

1) Karlowa, Röm. Rechtsgesch. I, 894. Vgl. bei den Goten Dahn, Könige
VI², 512. Oben S. 155.
2) Ähnlich bei den Westgoten Dahn a. a. O. 517.
3) Ganz im römischen Sinne, vgl. dazu Karlowa I, 511. Doch vgl. Brunner,
Rechtsgesch. II, 261.

rechte an den von denselben früher bewirtschafteten Ländereien auf-
forderten: König und Volk stimmen dem Ansinnen zu; aber als ein
angesehener Wandale auf die Notwendigkeit, sich eine Zufluchtsstätte
zu sichern, hinweist, entscheidet Geiserich in abschlägigem Sinne.
Nur über die Abtretung der Privatrechte des Volkes beschließt also
der König nicht selbständig; im übrigen wird die Zustimmung der
Versammlung nicht eingeholt. Die Wandalen machen sich zwar
über den König und seinen Ratgeber lustig, wagen aber keinen
offenen Widerspruch. In dem oben erwähnten Bericht des Malchus
sagt Geiserich, er habe nicht die Macht, sein Volk zu zwingen, die
diesem zugefallenen Kriegsgefangenen zurückzugeben.[1]) Aus derselben
Stelle ergiebt sich, daß die Kriegsbeute unter König und Heer durch
das Los verteilt wurde[2]); ersterer hatte also nicht das Recht, für
sich ohne weiteres das wegzunehmen, was ihm gefiel. Wir müssen
hiernach annehmen, daß bei der Landnahme der Wille des Volkes
(exercitus, vgl. Vict. I, 13) von Einfluß gewesen ist, wenn auch
wegen der dabei in Frage kommenden politischen Momente das
Königtum eine wesentliche Rolle gespielt haben muß.[3])

Kriegswesen.[4]) Der König führt den Oberbefehl über die
Truppen und erläßt das Aufgebot zur Heerfahrt an die waffenfähigen
Freien. Es gilt als ungehörig, wenn derselbe dauernd die Leitung
des Kriegswesens aus der Hand giebt, wie dies bei Hilderich der
Fall war, dessen Sturz hierdurch auch befördert wurde. Die Gliederung
des Heeres war dieselbe wie die des Volkes: in Tausendschaften unter
ihren Chiliarchen oder Millenarien und Hundertschaften, vgl. Prok.
H, 3 (p. 421) und Vict. Vit. I, 30. Größere Truppenabteilungen
wurden unter besonders vom König ernannte Befehlshaber gestellt,
die in der Regel zu den königlichen Verwandten zählten: Tzazo
befehligt fünf, Gibamund zwei Tausendschaften (Ammatas wahrscheinlich ebensoviel); die Expedition nach Italien im Jahre 457
führte ein Schwager Geiserichs.

Wir haben oben gesehen, daß die Wandalen schon in ihren
Sitzen an der Theiß ein Reitervolk waren, und dies sind sie auch
in Afrika, wo ihnen ein vortreffliches Pferdematerial zur Verfügung

---

1) αὐτὸς δ᾽ἂν οὐ δυναίμην οὐκ ἐθέλοντας ταῦτα τοὺς εἰληφότας βιάσασθαι.
2) οὓς μὲν σὺν τοῖς ἐμοῖς υἱέσι τῶν αἰχμαλώτων ἀπέλαχον ... ἦν δὲ τὸ
πλῆθος ... κατενείματο μοῖραν ... Vgl. auch Vict. Vit. I, 25: Dividentes
Wandali et Mauri ingentem populi quantitatem.
3) Vgl. im allgemeinen Bethmann-Hollweg, Civilprozeß IV, 136, Halban
a. a. O. I, 81 ff.
4) Vgl. bes. v. Pflugk-Harttung, Hist. Ztschr. 61, 74 ff.

stand, geblieben. Der Fufskampf war ihnen völlig ungewohnt; selbst
auf die Raubzüge über See nahmen sie ihre Rosse mit (Apoll. Sid.
carm. V, 399. 423). Ihre Ausrüstung[1]) bestand hauptsächlich aus
Stofslanzen und Schwertern[2]); auf den Fernkampf waren sie dagegen
nicht eingerichtet, wenn auch der Gebrauch von Pfeil und Bogen
sowie von Wurfspeeren ihnen nicht völlig fremd gewesen ist.[3])
Schutzwaffen, wie Panzer und Schilde, scheinen ihnen fast völlig
gefehlt zu haben.[4]) Diese Mängel treten in den Kämpfen mit den
Mauren und Byzantinern deutlich hervor und haben nicht wenig zu
dem Untergange des Reiches beigetragen. Die unter Trasamund
gegen die Mauren gelieferte Schlacht endete mit der Niederlage der
Wandalen, weil diese ihre durch den Geruch der Kameele scheu
gewordenen Pferde nicht an die feindliche Stellung heranzubringen
vermochten und, selbst ohne Fernwaffen, den Geschossen der Gegner
wehrlos preisgegeben waren. So erklärt es sich, wenn Gelimer bei
Tricamarum den Seinen befiehlt, nur mit dem Schwerte, ihrer
Hauptwaffe, zu kämpfen. Die wohlbewaffneten, namentlich durch
Panzer geschützten Byzantiner waren ihnen daher in dieser Hinsicht
stark überlegen. Erfolge konnten die Wandalen unter solchen Umständen nur durch die Wucht des ersten Angriffs und eine fort-
dauernde Beunruhigung des Feindes erzielen. Die Eroberung Afrikas
ist wesentlich durch die Schnelligkeit ihrer Pferde, die völlige Überraschung der Römer zu stande gebracht worden. Eng mit diesen
Verhältnissen hängt die gänzliche Unfähigkeit der Wandalen in der
Belagerungskunst zusammen; Karthago konnte von ihnen nur durch
Überrumpelung eingenommen werden, während die meisten anderen
befestigten Städte lediglich durch Hunger, Seuchen u. s. w., die unter
der Einwohnerschaft ausbrachen, in ihre Hände fielen. Den Mauren
konnten sie, wenn sich diese in die Berge zurückzogen, als Berittene
nicht beikommen (vgl. Coripp. Joh. IH, 198 ff.). Geiserich liefs deshalb
die Befestigungen der meisten Ortschaften schleifen, um zu verhüten,
dafs sich Feinde darin festsetzten, deren Vertreibung viele Zeit und

---

1) Feldzeichen im wandalischen Heere werden erwähnt Coripp. Joh. III, 236 ff.
2) Die Kunst, Waffen zu verfertigen, ward bei den Wandalen besonders
geschätzt, vgl. Vict. Vit. I, 30. Die von Papencordt S. 261 aus Cass. var. V, 1
gebrachten Belege sind zu streichen, da hier nicht von den Wandalen, sondern
von den Warnen die Rede ist.
3) Vgl. Vict. Vit. I, 41 f. Apoll. Sid. carm. V, 400 ff.
4) Panzer werden allerdings erwähnt von Sid. Apoll. carm. V, 399: pars
ferrea texta concolor induitur. Doch ist auf diese Stelle schwerlich viel Gewicht
zu legen.

Opfer gekostet haben würde; denn bei der geringen Zahl der Wandalen war es nicht möglich, in alle Städte Garnisonen zu legen. Nur Karthago, ferner Hippo regius (wird noch unter Gelimer eine feste Stadt genannt, Prok. II, 4), sowie wahrscheinlich Caesarea (Prok. II, 5) und das Kastell Septem, die zugleich als Stationen für die Flotte von Wichtigkeit waren, behielten ihre Mauern und waren mit starken Besatzungen belegt; von diesen Stützpunkten aus konnten bei dem trefflichen Strafsensystem die Schwadronen mit grofser Schnelligkeit nach den verschiedenen Reichsteilen dirigiert werden. Anderwärts scheinen sich keine Truppenstationen befunden zu haben, aufser (anfänglich) in Tripolis (vgl. Prok. I, 6, p. 337), sowie auf den Inseln des Mittelländischen Meeres (zu Sardinien vgl. Prok. I, 6. 10. 24).[1]) Unter den Nachfolgern Geiserichs geriet jedoch dieses Defensionssystem in Verfall; zur Zeit Gelimers waren die Befestigungen Karthagos zum grofsen Teil eingestürzt, das tingitanische Mauretanien war längst völlig aufgegeben; auch in Tripolis befanden sich keine Wandalen mehr, wie die Erzählung von dem Abfall dieser Provinz beweist (Prok. I, 10).

Von weitaus gröfserer Bedeutung als das Landheer war die wandalische Flotte.[2]) Die Anfänge der letzteren gehen, wie wir sahen, auf die Zeit der Niederlassung in Spanien zurück. Die Schiffe, auf denen sie von hier aus nach den Balearen und nach Mauretanien fuhren, waren ohne Zweifel römische; römische Steuerleute und Matrosen sind ihre Lehrmeister in der Nautik gewesen. Zur Bedeutung gelangte die wandalische Seemacht erst nach der Eroberung Afrikas, insbesondere der Hauptstadt, wo ihnen ein besonders ausgezeichnetes Material in die Hände fiel; bei der Belagerung Karthagos hatte sich die Flotte noch aufser stande gezeigt, die Zuführung neuer Truppen zu verhindern. Im Jahre 437 hören wir zuerst von Piratenzügen, die von afrikanischen Häfen ausgingen; dieselben wurden unter Geiserichs Regierung fast alljährlich wiederholt und machten die Wandalen zu Beherrschern des ganzen Mittelländischen Meeres. Die Erzählungen von den überseeischen Expeditionen zeigen deutlich, dafs die Fahrzeuge durchgängig kleine, leicht gebaute, schnellsegelnde Kreuzer, keine Ruderschiffe waren; sie fafsten, da der Zug nach Sardinien unter Tzazo für 5000 Mann 120 Schiffe erforderte, nur je ca. 40 Personen. Wie das Landheer, so konnte

---

1) Die häufigen Deportationen nach Sizilien und besonders nach Sardinien und Korsika setzen die Anwesenheit von wandalischen Truppenabteilungen voraus.

2) Naves dominicae Vict. Vit. III, 20.

also auch die Flotte nur durch ihre grofse Beweglichkeit wirken.
Man wich daher stets einer regulären Seeschlacht aus, in der die
römischen Kriegsschiffe sich überlegen gezeigt hätten, und suchte
den Gegnern durch plötzliche Überraschung, List und Verrat bei-
zukommen. Über die Stärke der Seemacht fehlen uns aus älterer
Zeit bestimmte Angaben; ohne Zweifel hat dieselbe mehrere Hundert
Schiffe betragen. An dem Zuge nach Rom 455 war jedenfalls nicht
die ganze Flotte beteiligt, und doch waren es so viele Fahrzeuge,
dafs aufser den zahlreichen Truppen noch mehrere Tausend Gefangene
befördert werden konnten.[1]) Einer Abteilung von 60 Schiffen gedenkt
Hydatius c. 176 f. zum Jahre 456. In der langen Friedensepoche
nach Geiserichs Tode wird die Zahl wesentlich reduziert worden sein;
die 120 Schiffe, die Gelimer nach Sardinien sandte, machten wahrscheinlich den ganzen Bestand aus, da bei der Ankunft der Byzantiner
von einer Aktion der wandalischen Flotte keine Rede ist.[2]) Dafs
man unter Hunerich den Schiffsbau nicht vernachlässigt hat, zeigt
die Notiz von der Verurteilung katholischer Bischöfe zum Fällen
von Holz auf Korsika für die königlichen Werften (Vict. Vit. III, 20).
Die Hauptstation war natürlich der geräumige Hafen von Karthago:
von hier gingen alle gröfseren Expeditionen aus[3]); aber auch in
einigen der wichtigsten Häfen an den zum Wandalenreiche gehörenden
Küsten werden ständig Flottenabteilungen gewesen sein. Das Material
zum Schiffsbau wurde, wie schon angedeutet, hauptsächlich aus den
Wäldern der Insel Korsika bezogen.

Die römische Bevölkerung Afrikas war naturgemäfs prinzipiell
vom Kriegsdienste ausgeschlossen, wenn auch einzelne Ausnahmen
vorgekommen sein mögen. Dagegen stellten, wie schon erwähnt, die
Mauren ein bedeutendes Kontingent, namentlich seit dem Jahre 455.
Bei den häufigen Raubzügen nach den Küsten des Mittelmeeres war
ihnen gewöhnlich die Rolle des Plünderns zugeteilt, während die
sekundigen Wandalen die Schiffe bewachten und so den Rückzug
deckten (Apoll. Sid. carm. V, 385 ff.). Es ist jedoch starke Übertreibung, wenn der Dichter (V, 335 ff.) zum Jahre 458 sagt, Geiserich
vollbringe nichts mehr mit eigenen Waffen, sondern alles nur durch
maurische Völker. Die Wandalen sahen sich genötigt, diese Hilfe
in Anspruch zu nehmen, hauptsächlich jedenfalls wegen ihrer geringen
Zahl, um Afrika nicht völlig von Truppen entblöfsen zu müssen.

---

1) Vgl. Prok. I, 5: στόλῳ πολλῷ.	2) Vgl. oben S. 132.
3) Vgl. z. B. Hydat. c. 176; oben S. 70 (z. J. 440); Prok. b. V, I, 5 (p. 335 B).

Aber es ergab sich hieraus ein wesentlicher Nachteil für das Volk. Dasselbe büfste in immer steigendem Mafse seine Kriegstüchtigkeit ein und erlag rasch den Einflüssen des verweichlichenden Klimas und der überfeinerten römischen Kultur. Diese Erscheinungen traten schon unter Hunerich[1]), namentlich aber unter Gelimer deutlich zu Tage.[2]) Allerdings wird kriegerischer Sinn noch von einem Teile des Volkes, insbesondere vom Adel, hochgehalten: Hilderich ward abgesetzt hauptsächlich wegen seiner Unfähigkeit, das Schwert zu führen. Im Kampfe gegen die Byzantiner haben sich denn auch diese Elemente wacker gehalten; aber die Übrigen und, was das Schlimmste war, selbst der König erwiesen sich als zaghaft und unfähig, der Gefahr ins Auge zu schauen. Charakteristisch ist das Verhalten der zur Gefangennehmung von 22 Mann byzantinischer Garde ausgesandten, über zehnmal stärkeren Truppenabteilung: mit Recht wird dieser auch von Prokop (I, 23) der Vorwurf der Feigheit gemacht. Massenhaft wurden daher Wandalen aufgegriffen, die, statt zu kämpfen, in den Kirchen ein Asyl gesucht hatten.

Es ist merkwürdig, dafs schon Salvian (de gub. dei VII, 29 ff.), wo er von der Eroberung Spaniens spricht, die Wandalen als das feigste der germanischen Völker bezeichnet. Aber man kann nach den Erzählungen unserer Gewährsmänner kaum sagen, dafs die Wandalen in früherer Zeit weniger tapfer und kriegerisch gewesen seien als die übrigen Deutschen. Es ist nicht unwahrscheinlich, dafs das Urteil Salvians auf eine gotische und daher mifsgünstige Quelle zurückgeht. Jedenfalls kann sein Zeugnis wegen der zu Grunde liegenden tendenziösen Absicht, die Folgen der römischen Sittenlosigkeit in möglichst scharfer Beleuchtung darzustellen, keinen Anspruch auf besondere Glaubwürdigkeit machen.

Repräsentationshoheit. Der König leitet die gesamte auswärtige Politik, entsendet und empfängt Gesandte, schliefst Bündnisse ab, bestimmt über Krieg und Frieden. Einzelne Fragen von hervorragender Bedeutung wird er vorher mit den Spitzen seiner Umgebung beraten haben, doch fehlt es an sicheren Belegen. Der königliche Wille war jedenfalls der allein mafsgebende; es mangelt für das Wandalenreich an Beispielen, wie wir sie oft bei den Franken finden,

---

1) Vgl. Malch. fr. 13: μετὰ τὸν θάνατον Γινζιρίχου πεσόντες ἐς πᾶσαν μαλακίαν οὔτε τὴν αὐτὴν ῥώμην ἐς πράγματα ἔσχον οὔτε τὰς αὐτὰς ἔτι συνεῖχον παρασκευάς.

2) Vgl. die bekannte Schilderung der Verweichlichung des Volkes bei Prok. H, 6.

daſs das versammelte Heer Anteil an der Entscheidung über Krieg
und Frieden nahm (vgl. auch oben). Als Politiker hat namentlich
Geiserich eine hervorragende Befähigung erwiesen; wir haben oben
gesehen, wie es ihm gelungen ist, durch kluge Benutzung aller
Umstände dem Wandalenreiche eine führende Rolle im Abendlande
zu verschaffen.

Gerichtswesen. Über die Rechtspflege im Wandalenreiche
sind wir leider nur sehr unvollkommen unterrichtet. Die Wandalen
wurden jedenfalls nach ihren nationalen Rechtsgrundsätzen in den
einzelnen Hundertschaften von den Tausendschaftsführern gerichtet.
Da die Herrscher die Privatrechte des Volkes respektierten, so halte
ich es für sehr wahrscheinlich, daſs die wandalischen Gerichte, obwohl
die Beamten vom Könige ernannt waren, eine gewisse Unabhängigkeit
besaſsen und daſs die Volksgemeinde bei der Urteilfindung beteiligt
war.[1]) Die Aburteilung von Vergehen politischer Natur war dem
Könige als Rechtsnachfolger der Volksversammlung vorbehalten.[2])
Das Gerichtsverfahren für die Römer blieb dasselbe wie bisher:
geringe Sachen wurden von den Stadtmagistraten (ordines civitatum)[3]),
gröſsere von den Provinzialstatthaltern (iudices provinciarum)[4]) nach
römischem Recht im Namen des Königs entschieden. Ebenso ist der
Fortbestand der Bureaus dieser richterlichen Beamten direkt bezeugt.[5])
Einen praepositus indiciis Romanis in regno Africae Vandalorum
(Papencordt, S. 251) gab es nicht. Der von Vict. Vit. III, 27 und
Dracont. carm. V. a. E. erwähnte Prokonsul zu Karthago war der
Vorstand der Prokonsularprovinz. Der Dichter Dracontius war Anwalt
(Drac. vir clarissimus et togatus fori proconsulis almae Karthaginis
a. a. O.) beim Gericht desselben (eines Advokaten, causidicus, gedenkt
auch das Gedicht Anthol. lat. 340, vgl. daselbst no. 295). Streitig-
keiten zwischen Wandalen und Römern sind natürlich nur in den
wandalischen Gerichten nach dem Rechte der Sieger entschieden
worden.[6]) — Daſs der König in das ordentliche Rechtsverfahren der
Römer vielfach willkürlich eingriff, Strafen ohne Beweisaufnahme
und Verteidigung auf bloſsen Verdacht hin verhängte oder aufhob,
kann bei der Stellung, die diese Nation im Wandalenreiche einnahm,

---

1) Das Vorhandensein von Gerichtsschreibern (notarii) in den wandalischen
Gerichten folgt aus Vict. III, 19 nicht, vgl. weiter unten. Wenn Halban I, 82
sagt: „Ob nun die Gerichtsbarkeit durch die millenarii gehandhabt wurde oder
durch andere königliche Beamte, germanisch war sie nicht", so ist dies ganz
unzutreffend.   2) Über das Verfahren gegen Sklaven vgl. oben S. 162.
    3) Vict. III, 12.   4) ibid. III, 11—13.   5) ibid. III, 9, 11.
    6) Vgl. dazu Zeumer, Neues Archiv XXIII, 472.

und bei den gewifs häufig vorgekommenen Versuchen der römischen richterlichen Beamten, die königlichen Verfügungen zu Gunsten ihrer Volksgenossen zu umgehen, nicht verwundern. Aber ein ähnliches arbiträres Verfahren ist auch den Wandalen gegenüber in den der königlichen Entscheidung unterstehenden Sachen: Landesverrat, Vergehen gegen die Person des Königs und sein Haus (Infidelität) und namentlich Übertritt zur katholischen Kirche, zur Anwendung gekommen. Ein eigentliches Königsgericht wie bei den Franken, wo das Vorhandensein eines Urteilerkollegiums und die Beobachtung der allgemeinen Formen des Prozesses vor willkürlicher Bestrafung schützten, hat hier ohne Zweifel nicht bestanden; nur zum Schein mag manchmal ein förmliches Rechtsverfahren stattgefunden haben.[1]) Indem man dann den Begriff jener Verbrechen nach Belieben erweiterte, solche auch blofs andichtete, wie das Verfahren Hunerichs gegen seine Seitenverwandten und ihre Anhänger beweist[2]), waren Leben und Freiheit des Einzelnen dem Willen des Königs völlig preisgegeben. Einen Schutz gewährte die Flucht in arianische Kirchen, jedoch nur insoweit, als sie den Hilfesuchenden vor dem Tode, nicht aber vor anderen Strafen sicherte.[3])

Das zur Anwendung gelangte Strafensystem zeigt naturgemäfs eine starke Mischung germanischer und römischer Elemente. Eine grofse Rolle spielte die Todesstrafe, die namentlich wegen der zum Begriffe des Hochverrats gehörigen Verbrechen verhängt wurde. Unter den verschiedenen Arten derselben ist hervorzuheben das Hinrichten mit dem Schwerte (Enthaupten)[4]) (Vict. I, 44. 47. II, 12. 14 u. ö.), häufig verschärft durch vorhergegangene qualvolle Martern, das Verbrennen (bes. Vict. II, 1. 14. 15. 16; III, 15; auf offenem Meere Pass. VII mon. § 10 ff.), Ertränken (Vict. I, 18; II, 14), Zutodeschleifen durch ungezähmte Pferde (Vict. I, 37), Vorwerfen vor wilde Tiere (ib. II, 16; III, 27). Leibesstrafen: a) Strafen zu Haut und Haar: Körperliche Züchtigung mit Stöcken, Ruten und Peitschen, hauptsächlich bei Knechten und widerspenstigen Katholiken, aber auch bei freien Wandalen angewendet: Vict. I, 33;

---

1) Das arbiträre Begnadigungsrecht der Könige ist durch viele Beispiele zu belegen.
2) Vict. H, 12 ff. Als ein Ausflufs des Strafrechts über die Beamten kann dieses Verfahren nicht angesehen werden.
3) Vict. H, 15. Vgl. Brunner H, 610 f.
4) iugulare Vict. II, 14; gladio intercipere ib. H, 12; capite detruncare ibid. H, 15.

II, 16. 45. 54[1]); III, 21 ff., 33. 34. 38. 40. Prosp. c. 1329. Prok. b.
V. I, 8; Nehmen des Haupthaares, besonders schimpflich für die
Wandalen, in schärferer Weise, indem die Kopfhaut mit abgerissen
wurde (Vict. II, 9 ff.), oder in milderer Form durch Abscheren (so
wurde wohl gegen Fulgentius verfahren, Vit. Fulg. c. 11)[2]). b) Ver-
stümmelungen: Abschneiden von Nase und Ohren, Händen und Füfsen,
Blenden, Ausreifsen der Zunge (Vict. IH, 30 ff. Jord. Get. 36, 184).
Eine grofse Rolle spielten bei den Katholikenverfolgungen die gröfstenteils dem römischen Rechte entlehnten Folterungen. Mit Vollziehung
dieser Strafen waren besondere Beamte (tortores) betraut (Vict. II, 9,
III, 21. 28).

Unter den Freiheitsstrafen begegnet in erster Linie die Verbannung (exilium) in die afrikanische Wüste, nach Sardinien, Korsika, Sizilien (Vict. II, 23. III, 20. 33 etc. Vit. Fulg. c. 20 [vgl. oben],
Prosp. c. 1329), oft auch verschärft durch Konfiskation des Vermögens,
überhaupt Entziehung aller Subsistenzmittel, Sklavenarbeiten etc., ohne
bestimmtes Ziel aufs offene Meer in lecken Schiffen (Vict. I, 15),
nach überseeischen, nicht zum Wandalenreich gehörenden Ländern
(ibid. II, 1 u. a.), ferner die Verurteilung zur Knechtschaft im allgemeinen und zu besonderen niedrigen Fronarbeiten, mitunter wohl
auf bestimmte Zeit (Prosp. c. 1329, Vict. I, 48[3]). II, 10. 16. III, 20. 68.
Not. prov. Num. 76[4]), Einkerkerung, verschärft durch Hunger und
Schläge (Vict. I, 33. II, 15. 28 ff. Dracont. satisf. v. 312, de laudibus
Dei 3, 582. 649. Pass. VII monach. § 9). Ehrenstrafen: Eselreiten
(Vict. II, 14), öffentliches Entblöfsen von Frauen (ib. III, 21 ff.), Belegen der katholischen Hofbeamten mit der römischen Infamia
(Vict. IH, 9); häufig in Verbindung mit anderen Strafen: Herumführen
der ihres Haupthaares beraubten Frauen (ib. II, 9), Verurteilung zu
niedrigen Sklavenarbeiten in der Nähe der Hauptstadt (ib. I, 44), in
Gemeinschaft mit einem Ziegenhirten und Bauern (II, 16). Vermögens-
strafen. Wie in allen germanischen Rechten, so hat auch jedenfalls
im wandalischen die Bufse eine grofse Rolle gespielt. Über das
Wergeld bei den Wandalen fehlt es leider gänzlich an Nachrichten.
Vermögenseinziehungen wurden namentlich bei den politischen und

---

1) 100 und 150 Prügel, vgl. dazu Brunner II, 606.
2) Hier liegt allerdings nur ein privater Gewaltakt vor, doch zeigt die
echt germanische Verbindung von Prügelstrafe und Scheren, dafs dieses Verfahren auf wandalische Rechtsgrundsätze sich stütste. Vgl. bes. Brunner II, 606.
3) Verknechtung der Kinder.
4) Verurteilung zu Arbeiten in Bergwerken, vgl. über diese römische Strafe
Marquardt, Römische Staatsverwaltung II[2], 265 N. 8.

religiösen Verfolgungen gegen Wandalen und Römer verfügt, in der Regel verbunden mit Exil oder Hinrichtung (Prosp. c. 1329[1]); Vict. I, 14. 48. II, 23. III, 10. 11 u. ö. Vict. Tonn. a. 533). Ganz dem römischen Recht entnommen sind die Geldbußen, die Hunerich als Wiedervergeltung über die Katholiken verhängte: Vict. III, 10. 11.

Daß der König die Gesetzgebungsgewalt, wenn auch mit einer gewissen Beschränkung hinsichtlich der Privatrechte der Wandalen, handhabe, unterliegt keinem Zweifel. Die meisten Gesetze[2]), von denen wir Kenntnis haben, waren gegen die Römer und gegen die Katholiken im allgemeinen gerichtet, und in diesen erscheint naturgemäß der königliche Wille als der allein maßgebende. Außer den Religionsedikten sind besonders bemerkenswert die Verordnungen, die Geiserich gegen die in Afrika unter der römischen Bevölkerung so stark verbreitete, den Germanen widerwärtige Unzucht erließ; der Ehebruch ward unter Strafe gestellt, die Päderasten wurden verbannt, die Bordelle geschlossen und die Dirnen zur Ehe gezwungen.[3]) Ebenso wurde unnachsichtlich gegen die über alle Maßen obscönen Schaustellungen[4]) auf den Theatern eingeschritten; höchst wahrscheinlich ist hiermit die auch teilweise vom Liber de promissionibus[5]) bestätigte Erzählung Victors Vit. I, 8 in Zusammenhang zu bringen, daß unter Geiserich das Odeum[6]), das (Amphi-)Theater[7]), der Tempel der Memoria und die via Caelestis von Grund aus zerstört wurden. Welchen Zwecken der genannte Tempel nach Einführung des Christentums diente, ist nicht bekannt; in der Straße der Göttin Caelestis, deren unzüchtiger Kultus noch zu Salvians Zeit (de gub. dei VIII, 9) in Blüte war[8]), mögen besonders viele Stätten gewesen sein, wo

---

1) primum proscripti, deinde in exilium acti, tum atrocissimis suppliciis excruciati, ad postremum diversis mortibus interempti. Die Proskription ist hier wie Vict. III, 11 die Konfiskation des Vermögens, vgl. dazu Mommsen, Römisches Strafrecht (1899) S. 938 N. 1.

2) constitutio Vict. H, 13. III, 12 vgl. statuere H, 39. III, 7. 13. decretum I, 12. III, 2. Salvian. de gub. dei VII, 99. lex Vict. III, 2. edictum H, 3. 39. III, 15. praeceptum, praeceptio I, 22. H, 24. 38. 41. Vit. Fulg. c. 16, vgl. praecipere I, 43. H, 4. 24. III, 14. promulgatio III, 13.

3) Salvian. de gub. dei VII, 94 ff.

4) Vgl. dazu Friedländer, Darstellungen aus der Sittengeschichte Roms II[6], 435 ff.

5) III, c. 44 (Migne, patr. lat. 51, 836): ipsam viam (Caelestis) sine memoria sui nunc Vandalica manus evertit.

6) Vgl. Tissot I, 654 f. Reste sind kürzlich entdeckt worden, vgl. Deutsche Litteraturzeitung 1900 Nr. 51/52. S. 3399.

7) Tissot I, 643 ff.

8) Vgl. dazu Pauly-Wissowa, Realencyklopädie s. v. Caelestis.

der Venus vulgivaga gehuldigt wurde. Dafs übrigens das Schauspielwesen nicht gänzlich unterdrückt wurde, zeigt die Erzählung Victors v. V. (I, 47) von dem Archimimus und Bekenner Masculas.[1]) Diese Mafsregeln hatten zunächst eine allgemeine Besserung der sittlichen Verhältnisse zur Folge; Salvian, der um 450 schrieb, sagt a. a. O. VII, 107: bei den Goten sind nur die Römer der Unkeuschheit ergeben, bei den Wandalen nicht einmal die Römer. Der Verlauf der Geschichte des Reiches zeigt jedoch, dafs die günstigen Wirkungen nur vorübergehende waren und dafs das wandalische Volk später selbst, was üppiges Leben anbelangt, mit den Römern wetteiferte. — Allgemeine Geltung hatte andrerseits das Thronfolgegesetz; wir haben aber oben gesehen, dafs Geiserich dasselbe höchst wahrscheinlich, ohne die Zustimmung seines Volkes dazu einzuholen, aus eigener Machtvollkommenheit erlassen hat.

Der königliche Hof und die Beamten. Die Beamten im Hof- und Staatsdienst wie auch die der Kirche sind sämtlich der königlichen Gewalt unterworfen; sie werden vom Monarchen ernannt oder wenigstens bestätigt und können ihrer Funktionen durch königlichen Machtspruch entkleidet werden. Schon in ältester Zeit hat es im Haushalt des Königs bestimmte Ämter gegeben, die anfänglich ausschliefslich von Knechten, sodann aber zum Teil, insbesondere die Aufsicht über das Haus, den Marstall, den Schatz und die Getränke, auch von Freigeborenen besorgt wurden. Neben dieser eigentlichen Hausdienerschaft bildete die Umgebung des Herrschers das militärische Gefolge, dessen nähere Kenntnis wir namentlich der Schilderung des Tacitus verdanken. Auf dieser Grundlage, die jedoch stark durch römische Elemente beeinflufst worden ist, hat sich die spätere Einrichtung des wandalischen Königshofes aufgebaut. Derselbe wird domus regia, aula, palatium genannt.[2]) Die zum Hofstaat gehörigen Personen[3]), deren Zahl eine sehr grofse war[4]), setzten sich aus Geist-

---

. . 1) Der wirkliche diesem Bericht zu Grunde liegende Sachverhalt war wohl der, dafs M. wegen Übertretung der Sittengesetze — gerade der Mimus zeichnete sich besonders durch Anstöfsigkeit aus, vgl. Friedländer a. a. O. S. 438 — zu harter Strafe verurteilt, ihm aber im Falle seines Übertritts zur arianischen Kirche Begnadigung in Aussicht gestellt worden war.

2) domus: Vict. Vit. II, 8. III, 11. 13. aula: I, 43. II, 10. palatium: I, 22. II, 23. Passio septem monach. § 12.

3) Vgl. Vict. II, 8: ob hoc quod domui regiae serviebant. II, 10: homines in aula eius constituti. II, 23: ut nemo in eius palatio militaret. III, 13: Qui domus nostrae occupati militia. Der Ausdruck militare in palatio ist römisch, vgl. z. B. Cod. Just. X, 71, 1.

4) Vgl. Vict. II, 8..

lichen und Laien, Germanen und Romanen, Freien und Unfreien zusammen. Freie Römer waren z. B. die vier katholischen Spanier, die
Geiserich 437 hinrichten liefs, der comes Sebastianus, die viri ingenui,
die Hunerich zu Knechtesarbeit verurteilte (Vict. II, 10), der Kanzler
Bonifatius unter Gelimer. Besonders stark war das römische Element
unter Hilderich am Hofe vertreten (vgl. oben). Über die einzelnen
Hofämter, die auch der allgemeinen Reichsverwaltung dienten (ministeria)[1]) und deren Inhaber stipendia et annonas bezogen[2]), wissen
wir leider sehr wenig. Ob die vier germanischen Hausämter des
Seneschalk oder Truchsefs, Marschall, Schenken, Kämmerer oder
Schatzmeister am wandalischen Hofe in Afrika fortbestanden haben,
ist unbekannt. Der Vict. Vit. III, 33 erwähnte cellarita regis Dagila[3])
war ein niederer Hausbeamter, wohl identisch mit dem römischen
cellarius (Verwalter von Vorräten im Vorratsraum, sei es auf einem
Landgut oder in der Residenz)[4]); wenn seine Gattin matrona nobilis
et delicata genannt wird, so läfst sich hieraus noch nicht auf ein
höheres Amt schliefsen, da in den Augen Victors eben jeder Bekenner
des orthodoxen Glaubens nobilis war. Die procuratores der Prinzen
Theoderich und Hunerich (Vict. I, 45. 48)[5]) waren wohl aus der
römischen Domänenverwaltung übernommene Beamte, nicht Haus-
meier. Der höchste Beamte am wandalischen Hofe war der praepositus regni, dessen Bedeutung ganz auf dem Gebiete der Reichsverwaltung liegt. Seine Thätigkeit tritt bei den Katholikenverfolgungen
Hunerichs hervor: er verhandelt im Namen des Königs mit den
Bischöfen und wird von diesen ersucht, ihre Eingabe an allerhöchster
Stelle zum Vortrag zu bringen.[6]) Genaueres über seine Funktionen
ist nicht bekannt; die Wichtigkeit seiner Stellung, die der eines ersten
Ministers entsprochen haben wird, geht daraus hervor, dafs er von
den Römern mit dem Prädikat Magnificentia angeredet, also zur Rangklasse der illustres gerechnet wird, welcher die Inhaber der höchsten
dignitates palatinae am Kaiserhof, der magister officiorum, der quaestor
sacri palatii, die comites sacrarum largitionum und rei privatae sowie

---

1) Vict. I, 43: per diversa ministeria. Anth. lat. no. 341: Eutychus, minister regis.
2) Vict. H, 10.
3) Dafs Dagila der Name des Mannes, nicht der der Frau war, hat Wrede,
Sprache der Wandalen, S. 62, wahrscheinlich gemacht.
4) Vgl. His, Domänen S. 29.
5) procuratores domus Theoderici und Hunirici. domus ist hier im Sinne
von Grundstück, nicht von Hofhaltung gebraucht, vgl. His S. 21.
6) Vict. H, 41 ff. Vgl. dazu Papencordt S. 369 Note 8.

der praepositus sacri cubiculi angehörten. Unter Geiserich bekleideten das jedenfalls ungermanische Amt Heldica[1]), unter Hunerich Obad, also Personen germanischer Nationalität. Ein hervorragender Posten war auch der des Vorstandes der Kabinettskanzlei, für den in den Quellen sich die Bezeichnungen notarius, γραμματεύς, primiscriniarius und wohl auch referendarius finden. Derselbe fertigte die schriftlichen Erlasse des Königs aus und machte sie den Beteiligten bekannt.[2]) Häufig wurde er auch zu besonderen Missionen benutzt: unter Hunerich leitete er die Verhandlungen bei dem Religionsgespräch zu Karthago, unter Gelimer erhielt er den Auftrag, das Vermögen des römischen Adels einzuziehen und den königlichen Schatz nach Spanien in Sicherheit zu bringen. Als Inhaber dieses Amtes werden erwähnt Vitarit, also ein Wandale, zur Zeit Hunerichs[3]), die Römer Bonifatius (γραμματεύς)[3]), Victorinianus (primiscriniarius)[4]) und Petrus (referendarius)[5]) unter Gelimer und Trasamund. Unterbeamte der Kanzlei waren die notarii, die bei dem von Vict. Vit. III, 19 berichteten Verfahren gegen die katholischen Bischöfe als Schreiber fungierten. Unklar ist die Stellung, die der von Pseudogennadius (cap. 98 ed. Richardson) erwähnte maior domus Hunerichs einnahm; es heifst an dieser Stelle (vom Bischof Eugenius): altercationes quas cum Arianorum praesulibus per internuntios habuit, conscripsit et regi legendas[6]) per maiorem domus eius (Hunerici) transmisit. Die gewöhnlich vertretene Annahme, dafs derselbe identisch mit dem praepositus regni sei[7]), ist nicht begründet; es ist wohl an einen höheren Hofbeamten zu denken.[8])

Das Vorhandensein einer besonderen arianischen Hofgeistlichkeit darf man daraus erschliefsen, dafs bei den prinzlichen Hofhaltungen Hauskapläne amtierten, vgl. Vict. Vit. I, 44. Andrerseits lebte am wandalischen Hofe ständig eine sich immer wieder ergänzende Klasse

---

1) Vict. II, 15.

2) Vict. Vit. H, 3: destinans per notarium suum, nomine Vitarit, edictum quod publice legeretur. H, 41.

3) Proc. b. V. H, 4 p. 428 B. Vict. Tonn. a. 533.

4) Vgl. das Gedicht Anthol. no. 254, in dem der Verfasser (Flavius Felix) den Beamten um seine Verwendung zur Erlangung eines geistlichen Amtes bittet.

5) Anth. lat. 380: Domni Petri referendarii versus in basilica palatii sanctae Mariae. Vgl. dazu de Rossi, Inscriptiones christianae urbis Romae H, 1 p. 241 no. 6. Die Bezeichnung domnus macht es wahrscheinlich, dafs derselbe nicht ein Unterbeamter war.

6) So ist jedenfalls zu lesen, nicht relegendas.

7) Hermann, Das Hausmeieramt ein echt germanisches Amt (Breslau 1880) S. 84.

8) Vgl. dazu Brunner II, 104 N. 7.

von Männern, die, ohne ein bestimmtes Amt zu bekleiden, die Gunst
des Königs genossen und von diesem in verschiedener Weise ver-
wendet wurden. Eine solche Stellung nahm z. B. Sebastianus, der
Schwiegersohn des Bonifatius, ein, dessen consilia Geiserich necessaria
habebat (Vict. I, 19). Ein Teil derselben scheint wie bei den Franken,
Ostgoten u. s. w. den comes-Titel geführt zu haben: so erklärt sich
wohl die Stelle Vict. Vit. II, 14, Hunerich habe comites quam pluri-
mos et nobiles gentis bis in den Tod verfolgt. Aus ihrer Mitte sind
namentlich die Gesandten an fremde Völker sowie die Emissäre genommen worden, die der König zur Durchführung aufserordentlicher
Mafsregeln in die Provinzen entsandte. Zwei comites Hunerichs be-
aufsichtigen den Transport der 5000 Katholiken in die Wüste, lassen
die Widerspenstigen einkerkern und machen ihnen im Auftrage des
Königs Versprechungen, falls sie sich bereit finden würden, zum
Arianismus überzutreten (Vict. II, 28 ff.). Ein comes wird nach Tipasa
geschickt, um die dortigen Bewohner, die dem königlichen Befehle
zum Trotz öffentlich orthodoxen Gottesdienst abhielten, zu strafen
(Vict. III, 30). Ebendahin gehören die ministri regis Vict. III, 19,
Pass. VII monach. § 14 aus der Zeit Hunerichs, die ministri regalis
furoris d. h. Trasamunds Vit. Fulg. c. 20. Mit den germanischen Grafen
haben diese den römischen agentes in rebus entsprechenden „Gewalt-
boten" nichts zu thun. Unter jener Kategorie von Hofleuten dürfen
wir auch das militärische Gefolge des Königs suchen, von dem allerdings nur unsichere Spuren sich finden. Gefolgsleute waren wohl
wenigstens zum Teil die ἀμφ᾽ αὐτὸν ἀδελφιδοί τε καὶ ἀνεψιαδοὶ καὶ
ἄλλοι εὖ γεγενότες[1]), die den flüchtigen Gelimer begleiteten[2]), ebenso
die Personen, die Geiserich auf dem Totenbette seinem Nachfolger
empfahl (Vict. II, 15). Ein militärisches Gefolge zu halten, galt als
ein Vorrecht des Königs; es wurde daher als ein Zeichen des Auf-
ruhrs angesehen, als Godas auf Sardinien sich eine Leibwache
(δορυφόρους) zulegte (Prok. I, 10 p. 358, 10).[3]) Zusammen mit zeitweilig am Hofe anwesenden Provinzialbeamten sowie arianischen
Bischöfen haben die höher stehenden Angehörigen der Umgebung des
Königs häufig bei Entscheidung wichtiger Staatsangelegenheiten mit-
gewirkt. Als Gesamtbezeichnung für dieselben, soweit sie weltlichen

---

1) Vielleicht Wiedergabe des germanischen magen, vgl. Brunner I, 142,
Schröder ³, 33 N. 32.
2) Prok. b. V. H, 6 (p. 434, 10 B). An anderer Stelle (II, 3 p. 422, 18) heifst
es: οἵ τε ξυγγενεῖς καὶ τῶν οἰκετῶν ὀλίγοι.
3) Vgl. dazu Seeck, Pauly-Wissowa, Realencyklopädie III, 934 ff.

Standes waren, erscheint der Ausdruck domestici, der wörtlich (ob völlig auch inhaltlich, ist sehr fraglich) dem gotischen gardingi (gardi = domus)[1]) entspricht. Sie sind jedenfalls identisch mit den Vornehmen der Wandalen, die die Tischgenossen des Königs bildeten (Prok. I, 21). Praesentibus episcopis atque domesticis suis fordert Geiserich den Sebastianus auf, zum Arianismus überzutreten (Vict. I, 19); auf Anraten der Bischöfe verbietet derselbe die Anstellung von Katholiken im Hofdienst (I, 43); die Vorstellung der domestici hat zur Folge, daß Hunerich seinen Plan, das Vermögen der verstorbenen katholischen Kleriker einzuziehen, aufgibt (II, 24); cum consensu episcoporum werden die orthodoxen Bischöfe zum Religionsgespräch nach Karthago vorgeladen (II, 39). Die Aufnahme in den Hofstaat war an einen Treueid geknüpft: Sebastiane, sagt Geiserich, scio quia fideliter nobis adhaesisse iurasti. Vgl. auch Prosper c. 1329 von den vier katholischen Spaniern: dudum apud Gisiricum merito sapientiae et fidelis obsequii cari clarique habebantur.

Aus dem Hofstaat sind auch zum größten Teil die Inhaber der höheren Ämter bei der Provinzialregierung, vor allem der wandalischen, hervorgegangen. Die wichtigsten Beamten der Wandalen in dieser Hinsicht waren die Millenarien, denen die Verwaltung der ihnen unterstellten Bezirke (Tausendschaften) in richterlicher, militärischer, administrativer und fiskalischer Hinsicht oblag. Über ihre Stellung als Richter und Militärbeamte war schon oben die Rede; neben diesen wesentlichsten Funktionen sind die übrigen naturgemäß nur von untergeordneter Bedeutung gewesen. Zu ihrer Besoldung dienten wohl ein Teil der Gerichtsgefälle sowie die Einkünfte aus gewissen zum Amte gehörigen liegenden Gütern, vielleicht auch besondere Emolumente aus der Staatskasse. Über die Unterbeamten der Millenarien ist Näheres nicht bekannt. Außerhalb der Wandalenlose blieb die Organisation der römischen Verwaltung in Afrika mit Ausnahme der militärischen bestehen, und wurden die Geschäfte der einzelnen Ämter in der Hauptsache auch von Römern selbst besorgt. Die (Civil-)Statthalter der einzelnen Provinzen[2]) erscheinen in dem Religionsedikt Hunerichs als iudices provinciarum; als Vorstand der

---

1) Dieses Wort selbst ist bei den Wandalen nicht nachweisbar; die angeblichen Gardingen bei Vict. Tonn. a. 534 haben sich durch die neue Edition Mommsens als Asdingen entpuppt. — Bei Vict. Vit. III, 27 wird jetzt gelesen: quod eum habiturus esset prae omnibus; das in älteren Ausgaben hinzugefügte Wort domesticum fällt weg.

2) Der vicarius Africae wurde beseitigt.

Byzacena werden in der Vita Fulgentii (c. 14) Sylvester (prov. Byz. primarius), als oberste Verwaltungsbeamte der Prokonsularis, soweit dieselbe nicht von den Wandalen okkupiert war, die in Karthago wohnenden Prokonsuln Victorianus (Vict. III, 27) und Pacidegius (Dracont. Carm. V Ende) genannt. Diese Beamten administrierten wie früher mit ihrem Kanzleipersonal, den officia (Vict. III, 9: officiales indicum. 11: primates officiorum). Die Ordnung der römischen Finanzverwaltung[1]), des (nur den Interessen der Staatsgewalt dienenden) Postwesens[2]) erfuhr ebensowenig eine Umgestaltung wie die Verfassung des exempten Grundbesitzes (vgl. oben S. 55) und der Municipien. Hunerichs Edikt setzt Strafen aus gegen die principales und sacerdotales, d. h. die obersten Mitglieder der Gemeinderäte (ordines civitatum Vict. III, 11) und die eigentlichen Decurionen; als Verwalter des städtischen Finanzwesens wird wie in früherer Zeit ein curator oder vielmehr procurator (Fulgentius, vgl. Vita c. 1 a. E.; ein anderer in Ruspe ibid. c. 17) erwähnt. Demgemäfs erscheint auch im Wandalenreich die römische Rangklassen- und Ständeorganisation: es werden inlustres, spectabiles[3]), senatores[4]), possessores, negotiatores[5]), plebei etc. aufgeführt.[6])

Die Inseln des Mittelländischen Meeres Sardinien, Korsika und die Balearen, die nach der Notitia dignitatum (Occ. I, 96. 97. 100) von je einem praeses verwaltet wurden, bildeten nach der Notitia prov. et civ. Africae (484) eine Provinz unter einem Statthalter, der auf Sardinien residierte und mit militärischen wie civilen Funktionen betraut war.[7]) Wahrscheinlich wurden für diesen wichtigen Posten in der Regel Männer germanischer Nationalität gewählt. Unter Gelimer versah das Amt der Gote Godas, den der König, wie Prokop (b. V. I, 10) sagt, φυλακῆς τε ἕνεκα καὶ φόρον τὸν ἐπέτειον ἀποφέρειν auf Sardinien stationiert hatte. Eine Veränderung in den römischen Verfassungsverhältnissen ist im übrigen auch hier nicht eingetreten.

---

1) Vgl. weiter unten.

2) Vict. Vit. II, 38: veredi currentes. III, 39: veredi. Prok. b. V. I, 16: ὁ τοῦ δημοσίου δρόμου ἐπιμελόμενος (Postmeister). Ibid. βερεδαρίους.

3) Der proconsul war vir spectabilis, die Dichter Dracontius u. Flavius Felix gehörten der Rangklasse der clarissimi an.

4) D. h. die Reichssenatoren, die Grofsgrundbesitzer, nicht etwa die Mitglieder der Senate in den einzelnen Städten.

5) duo negotiatores als Märtyrer Vict. III, 41.

6) Vict. III, 10 f.

7) Die Vereinigung dieser Gebiete zu einer Provinz hat Justinian beibehalten.

Finanzwesen. Der Herrscher hat vermöge seiner Stellung
über die Staatseinkünfte unbeschränktes Verfügungsrecht; Staatsgut
und königliches Privatgut gelten als identisch. Die Einkünfte des
Königs in ältester Zeit setzten sich zusammen aus freiwilligen Gaben
der Volksgenossen, aus Erträgnissen von Grundbesitz, den Gerichts-
gefällen, soweit sie nicht den richterlichen Beamten zukamen, sowie
namentlich aus einem bedeutenden Anteil an der Kriegsbeute. Durch
die Reichsgründung haben die Einnahmen eine wesentliche Verstärkung
und Vermehrung erfahren. Einen Hauptbestandteil derselben bildeten
die Einkünfte aus den Domänen. Wir haben oben gesehen, daß der
wandalische König in das kaiserliche Kron- und Privatgut — soweit
dasselbe in der Prokonsularis lag, zum Teil, soweit außerhalb, im
ganzen Umfange — succediert war; dieser sehr beträchtliche, durch
spätere Konfiskationen noch vermehrte liegende Besitz bestand aus
Palästen, Villen[1]), Acker- und Weideland, Weinbergen[2]), Seen[3]),
Wäldern[4]) und Bergwerken[5]) mit den dazu gehörigen Kolonen und
Knechten. Die Bewirtschaftung war ganz die gleiche wie unter
römischer Herrschaft, durch Prokuratoren und Konduktoren (Vict.
Vit. III, 11: conductores regalium praediorum).[6]) Große Erträgnisse
lieferten ferner die von den Provinzialen zu leistenden Steuern. Die
Wandalen und die von ihnen occupierten Güter waren völlig ab-
gabenfrei.[7]) Ohne Zweifel ist die Besteuerung in ihrer bisherigen
Form, die verschiedenen Gattungen derselben als Grundsteuer u. s. w.,
die Art der Erhebung im wesentlichen beibehalten worden, wenn
auch die römischen Kataster gleich zu Anfang der wandalischen
Herrschaft vernichtet worden sind.[8]) Von Geiserich sagt Prokop
(I, 5), er habe die im Besitz ihrer Güter belassenen Römer so schwer
mit Abgaben belastet, daß ihnen vom Ertrag nichts mehr übrig
geblieben sei. Von Hunerich wird berichtet, daß von ihm die
Provinzen seines Reiches variis calumniis atque indictionibus

---

1) Schloß zu Grasse, Prok. I, 17.
2) Vgl. Vict. Vit. II, 16: Anlegung von Weinpflanzungen als Strafe.
3) piscinae Vict. III, 16. Lacunae regiae Anthol. no. 291.
4) Wälder auf Korsika, Vict. III, 20. Zu dem Schloß von Grasse gehörten
große Orangenhaine, vgl. Tissot II, 115 ff.
5) Marmorbrüche in Numidien, vgl. die Verurteilung eines Bischofs zu
metallo Not. prov. Num. 76. Dieselben sind wohl auch gemeint Vict. Vit. III, 68:
in locis squalidis metallorum. Die Steinbrüche gehörten in der Kaiserzeit zum
patrimonium, vgl. Marquardt H[2], 263.   6) vgl. oben.
7) Prok. b. V. I, 5. Vgl. Vict. Vit. I, 22: sacerdotibus qui in his regionibus
versabantur, quae . . . palatio tributa pendebant.
8) d. h. sie wurden jedenfalls durch neue ersetzt. Prok. H, 8 (Ende).

(Steuerauflagen) schwer bedrückt worden seien.[1]) Aus der Zeit
Gunthamunds wird über den grausamen, fortwährend sich ver-
gröfsernden Steuerdruck geklagt, unter dem die Bewohner der Municipien seufzten. Die Decurionen, insbesondere der Prokurator, hatten
ganz wie früher die Abgaben für ihren Bezirk einzutreiben und
waren für die abzuliefernde Gesamtsumme mit ihrem Vermögen
haftbar.[2]) Immerhin können die Lasten im allgemeinen nicht gar
so schlimm gewesen sein; denn als nach der Eroberung Afrikas die
byzantinischen Steuerbeamten wieder in Thätigkeit traten, fanden
die Einwohner, dafs die Verhältnisse unter wandalischer Herrschaft
viel erträglichere gewesen waren.[3]) Die überlieferten Klagen erklären
sich wohl zum Teil daraus, dafs die staatsfeindlichen Elemente, die
Aristokratie und der Klerus, besonders scharf herangezogen wurden.
Unter den vom Grundbesitz zu leistenden Naturalabgaben mag die
Lieferung von Pferden für das Heer eine grofse Rolle gespielt haben.
Die Verpflichtung der römischen Unterthanen zu gewissen Dienstleistungen, z. B. für die Post, bestand jedenfalls fort wie in der
vorhergehenden Zeit.

Aufser den Steuern sind noch als ordentliche Einnahmen zu
erwähnen die Erträgnisse aus Zöllen und dem Münzregal, aus den
Strafgeldern, sowie aus den Bergwerken und Fabriken. Über das
im wandalischen Reiche giltige Zollsystem wissen wir nichts
Näheres; ohne Zweifel ist dasselbe von dem römischen nicht ver-
schieden gewesen. Auch im Münzwesen schlofs man sich den
römischen Ordnungen an. Hunerich beschliefst (Vict. Vit. III, 23),
dafs die orthodoxen Bischöfe bei ihrer Ordination 500 Solidi an
die Staatskasse zahlen sollten. In dem Religionsedikt (Vict. III, 9 ff.)
werden die von den verschiedenen Klassen der katholischen Bevölkerung zu entrichtenden Strafen nach Pfunden Goldes und Silbers
berechnet. Als Silbermünzen erscheinen das Miliarense mit der
Wertzahl 100 = $\frac{1}{12}$ Solidus (1 Sol. = $\frac{1}{72}$ ℔ Gold), die Siliqua (Wertzahl 50) und die halbe Siliqua (25), als Kupfermünzen Denare
(nummi) (1 Solidus = 6000 Denare) mit den Wertzahlen 42
(= $\frac{1}{6}$ Siliqua = $41\frac{2}{3}$ Denare), 21 (= $\frac{1}{12}$ Sil. = $20\frac{5}{6}$ Den.), 12 (= $\frac{1}{500}$ Sol.),
4 (= $\frac{1}{1500}$ Sol.). Autonome Münzen (mit den Bildnissen der Herrscher,
jedoch ganz in römischem Typus) haben die Wandalen nur in Silber

---

1) Vict. Vit. II, 2.
2) Vit. Fulg. c. 2. Fulg. Mythogr. p. 7 (Helm) und dazu Helm im Rhein.
Mus. N. F. 54 (1899), S. 129 f.
3) Prok. H, 8.

und Kupfer geschlagen, und zwar, wie es scheint, erst seit Hunerich;
unter Geiserich, von dem keine einzige Münze nachweisbar ist[1]),
scheint kein Bedürfnis zu eigener Prägung bestanden zu haben, da
die Kriegszüge aus allen Gegenden des römischen .Reiches große
Mengen Geldes nach Afrika brachten. Gold ist bei den Wandalen
wohl überhaupt nicht zur Ausmünzung gelangt; es beruhte dies
schwerlich auf Anerkennung des Grundsatzes, daß allein der Kaiser
berechtigt sein sollte, Goldmünzen zu schlagen, sondern ebenfalls auf
dem Mangel an Bedürfnis. Unter Hilderich sind auch Silbermünzen
geprägt worden, die nur das Bild des byzantinischen Kaisers Justin I.
tragen, wohl um diesem eine Huldigung darzubringen. Die königliche
Münzoffizin befand sich zu Karthago; diese ist neu begründet worden,
da die Römer vorher dort kein Geld geschlagen haben.[2]) Woher die
Wandalen das nötige Personal und Material genommen haben, ist
unbekannt.[3])

Sehr ergiebig als Einnahmequelle waren die Strafgelder, besonders diejenigen, welche aus den Katholikenverfolgungen resultierten
(vgl. namentlich die von Hunerich verhängten Geldbußen); dazu
kamen die häufigen Konfiskationen ganzer Vermögen wegen Hochverrats u.s.w. (siehe oben). Von geringerer Bedeutung waren die
Einkünfte aus den fiskalischen Fabriken (Färbereien, Webereien u.s.w.)
und den Bergwerken. Von den numidischen Steinbrüchen ist oben
die Rede gewesen; außerdem kamen noch die Erzgruben auf Sardinien
in Betracht.[4])

Von außerordentlichen Einnahmen sind besonders erwähnenswert
die Geschenke fremder Fürsten (vgl. von Hilderich Prok. b. V. I, 9,
p. 350 B.), die Mitgift fremder einheiratender Prinzessinnen (Amalafrida)[5]) und die Kriegsbeute. Wahrscheinlich ist in Bezug auf die
letztere nach dem auch sonst befolgten Grundsatze verfahren worden,

---

1) Abbildung einer fälschlich Geiserich zugeschriebenen Münze bei Dahn,
Urgeschichte I, 301.   2) Marquardt, Staatsverw. II[2], 36, N. 2.

3) Vgl. im allgemeinen bes. Friedländer, Die Münzen der Vandalen
(1849), und desselben Repertorium der antiken Numismatik (1885), S. 425 (seit
1849 nichts Neues hinzugekommen). Mommsen, Gesch. des röm. Münzwesens
(1860), S. 749, 787 f., 791, 795 f., 841, 843. Abbildung einer Münze Gunthamunds
bei Sallet, Handb. der Kgl. Mus. zu Berlin. Münzen und Medaillen 102. —
Wie es scheint unter Hilderich ist der Stadt Karthago das vorher von ihr nicht
innegehabte Recht verliehen worden, autonome Kupfermünzen zu prägen.

4) Vgl. Hirschfeld, Untersuchungen zur römischen Verwaltungsgeschichte I
(1877), S. 85.

5) Die Ansprüche, die Hunerich auf das Vermögen seiner Gemahlin Eudoxia
erhob, wurden nicht befriedigt.

dafs das gesamte kaiserliche und staatliche Gut eo ipso dem Könige
zufiel, während das übrige zwischen diesem und dem Volke durch
Verlosung zur Verteilung gelangte (vgl. dazu auch oben S. 171).[1])
Die Kostbarkeiten, die Geiserich einst aus dem kaiserlichen Palast
in Rom geraubt, fanden sich im Königsschatz Gelimers wieder vor
(Prok. H, 9). Den enormen Einnahmen gegenüber waren die Aus-
gaben verhältnismäfsig gering. Zu diesen gehörten die Kosten der
Verpflegung des Heeres, die Besoldung der maurischen Hilfstruppen,
der Aufwand für die gesamte Verwaltung (Hofhaltung, Dotierung
der Beamten u. s. w.), für Bauten (vgl. unten), Geschenke, Unter-
stützungs- und Bestechungsgelder an fremde Fürsten, Generale,
Gesandte (angeblich an Attila, an Eurich Jord. Get. c. 47, Basiliskus,
Severus Malch. fr. 3, Gesalech, an Theoderich d. Gr. u. a.) u. s. w.
Der für die Verwaltung der Finanzen nötige Apparat blieb
wahrscheinlich wie bisher in der Hauptsache bestehen: es wird
zwischen der Kasse des fiscus ($\delta\eta\mu\delta\sigma\iota o\nu$) und der der domus regia
unterschieden. In jene flossen die Steuern, Strafgelder u. s. w., in
letztere die Erträgnisse der Domänen.[2]) Die bei beiden Kassen
angestellten Beamten sind nirgends genannt, werden aber dieselben
gewesen sein, wie zur Römerzeit (comes titulorum largitionum,
praefectus fundorum patrimonialium, rationalis rei privatae mit ihren
Untergebenen) und unter der Oberaufsicht des praepositus regni gestanden haben. Eine besondere Rolle spielte der Königshort. Derselbe bestand aus gemünztem Gold und Silber, besonders aber aus
köstlichem Schmuck, Tafelgerätschaften, goldenen Sesseln und Wagen,
kunstvollen Waffen u. s. w.[3]) Wie bei allen Germanen galt der königliche Schatz fast nicht weniger als das Reich; der Verlust desselben
war mit dem Verlust der Herrschaft gleichbedeutend; Gelimers erste
Sorge war daher, als er die von den Byzantinern drohende Gefahr
erkannte, den Hort in Sicherheit zu bringen.[4]) Er wurde hauptsächlich vermehrt aus der Kriegsbeute[3]), sowie aus den Gaben aus-
wärtiger Fürsten; aus seinen Beständen stammten andrerseits haupt-

---

1) Nach der Erzählung von Marcian bei Prok. I, 4 hätte Geiserich auf die
Verteilung der Gefangenen Einflufs gehabt; allein die Anekdote ist unhistorisch
und auch in ihren einzelnen Zügen nicht verwertbar.

. 2) Vict. III, 11: quantum domui regiae inferrent, tantum etiam fisco poenae
nomine cogerentur exsolvere (conductores). H, 23: das Vermögen der verstorbenen
Bischöfe solle der fiscus einziehen, die Nachfolger derselben sollen fisco regali
500 Solidi zahlen. Prok. I, 5: $\tau\tilde{\eta}\varsigma$ $\delta\grave{\epsilon}$ $\gamma\tilde{\eta}\varsigma$ ... $\tauo\sigma a\tilde{\upsilon}\tau a$ $\dot{\epsilon}\nu\vartheta\dot{\epsilon}\nu\delta\epsilon$ $\tau\tilde{\wp}$ $\delta\eta\mu o\sigma\iota\wp$ $\varphi\dot{\epsilon}\varrho\epsilon\sigma\vartheta a\iota$
$\tau\dot{a}\xi a\varsigma$ etc.

3) Vgl. Prok. H, 9.   4) Ibid. H, 4.

sächlich die Geschenke, die der König seinen Getreuen, fremden
Herrschern[1]) u. s. w. darbrachte.

Daß die Vorgänge bei der Besetzung des Landes eine grofse
Schädigung des Wohlstandes der römischen Einwohnerschaft be-
deuteten, ist ohne weiteres klar[2]); in derselben ungünstigen Weise
mufsten die Religionsverfolgungen Hunerichs und besonders die Seezüge
Geiserichs durch die Störung des gesamten Handelsverkehres auf dem
Mittelländischen Meere wirken. Wie die wandalischen Flotten alle
römischen Kauffahrer kaperten, so nahmen auch die Byzantiner die ihnen
in die Hände kommenden afrikanischen Handelsfahrzeuge weg. Andrerseits mufs betont werden, dafs die ackerbautreibende Bevölkerung
durch die Niederhaltung der maurischen Stämme viel besser geschützt
war, als in den letzten Jahren der römischen Herrschaft. Nach dem
Eintritt dauernder friedlicher Beziehungen zu Byzanz nahm auch
der Handel wieder einen bedeutenden Aufschwung. Es mufste im
Interesse der Könige liegen, denselben zu schützen, schon deshalb,
um für die Produkte der Domänen, die doch schwerlich ganz im
Lande selbst verbraucht werden konnten, Absatzgebiete zu erwerben.
In dem Vertrage Hunerichs mit dem Kaiser Zeno kamen die Ent-
schädigungsansprüche für gekaperte karthagische Handelsschiffe zur
Verhandlung.[3]) Der Hebung des Handels dienten wohl auch in
erster Linie die grofsen Seebauten, die nach dem Gedichte Catos
(Anthol. 387) auf Befehl Hunerichs ausgeführt wurden. Zahlreiche
griechische Kaufleute befanden sich zur Zeit Gelimers in Karthago
und wurden bei der Ankunft Belisars ins Gefängnis geworfen unter
dem Verdachte des Verrates.[4]) Von dem byzantinischen Flotten-
kommandanten Kalonymus wird erzählt, dafs er heimlich mit einigen
Schiffen in den Hafen Mandracium einlief und die Güter der an
demselben wohnenden Kaufleute plünderte. Ein Handelsschiff aus
Karthago befand sich damals in Spanien (vermutlich in Sevilla,
Prok. I, 24) und der an Tzazo nach Sardinien abgeschickte Bote
bediente sich eines Kauffahrers (Prok. I, 25). Die Ausfuhr erstreckte
sich in der Hauptsache natürlich auf Getreide[5]) und Öl, wohl auch

1) Theoderich d. Gr. schreibt an Trasamund (Cass. var. V, 44), er nehme
dessen Geschenke nicht an: redeant ad cubiculum vestrum munera.
2) Vgl. auch die Novellen Val. tit. 12 (Si afflictis Afrorum fortunis, qui omnes
facultates suas per acerbissima supplicia omittere sunt coacti etc.). 18. 33 u. s. w.
3) Malch. fr. 13.   4) Prok. I, 20.
5) Nach Olympiodor fr. 29 hätten einmal die Wandalen an die von Hunger
bedrängten Goten Getreide für hohen Preis verkauft. Es kann sich dies nur
auf die Zeit der wandalischen Niederla   ıg in Spanien beziehen, da Olymp.
nur die Zeit bis 425 (vgl. Christ, Gesch.   ' griech. Litt.³, S. 797) behandelte.

Pferde, wilde Tiere[1]), Marmorsteine, während besonders Goldsachen, kostbare Stoffe und andere Luxusgegenstände importiert wurden.[2])

Kirche. Der königlichen Gewalt unterliegt die arianische wie die katholische Kirche; die Besetzung der Bistümer ist von der Zustimmung des Staatsoberhauptes abhängig; die Synoden werden vom König berufen oder treten nur mit seiner Erlaubnis zusammen. Wann die Wandalen zum Christentum übergetreten sind, ist nicht überliefert. Die Asdingen sind wahrscheinlich in ihren Sitzen an der oberen Theifs durch gotische Missionare zum Arianismus bekehrt worden; die Silingen dagegen und Alanen, wie auch die Sweben[3]) waren wohl noch zur Zeit ihres Einbruches in Gallien und Spanien Anhänger des heidnischen Glaubens und sind erst nach ihrer Vereinigung mit den Asdingen Arianer geworden. Dafs die Wandalen in Spanien arianische Christen (haeretici) waren, bezeugt ausdrücklich Salvian (de gub. dei VII, 45 ff., vgl. V, 14); es wird hier auch anläfslich der 421 oder 422 gegen die Römer gelieferten Schlacht hervorgehoben, in wie hohem Ansehen bei jenen die Bibel, d. h. die gotische Wulfilas, stand.

Nach der Besetzung Afrikas wurden, wie schon oben ausgeführt, die katholischen Kleriker aus den Landbezirken der Prokonsularprovinz, sowie aus der Hauptstadt Karthago völlig ausgetrieben und die erledigten Stellen an arianische Geistliche mit dem gesamten Kirchenvermögen überwiesen.[4]) In den übrigen Landesteilen befanden sich anfänglich keine oder nur wenige arianische Priester; erst unter Hunerich, der überhaupt alle katholischen Kirchen den Arianern schenkte (was freilich niemals ganz zur Durchführung gelangte), sind solche in gröfserer Zahl eingesetzt worden.[5]) Der in Karthago residierende Bischof führte den Titel Patriarch[6]) und übte, wie die Metropoliten[7]), eine oberste Gewalt über den gesamten arianischen Episkopat im Wandalenreiche aus. Dafs ihm Notare zur Seite standen, zeigt Vict. Vit. III, 29. Unter den einzelnen Bischöfen und deren Strafgewalt unterworfen[8]) standen die verschiedenen Klassen der niederen

---

1) Wilde Tiere bildeten schon zur Zeit des Plinius einen Hauptexportartikel Numidiens (Hist. nat. V, 3); Trasamund schickte solche zum Geschenk an Theoderich (vgl. oben). 2) Anth. lat. no. 376.

3) Über die Sweben vgl. Dahn, Könige VI², 564.

4) Dafs auch Privatgüter an dieselben verliehen wurden, zeigt Vit. Fulg. c. 1.

5) Ein arianischer Bischof in Tipasa, Vict. Vit. III, 29; ein solcher in der Byzacena, ibid. III, 42.

6) Vict. II, 13. 54. Die Berechtigung, diesen Titel zu führen, wurde natürlich von den Katholiken bestritten, ibid.

7) Vgl. dazu Hinschius, Kirchenrecht II, 1 ff. 8) Vgl. Vit. Fulg. cap. 11.

Geistlichkeit; wie in der orthodoxen Kirche werden Presbyter und
Diakonen erwähnt.[1]) Das Mönchtum, das überhaupt dem welt-
freudigen Arianismus unbekannt war[2]), ist auch hier nicht vertreten
gewesen; der Vict. II, 2 genannte monachus Clementianus war
Manichäer, nicht Arianer, wie Papencordt, S. 273, meint. Die Bistümer wurden jedenfalls durch direkte königliche Ernennung besetzt;
der Patriarch scheint häufig aus der bei den Hofhaltungen des
Königs oder der Prinzen angestellten Geistlichkeit hervorgegangen
zu sein: so Jucundus, der anfänglich Kaplan bei Geiserichs Sohn
Theoderich war. Der arianische Gottesdienst wurde, wie bei den
übrigen Germanen, in der Volkssprache abgehalten, vgl. dazu Vict.
II, 4 und (Pseudo-)Augustinus, epist. 178 (Migne 33, 1156), wo der
Anfang eines wandalischen Gebetes angeführt wird (Wrede, Sprache
der Wandalen, S. 18). Die Kleriker waren daher in ihrer Mehrzahl
germanischer Nationalität, zum gröfsten Teil wohl auch diejenigen,
welche in den Quellen unter lateinischen Namen erscheinen. Es
werden genannt Clementianus (Vict. II, 2), ein Diakon Marivad (I, 48),
die Presbyter Anduit (I, 41) und Felix (natione barbarus, vgl. Vit.
Fulg. c. 9), die Bischöfe Antonius (Vict. III, 42) und Pinta (Vit. Fulg.
c. 23), die Patriarchen Jucundus und Cyrila. Dazu kommen verschiedene Konvertiten, wie Fastidiosus (Migne 65, 375), Elpidoforus
(Vict. Vit. III, 34). Cyrila erklärte bei dem Religionsgespräch in
Karthago, des Lateinischen nicht mächtig zu sein, eine Behauptung,
die ihm von den anwesenden katholischen Bischöfen widerlegt wurde
(Vict. II, 55). Eine besondere Machtstellung im Staate hat der wandalische Klerus nicht eingenommen; gröfserer Einfluſs ist von demselben nur in den religiösen Fragen und auch in diesen nur unter
Hunerichs Regierung ausgeübt worden. Wir haben schon gesehen,
daſs die Könige bei derartigen Angelegenheiten den Rat der Geistlichkeit einholten und dieser auch die Ausführung der einzelnen Verordnungen übertrugen. Daſs es dabei zu Kompetenzüberschreitungen
kam, läſst der zwischen den beiden Konfessionen bestehende Haſs
sehr begreiflich erscheinen; aber auch sonst sind die arianischen
Priester vielfach ganz eigenmächtig gegen die Anhänger des orthodoxen Glaubens in der grausamsten Weise vorgegangen.[3]) Es ist
daher durchaus unbillig, wenn man alle verübten Gewaltthaten dem
wandalischen Königtum auf die Rechnung setzt.

---

1) Vict. II, 1. 16. II, 42.   2) Vgl. Ficker, Ztschr. f. Kirchengesch. XXI, 27.
3) Vgl. Vit. Fulg. c. 1.

Der oben gegebenen Schilderung der Lage der katholischen Kirche unter wandalischer Herrschaft ist an dieser Stelle nur weniges noch hinzuzufügen. Dafs die Wandalen schon in Gallien und Spanien die Orthodoxen um ihres Bekenntnisses willen verfolgt hätten, ist gänzlich unerweislich; wenn damals zahlreiche Priester hingemordet worden sind, so ist dies lediglich eine Folge des allgemeinen Kriegszustandes gewesen; übrigens stammt die Überlieferung, die hiervon zu berichten weifs, zum gröfsten Teile aus späterer Zeit und ist darum von zweifelhaftem historischen Werte. Geiserich ist in Afrika, nachdem die Stürme der Eroberung vorbeigegangen und die Dotierung der arianischen Staatskirche vollzogen war, nur gegen diejenigen Anhänger des Orthodoxismus vorgegangen, von denen Gefahr für den Staat zu besorgen war. Der Klerus aufserhalb der Wandalenlose wurde scharf beaufsichtigt, jedoch, wenn er dem königlichen Willen nicht zuwiderhandelte und sich auf die Ausübung seiner Amtsobliegenheiten beschränkte, nicht behelligt. Die eigentlichen Verfolgungen begannen erst unter Hunerich und wurden nach einer Friedenspause unter Gunthamund von Trasamund, wenn auch in wesentlich milderer Form, fortgesetzt. Hilderich gab der katholischen Kirche ihre volle Freiheit wieder; sein Nachfolger Gelimer, ein eifriger Arianer, war durch die politischen Verwickelungen zu sehr in Anspruch genommen, um sich auf jenem Gebiete bethätigen zu können. Die kirchlichen Verhältnisse erlitten somit nur vorübergehende, nicht dauernde Störungen und haben keinen wesentlichen Schaden erlitten; vielmehr haben die Verfolgungen wesentlich dazu beigetragen, die innere Kraft der afrikanischen Kirche zu stählen. So ist auch das bischöfliche Archiv in Karthago völlig intakt geblieben.[1]) Über die Verfassungszustände im einzelnen erfahren wir, dafs wie bisher die Vorsteher der Bistümer von Klerus und Gemeinde gewählt und von den benachbarten Bischöfen unter Genehmigung des Metropoliten geweiht wurden (Vict. Vit. H, 1 ff., besonders Vit. Fulg. cap. 17, vgl. Hinschius, Kirchenrecht H, 513). Das Bestätigungsrecht hat der König stets ausgeübt, wie zahlreiche Quellenstellen bezeugen. Katholische Synoden sind zur Wandalzeit nur drei in Afrika abgehalten worden, und zwar unter Hilderich, der aber ohne Zweifel seine ausdrückliche Genehmigung zu ihrem Zusammentritt gegeben hat: von einem Bischof heifst es in den Akten des karthaginiensischen Konzils, dafs er durch königlichen Befehl

---

1) Vgl. Günther in den Sitzungsberichten der Wiener Akad. Phil.-hist. Kl. Bd. 134, V, 27.

(praeceptio regalis) am Erscheinen verhindert sei.[1]) Das Religionsgespräch von Karthago a. 484, das ganz unter dem Einflusse des
Königs stand, gehört nicht hierher. — Zu bedeutender Entwickelung
gelangte in jener Zeit, namentlich im sechsten Jahrhundert, das
Mönchswesen. Die Verkommenheit und das üppige Leben nicht allein
des Laien-, sondern auch des Priesterstandes, die trüben politischen
Verhältnisse veranlaßten viele, die Welt zu fliehen und in beschau-
licher Ruhe und Enthaltsamkeit ein Gott gefälliges Leben zu führen.
Die herrschende mönchische Tendenz tritt namentlich in den Erzählungen der Vita Fulgentii deutlich hervor. Zu größerem Einfluß
gelangte das Mönchtum dadurch, daß zahlreiche Bistümer unbesetzt
waren und ihm nun die Aufgabe zufiel, die Interessen der katholischen
Kirche zu vertreten. Daß zwischen jenem und dem Episkopat nach
der Restitution durch Hilderich eine Spannung entstand, war daher
sehr begreiflich; die Spuren eines solchen Gegensatzes sind namentlich aus den Verhandlungen des Konzils von 525 ersichtlich.[2]) Daß
übrigens die Wandalen, wenigstens unter Trasamund, den Klöstern
gegenüber sich sehr tolerant zeigten, ist schon oben bemerkt worden. —
Der Primat des Bischofs von Rom war von der afrikanischen Kirche
anerkannt worden[3]), nachdem die durch die Verfolgungen eingetretene
Not den Klerus gezwungen hatte, engen Anschluß an jenen zu
suchen, um dessen Fürsprache bei der weltlichen Macht zu gewinnen.
Den Wandalenkönigen waren diese „überseeischen" Verbindungen
natürlich ein Dorn im Auge, und sie haben scharfe Gegenmaßregeln
ergriffen, ohne jedoch wesentliche Erfolge zu erzielen. Auffälliger-
weise hat es Trasamund geschehen lassen, daß die nach Sardinien
verbannten Bischöfe einen regen Verkehr mit Rom unterhielten.
      Über die Lage der Sekten der Donatisten, Pelagianer, Manichäer
im Wandalenreiche ist nur wenig bekannt; wahrscheinlich haben sie
dieselbe Behandlung erfahren wie die Katholiken. Fastidiosus, ein
Konvertit, bekämpfte in gleicher Weise Homousianer und Donatisten,
vgl. Fulg. epist. 9 (Migne 65, 374): et Homousianos et Donatistas ob-
jectionum suarum jaculis quasi vulnerans. Daß Hunerich in grau-
samer Weise gegen die Manichäer vorging, die unter den Arianern
erfolgreich Bekehrungsversuche gemacht hatten, ist schon oben erwähnt worden.

---

1) Mansi VIII, 640 D.
2) Vgl. im allgemeinen Ficker, Zeitschr. f. Kirchengesch. XXI, 25 ff.
3) Vict. Vit. II, 43; oben S. 60.

Die Kultur im afrikanischen Wandalenreiche. Als die Wandalen Afrika besetzten, standen sie jedenfalls im wesentlichen noch auf derselben Kulturstufe, auf der sie sich in ihren Wohnsitzen an der Theifs befunden hatten. Ihre politische Stellung als Eroberer, das Zusammenwohnen in einem geschlossenen Gebiete, der schroffe religiöse Gegensatz mufsten naturgemäfs eine raschere Beeinflussung durch das römische Element erschweren. Unter Gelimer hatte das Volk in seiner Mehrheit ganz die üppige Lebensweise der Römer, d. h. des reichen Adels, angenommen; wie Prokop sagt, wohnten die Wandalen in prachtvollen Villen, schmückten sich mit seidenen Gewändern und trugen allerhand Goldschmuck, besuchten täglich die Bäder, ergötzten sich an Theater, Musik, Cirkusspielen, Jagden und huldigten mit grofser Leidenschaft der Aphrodite. Die Anfänge des Verfalls waren schon zu Anfang der Regierung Hunerichs zu Tage getreten (vgl. Malchus fr. 13); aber noch unter diesem hielten die Wandalen an ihrer hergebrachten Tracht fest: sie trugen lange Haare[1]), Kamisole, Beinkleider[2]), und auch die am königlichen Hofe angestellten Römer waren verpflichtet, sich so zu kleiden. Die hauptsächlich aus der Zeit Trasamunds und seiner Nachfolger stammenden Gedichte der Anthologie zeigen uns, dafs die sittlichen Zustände der afrikanischen Bevölkerung die gleichen waren wie vor der wandalischen Eroberung. Die Buhldirne spielte wieder eine grofse Rolle; die Interessen des Volkes gingen zum grofsen Teile in den Schaustellungen des Cirkus und Amphitheaters, den schlüpfrigen Darstellungen der Mimen auf.[3]) Stätten der Unzucht waren besonders die Badestuben; es heifst daher von Fulgentius, dafs er, als er von der Welt sich zurückzog, nicht mehr in die Bäder ging (Vita cap. 3). Die wohlgemeinten Sittengesetze Geiserichs, der sein Volk vor der Ansteckung zu bewahren trachtete, hatten nur vorübergehende Erfolge zu erzielen vermocht.

Dafs die wandalische Sprache[4]) im Verkehr der Volksgenossen unter sich bis zum Ende des Reiches in Übung blieb, unterliegt keinem Zweifel; für die Erhaltung sorgte schon der in der Volkssprache abgehaltene arianische Gottesdienst (vgl. auch weiter unten).

---

1) Dies ergiebt sich aus Vict. H, 9.
2) camisia et femoralia Vict. I, 39.
3) Cirkus mit den Parteien der Grünen und Blauen Anth. 293. 306. 312. 324. 327. 328. 336. Amphitheater 346. 373. Eine pantomima Macedonia 310. Ein Mimus 386. Eine Saitenspielerin (psaltria) 361. 362. Katholische Märtyrer wurden vielfach wie in Rom in der Arena den wilden Tieren preisgegeben. (Vgl. oben.)
4) Vgl. darüber das Nähere in der öfter angeführten Arbeit Wredes.

Doch war sicher, namentlich in späterer Zeit, der Adel, überhaupt
wohl die gesamte höhere Beamtenschaft (vor allem natürlich der praepositus regni und der Kanzler) des Lateinischen (schwerlich auch des
Griechischen, vgl. weiter unten) mächtig. Die Anthologie enthält
mehrere Gedichte, die an wandalische Grofse gerichtet sind: Fridamal
n. 304. 305, Oageis 345. 346. Ein solches (nicht erhaltenes) Gedicht
war es wohl auch, in dem Oamer der wandalische Achilles genannt
wurde (Prok. b. V. I, 9): Kenntnis der homerischen Epen bei den
Wandalen ist hieraus nicht zu folgern. Von dem Grammatiker Felicianus (Zeit Gunthamunds) singt Dracontius carm. I, 14, dafs in seiner
Schule Barbaren wie Römer lernten. Es ist daher eine arge Übertreibung, wenn Fulgentius (Mythol. p. 9 Helm) wahrscheinlich in Beziehung auf das Schicksal des Dracontius sagt, die Barbaren seien
jeder litterarischen Thätigkeit so abgeneigt, dafs sie jeden ohne Ver-
hör zur Folter schleppen, der nur seinen Namen schreiben kann.[1])
Beide Sprachen beherrschten auch die meisten der arianischen Geistlichen, wie sich aus der lebhaften Polemik, die zwischen den Anhängern der beiden Konfessionen damals geführt worden ist, ergiebt
(vgl. auch oben von Cyrila); umgekehrt scheint auch ein Teil des
orthodoxen Klerus das Wandalische sich angeeignet zu haben, da
nicht ohne Erfolg katholische Propaganda in den Bezirken der Wandalen getrieben worden ist.

Die Verhältnisse brachten es mit sich, dafs die Bekanntschaft
mit dem Lateinischen und überhaupt der antiken Bildung besonders
am Königshofe Wurzel fafste und Verbreitung fand. Lateinisch war
wie in den übrigen germanischen Reichen die Sprache des diploma-
tischen Verkehrs und der Gesetzgebung; auch die Eingaben der Römer
an die Regierung waren lateinisch abgefafst. Geiserich war wenigstens
in der ersten Zeit seiner Herrschaft allerdings dieser Sprache noch
nicht mächtig; er liefs sich die Vorstellungen der katholischen Bischöfe
durch einen Dolmetscher übersetzen.[2]) Dafs derselbe übrigens der
Erkenntnis von der Bedeutung gelehrter Bildung sich keineswegs
verschlofs, zeigt Dracontius Satisf. v. 302, wo es heifst, der König
habe dem gelehrten Vincemalos mit den Worten verziehen: dem
Menschen vergebe ich es nicht, aber seine Zunge (d. h. sein Ruhm
als Gelehrter) hat es verdient. Von dem auf Befehl Hunerichs hin-
gerichteten Enkel Geiserichs wird gerühmt, er sei magnis litteris
institutus gewesen.[3]) Durch umfassende wissenschaftliche Kenntnisse

---

1) Vgl. Rhein. Mus. 54, 125.   2) Vict. Vit. I, 18.   3) Vict. H, 13.

war namentlich König Trasamund ausgezeichnet (vgl. oben), und auch von Hilderich, dem Sohne der Römerin Eudoxia und Freunde Justinians, dürfen wir ohne weiteres annehmen, daſs ihm klassische Bildung nicht fremd war. Bezeichnend für den steigenden Einfluſs des Romanismus ist die Thatsache, daſs die wichtigsten Ämter am Königshofe (sicher wenigstens das Kanzleramt, vgl. oben), die anfänglich nur mit Wandalen besetzt waren, später in den Händen von Römern erscheinen. Daſs unter Hilderich das germanische Element im Mittelpunkte des Staates ganz in den Hintergrund getreten war, haben wir schon früher bemerkt.

Daſs der Druck der wandalischen Herrschaft, wie er namentlich unter Geiserich und Hunerich auf der afrikanischen Bevölkerung lastete, auf die litterarische Produktion (von der theologischen abgesehen) lähmend einwirken muſste, ist natürlich. Zu einem Aufschwung kam es erst unter der milden Regierung Gunthamunds: von dem damals lebenden Grammatiker Felicianus heiſst es (Dracont. carm. I, 13), daſs er die aus Afrika geflüchteten Wissenschaften wieder nach Karthago zurückführte.[1]) Aus der Zeit Hunerichs ist nur ein Dichter Cato mit Sicherheit nachweisbar, der die Wasserbauten des Königs verherrlichte (Anthol. 381). Ein Schüler des Felicianus war der Dichter Blossius Aemilius Dracontius, der begabte Verfasser der schon erwähnten Satisfactio ad Gunthamundum regem, eines christlichen Lehrgedichtes De laudibus Dei in drei Büchern (ebenfalls im Gefängnis geschrieben), sowie einer Anzahl Epen, deren Stoff der antiken Sagenwelt entnommen ist.[2]) Der Zeit Gunthamunds gehören auch die Werke an, die der Bischof Fulgentius in seiner Jugend schrieb: Liber physiologus (verloren), drei Bücher Mytologiae, die Expositio Virgilianae continentiae, die Expositio sermonum antiquorum, eine Weltgeschichte (de aetatibus mundi et hominis) und die Schrift super Thebaidem.[3]) Von Fulgentius berichtet sein Biograph, daſs er zuerst Griechisch und dann erst Lateinisch lernte; Kenntnis des Griechischen aber war damals etwas Seltenes, wie sich aus einer Stelle der Expos. serm. ergiebt, und brachte denjenigen, der nur einigermaſsen diese Sprache beherrschte,

---

1) Vgl. auch Florentinus in laudem Trasamundi (Anth. 376) v. 32: Carthago studiis, Carthago ornata magistris.

2) Vgl. Teuffel, Geschichte der römischen Litteratur § 475. Ebert, Allg. Gesch. der Litt. des Mittelalters I², 383 ff. Manitius, Geschichte der christl. latein. Poesie S. 327 ff. Boissier, L'Afrique Romaine (1895) S. 261 ff.

3) Vgl. Helm, Rhein. Mus. N. F. 52 (1897) 177 ff. 54 (1899) S. 111 ff.

in den Ruhm grofser Gelehrsamkeit.[1]) Ein besonders lebhaftes litte-
rarisches Treiben entfaltete sich am Hofe der Könige Trasamund und
Hilderich.[2]) Die Dichter dieser Periode lernen wir hauptsächlich aus
der lateinischen Anthologie des Codex Salmasianus kennen, die wahrscheinlich zu Beginn des sechsten Jahrhunderts in Afrika selbst zu-
sammengestellt worden ist. Aus ihrer grofsen Zahl sind besonders
die Namen Luxorius, Flavius Felix, Florentinus hervorzuheben.
Die Arbeiten derselben, vorwiegend Epigramme in der Art Martials,
Verse mythologischen Inhalts und Loblieder auf die Regierungs-
thätigkeit der Fürsten, sind zum gröfsten Teile gehalt- und geschmack-
los und den Dichtungen des Dracontius in keiner Weise ebenbürtig,
aber wertvoll als Spiegelbilder des damaligen Kulturlebens. Ein Zu-
gehöriger desselben Dichterkreises, ihn jedoch an Bedeutung weit
überragend, war wahrscheinlich der Verfasser des früher dem Tertullian oder Cyprian zugeschriebenen christlichen Gedichtes: Carmen
ad Flavium Felicem de resurrectione mortuorum.[3])

Zu einer grofsen Blüte gedieh im Wandalenreiche durch die
Entfesselung des Kampfes zwischen Arianismus und Orthodoxismus
die theologische Streitschriftenlitteratur. Zur Zeit Geiserichs schrieben
die Bischöfe Asclepius (in Baiensi territorio; in Numidien?) adversum Arianos und adv. Donatistas (beides verloren); Victor
Cartennensis (in Mauret. Caesar.) adv. Arianos, Homilien (beides
verloren), De poenitentia publica lib. I, einen Libellus consolatorius
ad Basilium super mortem filii (die dem Victor zugeschriebene
Chronik, aus der zahlreiche Stellen in das Werk Papencordts u. a.
übergegangen sind, ist eine grobe spanische Fälschung; vgl. Watten-
bach, Geschichtsquellen H[6], 489); Voconius von Castellum (Maur.
Caes.) adv. ecclesiae inimicos und Sacramentorum volumen (beides
verloren); Cerealis von Castellum, Disputation mit dem arianischen
Bischof Maximinus[4]) (doch vgl. S. 104, 2) und vielleicht auch Servus Dei
(Gennad. c. 88). Derselben Periode gehören auch der fälschlich dem heil.

---

1) Helm, Rhein. Mus. 54, 127.

2) Auch aus der Zeit Gelimers sind einige Gedichte erhalten, z. B. Anthol.
lat. 341. 342.

3) Manitius S. 344 ff.

4) Gennad. de vir. ill. 74. 78. 79. 97; Isid. vir. ill. 11 und dazu die trefflichen Erläuterungen und Nachweisungen von Czapla und Działowski in
Knöpflers Kirchengeschichtlichen Studien IV (1898), 1, S. 149. 151. 153. 2, S. 17.
Ein Teil der oben erwähnten Schriften ist jedenfalls zu einer Zeit geschrieben,
wo die Sitze dieser Bischöfe noch nicht wandalisch waren. Vgl. oben S. 76.

Augustinus zugeschriebene Sermo de tempore barbarico (Migne 40, 690), der Liber de promissionibus et praedictionibus Dei (vgl. oben) und das karthagische Paschalwerk (Computus Carthaginiensis) vom Jahre 455 (vgl. Krusch, Studien zur christl. mittelalterl. Chronologie, S. 138 ff., 279 ff.) an.[1]) Unter Hunerich lebten: der schon öfter erwähnte Bischof Eugenius von Karthago, Verfasser des liber fidei catholicae (Vict. Vit. II, 56 ff.), von epistolae commonitoriae (Migne 58, 770) und nicht mehr erhaltenen Altercationes mit arianischen Bischöfen (Gennad. c. 98); ferner Vigilius, Bischof von Thapsus, der bei dem Religionsgespräch 484 anwesend war (Not. prov. Byzac. 109) und dann wahrscheinlich nach Byzanz entfloh, schrieb: Adv. Nestorium et Eutychen libri V pro defensione synodi Chalcedonensis, libri XII de trinitate (?), eine Streitschrift gegen den arianischen Diakon Varimadus (Marivad) u. a. teilweise unter den Namen des Athanasius und Augustinus [2]) In den ersten Jahren Gunthamunds (um 486) verfaſste Victor Vitensis seine bekannte, oft angezogene Historia persecutionis Africanae provinciae, die Geschichte der Glaubensverfolgungen unter Geiserich und Hunerich, in 3 Büchern. Victor war nach der Not. prov. Byzac. 44 im Jahre 484 Bischof von Vita in der Provinz Byzacena und bei dem Religionsgespräch in Karthago nicht anwesend (non ocurrit)[3]): dies ergiebt sich auch aus der Art seiner Erzählung von den damaligen Verhandlungen, die er nicht als Augenzeuge schildert. Vorher scheint er ein geistliches Amt in Karthago bekleidet zu haben, und nachdem er zur bischöflichen Würde gelangt, ist er wiederholt in der Hauptstadt gewesen, wie zahlreiche, nach Autopsie niedergeschriebene Stellen beweisen. Daſs ein Werk, das nichts anderes sein will, als eine einseitige Tendenzschrift, Objektivität und Unparteilichkeit vermissen läſst, den Gegnern in keiner Weise gerecht wird, ist für jeden unbefangenen Beurteiler ohne weiteres klar. Zweifellos hat Victor sich durch seinen glühenden Haſs häufig zu Verdrehungen der wirklichen Thatsachen hinreiſsen lassen; anderseits aber zeigt die Aufnahme einer Anzahl wichtiger Aktenstücke, deren Erhaltung für uns von unschätzbarem

---

1) Das Buch der Genealogien (Mon. Germ. Auct. ant. IX. 154 ff.) ist bereits vor der Wandalenzeit (427) geschrieben und sodann bloſs mit einigen Zusätzen versehen worden.

2) Teuffel, § 469,11. Herzog und Plitt, Realencyklopädie der protestant. Theologie s. v.

3) Der Annahme, daſs der hier erwähnte Victor Vit. ein anderer gewesen sei, kann ich nicht beipflichten.

Werte ist, daſs ihm historischer Sinn durchaus nicht abging.[1]) — Aus
derselben Zeit stammt die den Handschriften Victors angehängte
Passio septem monachorum, ein Bericht über das Martyrium von
sieben Mönchen eines Klosters im Süden der Byzacena unter Hunerich.
Über die notitia provinciarum et civitatum Africae vgl. oben S. 107, 2.

Sehr lebhaft gestaltete sich die Polemik über die theologischen
Steitfragen unter Trasamund. Daſs dieser König sich selbst daran
beteiligte, ist schon erwähnt worden. Der wichtigste katholische
Schriftsteller dieser Zeit ist der Bischof Fulgentius von Ruspe
(geb. 468, gest. 533), von dem noch zahlreiche Abhandlungen erhalten
sind: es seien aus denselben die drei Bücher gegen Trasamund, der
Liber unus contra Arianos (Antwort auf die Fragen des Königs)
und die Briefe hervorgehoben.[2]) Von den gewiſs zahlreichen Streitschriften seiner arianischen Gegner ist so gut wie nichts erhalten —
wie denn überhaupt fast die ganze arianische Litteratur zu Grunde
gegangen ist —; wir kennen nur einige Namen aus den Gegen-
schriften, wie Pinta, Fabianus, Fastidiosus (ein Sermo des letztgenannten ist noch vorhanden: Migne 65, 375 f.). Einer seiner Schüler,
der auch mit ihm in Sardinien in der Verbannung lebte, schrieb
seine Biographie, deren Vollendung um 535 fällt, und die, wie wir
schon sahen, eine wertvolle Quelle für die Geschichte des Wandalenreiches ist. Die Annahme, daſs Ferrandus, Diakon zu Karthago,
von dem noch einige Briefe erhalten sind, der Verfasser sei, ist unbegründet.[3])

Zu erwähnen ist endlich noch, daſs die Chronik Prospers in
Afrika mehrfache Bearbeitungen mit für uns nicht unwichtigen Zusätzen erfahren hat, vgl. Mommsen, Chronica minora I, 486 ff. Eine
wertvolle Quelle ist namentlich der öfter citierte Laterculus regum
Wandalorum et Alanorum (Chron. min. III, 458 ff., in 2 Rezensionen
erhalten), der zwar erst nach dem Sturze des Wandalenreiches geschrieben ist, dem aber ohne Zweifel ältere, sehr zuverlässige und
genaue Aufzeichnungen zu Grunde liegen.[4])

---

1) Über Vict. Vit. bes. Ebert I², 454. Auler a. a. O. und die Übersetzung
Victors von M. Zink (Bamberg 1883), Einleitung. Vgl. auch Görres in der deutschen
Ztschr. für Geschichtswiss. X, 17. Ganz unbrauchbar ist die Dissertation von
Alb. Schönfelder, De Victore Vitensi episcopo. Vratislav. 1899, die ebenso ein-
seitig ist, wie das Werk Victors selbst.

2) Vgl. Ficker in der Ztschr. f. Kirchengesch. XXI, 13 ff.

3) Vgl. Ficker a. a. O., S. 10 ff.

4) Vgl. dazu auch Holder-Egger, Neues Archiv I (1876), S. 46 f.

Von wandalischer Volkspoesie ist leider nichts erhalten; aber wir wissen, daſs Gelimer ein Lied (natürlich in der Volkssprache) auf sein Schicksal zur Zither dichtete (Prok. H, 6). Daſs namentlich die Groſsthaten Geiserichs in nationalen Gesängen gefeiert worden sind, unterliegt bei dem groſsen Ansehen, in dem dieser König bei seinem Volke stand, kaum einem Zweifel.

Über die Kunst im Wandalenreiche läſst sich gegenwärtig etwas Abschlieſsendes noch nicht sagen, da die Ausgrabungen der französischen Regierung in Afrika fortwährend neue Resultate ergeben. Von einer national-wandalischen Kunst darf man jedoch kaum sprechen; was in jener Zeit produziert worden ist, stammt jedenfalls in der Hauptsache von Römern her und ist höchstens durch die Wandalen beeinfluſst worden. Nur von dem Waffenschmiedehandwerk könnte man nach Analogie anderer, auf ähnlicher Kulturstufe stehender Völker annehmen, daſs es von den Wandalen selbst ausgeübt worden ist (vgl. auch die Bemerkung Hartmanns über die Kunst der Langobarden, Geschichte Italiens im Mittelalter II, 1, 32, Note 14). Eine besonders lebhafte Bauthätigkeit entfaltete der prachtliebende König Trasamund: derselbe lieſs den Ort Alianae wiederherstellen, wo er nun mit Vorliebe residierte, und schmückte ihn mit herrlichen Gebäuden.[1]) Hier lagen wohl die den Namen des Königs tragenden Bäder, die Thermae Trasamundiacae[2]), der neu errichtete königliche Palast und das Gotteshaus, deren der Dichter Felix (Anthol. 213,5 ff.) rühmend gedenkt. Diese Kirche ist wohl identisch mit der Basilica palatii sanctae Mariae, für die der Referendar Petrus drei Verse als Inschrift verfasste (Anth. 380). Vielleicht aus derselben Zeit stammt die berühmte Basilika zu Ammaedara (Haïdra), in der Inschriften mit der Angabe des 14. Regierungsjahres Trasamunds und des 4. Jahres Hilderichs gefunden worden sind.[3]) Auch die kürzlich entdeckte Basilika zu Alamiliaria in Mauret. Caesar. (in diesem Orte erscheint 484 ein Bischof, vgl. Not. prov. Maur. Caes. no. 33) ist nach einer Mitteilung des Herrn St. Gsell in Algier in der Wandalenzeit erbaut worden. Neu errichtete Gebäude waren wohl ferner das

---

1) Anthol. lat. 376,19 ff.

2) Anthol. 210 ff. Vgl. Tissot I, 661.

3) Vgl. Cagnat in den Archives des missions scientifiques et littéraires. 3. sér. Tom. XII (1885), S. 231 (no. 257) und Saladin ebenda XIII (1887), S. 181. F. X. Kraus, Geschichte der christlichen Kunst I, 276. Schwarze, Afrikan. Kirche, S. 49 (die Inschrift aus dem 14. Jahre Trasamunds wird von letzterem S. 64 fälschlich als in der Kirche zu Theveste gefunden angegeben).

königliche Schloſs zu Grasse, der Wohnsitz des Fridamal (Anth.
304. 305) u. a. Daſs bei diesen Bauten besonders Marmor (jedenfalls
aus den numidischen Steinbrüchen) Verwendung fand und bild-
hauerischer sowie malerischer Schmuck in reichem Maſse angebracht
wurde, wird in den Gedichten vielfach hervorgehoben. Den Wandalen werden sodann zugeschrieben mehrere neuerdings ausgegrabene
Schmuckgegenstände (Gürtelschnallen u. dergl.), deren Verzeichnis
nebst Abbildungen sich in Description de l'Afrique du Nord. Musées
et collections archéol. de l'Algérie et de la Tunisie. Collection Farges
par Maur. Besnier et Paul Blanchet (Paris 1900), S. 66 f. pl. X findet.
Der aus dem wandalischen Königsschatz stammenden silbernen
Schüssel mit dem Namen Gelimers ist schon oben gedacht worden.

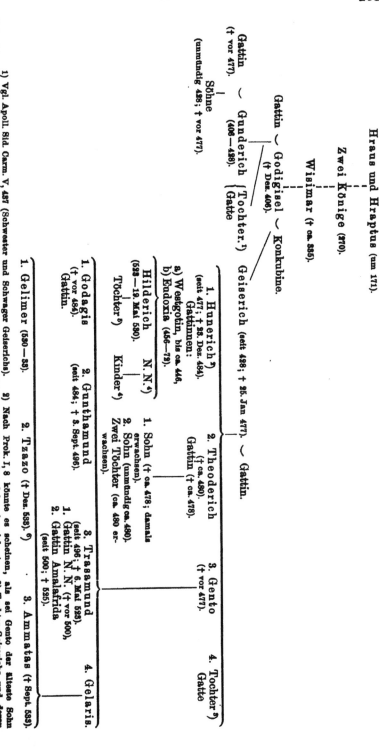

Stammtafel der Asdingen.

Hraus und Hraptus (um 171).

Zwei Könige (270).

Wisimar († ca. 335).

Geiserich (seit 428; † 25. Jan 477).

1) Vgl. Apoll. Sid. Carm. V, 487 (Schwester und Schwager Geiserichs). 2) Nach Prok. I, 8 könnte es scheinen, als sei Gento der älteste Sohn Geiserichs gewesen; doch spricht dagegen das bestimmte Zeugnis Victors Vit. II, 1, der Hunerich als solchen bezeichnet. 3) Tochter Geiserichs und deren Gatte erwähnt Gregor. Magn. Dial. III, 1 (ein sehr unsicheres Zeugnis). 4) Daß Hunerich nicht bloß einen Sohn hatte, zeigt Vict. Vit. II, 13. Die Nachkommenschaft der Geschwister Hilderichs erwähnt Prok. II, 9. 5) Oam fällis Vict. Tonn. a. 581. Τὸς Ἰλδερίχου παῖδας Prok. II, 9 pag. 447, 3 Bonn. 6) Der ἀδελφός Gelimers Prok. II, 7 war wohl ein Sohn des Tzazo oder Ammatas.

Unbestimmbar nach ihrem Verwandtschaftsverhältnis sind der cognatus Geiserici Sesaon (Vict. Vit. I, 35), die Asdingen Gunthimer und Gibamund, die Vict. Tonn. a. 534 fälschlich Gelimers Brüder nennt (vgl. Prok. I, 18), Oamer und Oageis.

CPSIA information can be obtained
at www.ICGtesting.com
Printed in the USA
BVHW09*1324160818
524721BV00016B/1650/P